西關名點 × 外來詞彙 × 辛亥革命 × 中西信仰 × 商賈移民
各地居民趨之若鶩，探索粵東海灣的富庶

珠江潮音

廣東細語——港都風情的
流連與眷戀

胡幸福 主編

▶ 潮汕名菜「來不及」，起因全憑主廚隨口一句話？
▶ 真正的老廣只說「埋單」，買單其實是以訛傳訛？
▶ 世界之窗主題公園，從深圳就可以遍覽全球風光？
▶ 功勞竟可堪比萊特兄弟，誰為中國龍插上了翅膀？

在閉關鎖國的年代，唯獨廣州一口通商
漫步廣東的街巷，打開這扇中國的南大門！

目錄

前言

　　廣東，簡稱粵。地處風光旖旎的南海之濱，五嶺之陽。素有中國南大門之稱。

　　從飛機上看廣東，版圖不方不圓，略呈三角形放射狀。這裡地形複雜，以粵北南嶺為制高點，山地逐步向南部沿海遞降，形成北部山地、中部丘陵、南部平原臺地為主的地貌格局。韓江、榕江、珠江、漠陽江、鑒江等五大河流構成五道隆起的陸地走勢，就像一隻巨大的手掌，由北向南張開，覆蓋著中國南疆最富庶的一方土地。

　　翻開歷史看廣東，會發現這一方土地歷史悠久，南越文化自成體系。當年的「馬壩人」在這裡開創了嶺南新石器文明；中華統一之際，秦始皇揮手南下兩廣，大軍即順南嶺「手背」之勢，高屋建瓴直驅而來，從此，粵地納入中原文化融合洪流。這一方開合之地成了中國面向世界的縮影：大唐盛世，粵地領遠洋貿易和中外文化交流之先風；鴉片戰爭一聲炮響，狼煙從海上生起，中華從此不得寧靜，廣東「銅關鐵鎖」，承擔起忍辱抗敵的歷史重負；接著是太平軍起、康梁維新、孫文革命，海嘯捲起沖天浪，近代的廣東硬是要與大清江山作個對，把兩千年的封建皇帝拉下了馬。再下來雖然是半個多世紀的沉默。孰料，忽如一夜春風來，千樹萬樹梨花開，風生水起的廣東又變得有聲有色。世人矚目，趨之若鶩，一口滑稽的「廣東普通話」硬是說遍了神州大地。

　　來到現實的廣東，傳統正與現代化加速水乳交融。飲早茶的仍然在悠閒地消磨時光；上班族則早出晚歸、炒更轉場，總是匆匆忙忙。在這裡，「三言兩語」（會說粵語、外語、國語）最吃香；在這裡，英雄不問

前言

來路，只要功夫真，就能喝到頭啖湯。這一片熱土，雖然只有約 18 萬平方公里，占中國陸地總面積 1.85%（另有海洋面積約 35 萬平方公里），卻養育著來自中國各地的新舊移民 7,800 多萬，占中國人口總數的 5.77% 左右。他們是一群勤奮的、開拓的人，他們不善張揚，卻努力創造財富。「亞洲四小龍」曾經是中國人可望不可及的經濟偶像，而從 2014 年開始，廣東經濟總量已高於新加坡、香港和臺灣的總和。

走進廣東，會體會到這是一塊神奇而快樂的土地。這裡不但地形複雜，社會生活更複雜，這裡的人也是中國人中最複雜的一群。廣東，古代曾是中原朝廷的流放之地，同時又有著外國人雲集的東方都市；有說嶺南人無悟性，這裡卻產生了頓悟的禪宗六祖；有說廣東人不豪放，但他們有韌勁，而且敢為天下先，開創一個又一個第一；有說廣東習俗保守，事實上這裡又是民風最開放的地方；有說廣東人情冷漠，其實行善好施也是廣東人之最愛；有說廣東人政治上膽小，其實廣東人除了不能做的全去做；有說廣東人迷信，事實上廣東人最講實際，他們最關心的是「銀紙」（鈔票），他們最不關心的是打扮。隨便的穿著，就連小偷也難區分誰是億萬家財的大富翁。一句話：廣東很時髦，也很傳統。

走進廣東，收穫多多，趣味多多！

歷史廣東

　　五嶺巍峨，珠江縱橫。在漫長的歷史長河中，嶺南大地上的先民們，透過勞動，創造了燦爛的珠江流域歷史文明。進入近代，廣東人民前仆後繼，用鮮血寫下了無數彪炳千秋的史詩，可歌可泣，業績煌煌。近代以來，這顆鑲嵌在中國南大門上的璀璨明珠，更加繽紛多彩，絢麗奪目。歲月悠悠，滄桑巨變。千百年來，廣東人民曾掀起一次次驚濤巨浪，演出了一幕幕感天動地的歷史活劇，也留下了數之不盡的歷史文化遺跡、可歌可頌的故事、美麗動人的傳說。

美麗的五羊傳說

廣州又稱「五羊城」、「穗城」，和世界上許多古老的城市一樣，有著一個美麗的傳說。

相傳周朝的時候，廣州這地方叫「楚庭」。有一年旱災，田地荒蕪，農業失收，老百姓已經沒米下鍋了，可是官老爺卻像強盜一樣，照舊向老百姓要糧食。那時候，城裡的坡山腳下住著父子二人，因為交不出糧食，父親被抓走了，官老爺讓兒子三天之內把糧食交齊，不然就要他父親的命。

這少年十分孝順，但是卻沒有一點辦法能救父親，他急得痛哭。一天過去了，兩天過去了，他的哭聲感動了天上的五位仙人。仙人們騎著五隻不同顏色的羊，拿著穀穗，來到了少年的家裡。他們把穀穗交給少年，讓他趕快把穀粒種進土裡，明天天亮時，就能收穫很多的稻穀。他們還告訴少年，以後如果遇到了困難，就到坡山腳下找他們，說完仙人就不見了。少年按照仙人的吩咐種下了穀粒，第二天果然收穫了幾大筐稻穀。

少年把稻穀如數交給了官府。官老爺感到很奇怪，就追問這稻穀的來歷。少年畢竟是個孩子，在他威逼之下，只好如實相告。官老爺聽後心中暗自盤算：如果把五個仙人抓到手，不就可以發大財了嗎？於是，他釋放了少年和他的父親，馬上命令差役去坡山腳下捉拿仙人。少年感到事情不妙，急忙跑到坡山腳下，告訴仙人們快快離開。仙人們點點頭，感謝少年，並且告訴少年，快把剩下的穀種撒到地裡，這樣官府就搶不走了，老百姓就可以有吃的了。說話間，差役們到了，五位仙人騰空而去，帶來的五隻羊卻留在了草地上。差役們剛要去抓，五隻羊簇擁在一起，變成了一塊大石頭。

從此以後，這裡年年風調雨順，五穀豐登，廣州成了嶺南最富庶的地方。因為這個神奇的傳說，廣州被稱作「羊城」、「穗城」。

今天，我們仍然能在廣州的越秀山上看到那五隻石羊。中間的一隻公羊，口銜穀穗，昂首南天，彷彿正在告知人們這段美麗的故事。不過，這不是仙人的五隻羊變的，而是藝術家的傑作。

平凡武官南下立國

在蒼茫的五嶺之南，有一片廣袤的地區，史稱嶺南。先秦時期，在這裡生活著上百個原始部落，史書上泛稱為百越。那時南越族人尚處在原始社會末期，生產力水準極其低下，依靠石器和為數不多的青銅器，過著刀耕火種、捕魚狩獵的生活。

西元前221年，秦始皇消滅六國，完成了統一中原的大業之後，就著手制定北討匈奴、南征百越的戰略。經過一系列的準備，前218年，秦始皇命大將屠睢和趙佗率50萬大軍，發動了征服嶺南越族的戰爭，但遭到越人激烈反抗。歷經3次用兵，秦始皇都沒取勝，而且大將屠睢被當地人殺死，兵員損失慘重。前214年，秦始皇命任囂和趙佗再次進攻百越各部族，終於完成平定嶺南的大業。接著，秦始皇在嶺南設立了南海郡、桂林郡、象郡三郡，任囂被委任為南海郡尉。南海郡下設番禺、四會、博羅、龍川四縣，隨任囂南下的將領趙佗被任命為龍川縣令。趙佗原是趙國王室族人，祖籍河北真定（保定）。他隨任囂從江西南康出發，過梅關，經南雄始興，沿新豐江而下，一路驍勇善戰，立功無數。

西元前210年，秦始皇去世，秦二世繼位。前209年，由於秦二世的暴政激起了陳勝吳廣等人的起義，接著就是劉邦和項羽之間的楚漢相

爭，中原陷入了一片混亂狀態。其時，任囂做好了擁兵自立、割據一方的準備。但由於他那時年事已高，加上身體狀態不佳，兒子又沒有一個可接任的，他就把希望寄託在趙佗身上。於是他召趙佗到身邊商討大計。他對趙佗說：「秦朝看來不可長久了，嶺南乃一方沃土，又遠離朝廷，不如趁天下動盪之際擁兵自立，與中原斷交。但我已無法完成這件事了，如果你老弟識時務，就勸你擔當此任。」不久，任囂就死了，臨終前他把南海尉這個位置讓給了趙佗。

趙佗當了南海尉後，向南嶺各關口的軍隊傳達了據險防守的指令，防止中原的起義軍隊進犯，並藉機殺了秦朝安置在南海郡的官吏們，換上自己的親信。西元前 206 年，秦朝滅亡。前 204 年，趙佗起兵兼併桂林郡和象郡，在嶺南地區建立南越國，自命「南越武王」，都城設在番禺（今廣州）。

從大量的文字記載和出土文物說明，南越國是嶺南文明的奠基時期。趙佗創建南越國，使嶺南社會形態從原始社會的分散的部落統治，一躍跨入封建社會的有序發展，為今後的歷史發展打下了堅實的基礎。

南越國共存在 93 年，歷經五代南越王。西元前 196 年和前 179 年，南越國曾先後兩次臣屬於西漢，成為西漢的「外臣」。前 112 年，南越國末代君主趙建德與西漢發生戰爭，被漢武帝於前 111 年所滅。

千年珠璣粵人故里

有一位民俗學家曾經這樣說過：「廣東人如果不知道珠璣巷，那就無異於法國人不知道拿破崙。」的確，珠璣巷對於廣東人以及廣東籍的海外遊子有著特殊的意義。

珠璣巷，位於韶關市南雄城北約 10 公里的沙水村，南起駟馬橋，北至鳳凰橋，著名的梅關古驛道南北穿巷而過。全長 1,500 公尺。兩旁民宅祠堂、店鋪商號鱗次櫛比。巷道曲直有致，古樸清幽。巷內有古樓、古塔、古榕、古橋、故居等古蹟。

　　珠璣巷原名「敬宗巷」，據史書和地方誌記載，珠璣巷得名有兩種說法。一種說法說的是唐敬宗寶歷年間，巷內有一家叫張昌的家族七代同居，一家大小相親相敬，朝廷特賜與珠璣條環表彰這種孝義，為避敬宗廟諡，「敬宗巷」便改稱「珠璣巷」；另一種說法是，南宋時期，中原開封祥符等地的許多官員為了躲避元人而紛紛南遷，在南雄這個地方住了下來。因為祥符有珠璣巷，逃到南方來的中原人為懷念故里，因而將原來的「敬宗巷」被改名為「珠璣巷」，並沿用至今。不論哪一種說法，珠璣巷得名也有近千年歷史，因此人們稱珠璣巷為珠璣古巷。

　　珠璣古巷的鼎盛期是唐宋時期，唐開元四年（西元 716 年），張九齡奉詔開鑿梅關，拓寬路面，梅關驛道成為古代中原和江南通往嶺南的大道。北宋末年，宋室南遷，中原人民為避戰禍，紛紛向南遷徙。這些南遷的人，在兵荒馬亂之中，扶老攜幼，歷盡艱險，越過大庾嶺，心情始定，多在珠璣巷安頓下來。因為珠璣巷位於南雄盆地中部，土地比較肥沃，有沙水河灌溉，宜農宜牧，又居交通要衝，商業相當繁榮，是個休養生息的好地方，所以吸引了不少南遷的人在此定居，縉紳流寓日益增多。珠璣巷便逐步發展成為諸姓什居的繁榮古鎮了。

　　從南宋末年開始，珠璣巷人為避戰亂，一次又一次地大舉南遷，其中最大規模的一次有 97 家，33 姓，南遷岡州大良，即今之順德一帶。關於這次南遷的原因，還有一段傳說。

　　南宋度宗咸淳八年，也就是西元 1272 年，朝廷任用賈似道為相，政

治腐敗。那年八月，度宗皇帝到景靈宮去祭拜先皇，碰巧遇上大雨，賈似道要皇帝等雨停後由他用大輅車接回去。但是，胡貴嬪的父親胡顯祖卻先一步用逍遙輦送皇帝回宮。賈似道大怒，言「我為大禮使，陛下舉動不得預知，請求罷政」，度宗皇帝不得已下詔罷了胡顯祖的官，迫胡貴嬪出宮為尼。

胡貴嬪受到奸相賈似道的迫害，便設法逃出皇宮。在京都臨安（今杭州）的江邊，胡貴嬪被運糧上京的珠璣巷富商黃貯萬搭救，並隨之來到珠璣巷隱居。不料，黃貯萬的家僕背主告發，賈似道便啟奏朝廷，誣稱珠璣巷百姓造反，命官兵將周圍二十里內人畜房舍盡行殺戮焚毀。消息傳來，珠璣巷頓時風聲鶴唳，雞犬不寧。珠璣巷的居民恐遭禍延，紛紛逃走。胡貴嬪見此慘狀，為了不殃及珠璣巷鄉親，就在悲憤中投井自盡。

遷出的人家，後來散居於珠江三角洲一帶，開村立族，繁衍子孫。他們及其後裔，把南雄珠璣巷叫做「祖宗故居」。廣州西關有一條內街也叫珠璣巷，據說也是由南雄珠璣巷南遷來的人聚居而得名的。

據當代學者考察，歷史上南遷的珠璣移民，現今共有 141 姓分布在珠江三角洲各地，並有數以千萬計的人移居海外。近幾年來，隨著大批珠璣巷後裔回來尋根問祖，修建宗祠，珠璣巷已成為廣東韶關觀光旅遊的新熱點。

南海神廟與海上絲綢之路

在廣州東面黃埔的廟頭村，有一座古老而宏偉的廟宇，它就是省級文物保護單位，中國古代廣州對外海上交通貿易的重要遺址南海神廟。南海神廟是中國古代海神廟中唯一遺存下來的最完整、規模最大的建築

群。始建於隋文帝開皇十四年（西元 594 年），距今已有 1,400 多年的歷史。之後歷代有重修擴建。現存的是清代建築，但仍保留隋唐時代的規模和建制。1988 年起，政府曾對南海神廟作過三次較大的修復，現已基本恢復了廟宇的古貌。

中國古代海上「絲綢之路」從西漢時就已經開始形成，到了隋唐時期達到了鼎盛階段。尤其是唐代，從廣州出發的貿易船隊，經過南亞各國，越印度洋，抵達西亞及波斯灣，最西可到達非洲的東海岸。明清之後更遠至歐美了。這條航線長達一萬多公里，連通了東、西方政治、經濟和文化的交流，擴大了中國在世界上的影響力。

早在兩千年前，廣州就成為海上「絲綢之路」的起點之一。南海神廟前是古代海上「絲綢之路」航船出發的碼頭。碼頭外面是茫茫的大海 —— 南海，大海又緊連著太平洋，通往印度洋。出海航船或來自遠方的航船，都須經過坐落在南海神廟的這個古碼頭。於是，中外商船經過這裡都停下來，到神廟內拜祭南海神祝融，祈求保佑出入平安，一帆風順。於是，神廟附近的扶胥鎮便商旅雲集，民間廟會交易頻繁。

南海神廟之興旺，見證了廣州作為中國門戶、世界大港的千年輝煌。1992 年聯合國教科文組織「海上絲綢之路」考察團乘「和平之舟」到達廣州，第一個考察點便是南海神廟。

▌嶺南的水上人家

在嶺南，有一種水上居民，他們以船為家，以捕魚採珠為生，長年累月浪跡江河湖泊之上，人們把他們稱為「蛋家」、「蜑（ㄉㄢˋ）民」。

關於「蜑民」的來歷，說法不一。清代編纂的《南海縣志》比較客

觀地解釋了「蜑民」歷史形成的情況。該書日：「旦戶其來不可考。有謂秦使尉屠睢統五軍，監祿殺西甌王，越人皆入叢簿中，莫肯為秦。意即其遺民以舟楫為宅，捕魚為業。」如此說來，這些水上居民就是原來嶺南土著居民越人的一部分，他們因不肯歸順秦朝，所以匿居水上，世代相傳，便成為飄泊江河的水上人家。

「蜑民」主要靠江海維持生存，歷盡艱辛。有的以打魚、取蠔為生；有的靠擺渡、編筐箕度日。在廣東沿海一帶，還有許多「蜑民」是以採集珍珠養家活口的。當時採珠極其危險。珍珠長在貝殼裡，而貝又往往藏在深水中，採珠人用繩子繫於腰間，把繩子的另一端交給留在船上的人，然後一頭扎進深水中。在水中感到氣悶得慌，或者採得珠貝，就動動繩子讓船上的人立刻把他提起。一沉不起或葬身魚腹的事情經常發生。

「蜑民」還是備受歧視的「賤民」。他們照例要承擔繁重的無償勞動，要繳人頭稅、身丁錢等多種苛捐雜稅，得到的卻是許許多多禁令：不准上岸居住及置立家產；不准與陸上居民通婚，在岸上不准穿鞋子；清代又宣布「蜑民」不准參加科舉考試……陸上最底層居民起碼的權利，「蜑民」都沒資格享有。

到近代，他們的生路稍有擴大。廣東沿海的「蜑民」，更多地來到外商船舶上充當傭工或運送貨物，是近代最早和西方接觸的中國人。由於和外國人頻繁往來，使他們的語言滲入了一些外來因素。例如把「坐」稱為「識當」，這就是英語中的「sit down」。不少「蜑民」開始改變自己的處境，有的上岸務農，有的遠涉重洋到海外謀生，也有的到香港、澳門、上海等地經商。但整體而言，「蜑民」處境並沒有多大改善。

客家，民族大遷徙的印痕

有人說：有太陽的地方就有中國人，有中國人的地方就有客家人。

說到客家人，人們馬上會問：何謂「客家」？

「客家」一詞，在客家語與漢語廣東方言中均讀作「哈嘎」（Hakka），含有「客戶」之意。《辭海》中是這樣解釋的：相傳在4世紀初（西晉末年），生活在黃河流域的一部分漢人因戰亂南遷渡江，至9世紀末（唐朝末年）和13世紀初（南宋末年）又有大批漢人南遷粵、閩、贛、川……即現在的廣東、福建、廣西、江西、湖南等省區，以及臺灣和海外其他國家。為了與當地原居土著居民加以區別，這些外來移民自稱自己是「客戶」，是「客家」，是「客家人」。

由此可見，客家人的祖先源自中原，是從中原遷徙到南方，繼而再往各地分散遷徙，形成客家散布許多地區的局面。經過多次的輾轉遷徙，客家人始得在各地安身立命，世代繁殖，終至今日成為中華民族一支重要的特殊的民系。

一般認為客家人的先民，有過6次大規模的南遷：

第一次南遷是在秦始皇時代。西元前221年，秦始皇統一中國後，為了政治和軍事的需要，派兵60萬人「南征百越」。南下的秦軍，從閩粵贛邊入抵揭嶺（即今揭陽山），直抵興寧、海豐二縣界。前214年，秦始皇再派50萬兵丁「南戍五嶺」（今兩廣地區）。這些兵丁長期「戍五嶺，與越雜處」。秦亡後，兩批南下的秦兵都留在當地，成為首批客家人。

第二次南遷是在東晉「五胡亂華」時期。當時，為了避難，一部分中原居民輾轉遷入閩粵贛邊區。稍後，由於南北對峙，又有大約96萬

中原人民南遷至長江中游兩岸。其中一部分人口流入贛南，一部分經寧都、石城進入閩粵地區。

第三次南遷是在唐末黃巢起義時期。先是唐代安史之亂，給百姓帶來巨大災難，迫使大量中原漢人南逃。唐末黃巢起義，又有大批中原漢人逃入閩粵贛區。如宗室李孟，由長安遷汴梁，繼遷福建寧化古壁鄉。固始人王緒、王潮回應黃巢起義，率光、壽二州農民起義軍五千下江西，致使閩贛邊一帶人口激增。

第四次南遷是宋南渡及宋末時期。金人入侵，建炎南渡，一部分官吏士民流移太湖流域一帶。另一部分士民或南渡大庾嶺，入南雄、始興、韶州；或沿走洪、吉、虔州，而後由虔州入汀州；或滯留贛南各縣。南宋末年，元軍大舉南下，又有大量江浙及江西宋民，從蒲田逃亡廣東沿海潮汕至海南島。

第五次南遷是在明末清初時期。其時，生活在贛南、粵東、粵北的客家人因人口繁衍，而居處又山多地少，遂向川、湘、桂、臺諸地以及粵中和粵西一帶遷徙。這次大規模的遷徙，在客家移民史上被稱作「西進運動」。四川的客家基本上來源於這次「西進運動」。當時四川人口因戰亂、瘟疫及自然災害銳減，清政府特別鼓勵移民由「湖廣填四川」。

第六次南遷是 19 世紀中葉太平天國時期。當時為避戰亂，有一部分客家人遷徙到南亞，有的被誘為契約勞工，被押往馬來西亞、美國、巴拿馬、巴西等地。

目前，全世界有客家人約 6,000 多萬，其中海外就有 600 萬人左右，較集中在東南亞一帶。中國客家人最為集中的地方是贛南、閩南和粵東北部。廣東全省有純客家的縣市 15 個，主客混合的縣市 50 個，客家人約有 2,100 多萬人，約占廣東省人口 1/4，是目前所知中國客家民系居民

最多的省份。在廣東，客家人最密集的是梅州地區。以梅州市為中心，包括興寧、五華、大埔、蕉嶺、平遠，幾乎是清一色的客家人。

若無韓夫子，人心尚草萊

在古代，嶺南歷來是朝廷「罪官」的流放之地。這些罪官當中，卻有不少人為嶺南經濟、文化發展作出了很大的貢獻。唐代對廣東影響最大的是大文學家韓愈。

唐憲宗元和十四年（西元 819 年），韓愈因「諫迎佛骨」被貶到潮州任刺史。他在這一年的三月廿五日抵潮州，而在同年十月調往袁州，治潮 8 個月，興學勸農，祭鱷釋婢，為人民做了很多好事，歷代潮人都很懷念他的功績。在韓江之濱的韓文公祠內有一塊碑刻，上面刻著「若無韓夫子，人心尚草萊」，便是對他極高的評價。

韓愈在潮州特別注意興辦教育，用孔孟之道去教化人民。蘇東坡認為是一個創舉，它對潮州文化的發展，發揮過重要的作用。韓愈非常關心農業生產的發展。他在潮州寫過〈祭止雨文〉、〈祭界石文〉、〈祭大湖神文〉，針對連綿的大雨，莊稼、蠶絲受災的情況，請求神明歸罪刺史，不要作踐百姓。韓愈在潮州，還有一項政績便是祭走鱷魚，為民除害。至今潮州人口頭禪「靜過祭鱷」（指肅靜的程度無法比擬），老幼皆知。

據說韓愈當年三月廿五日到潮州後，深知民之疾苦：「皆日惡溪有鱷魚食民物產，民是以窮。」韓愈親自去觀察後，於四月廿四日便寫了一篇〈祭鱷魚文〉，並叫他的部屬秦濟殺了一豬一羊，到北堤中段鱷魚經常出現的地方，點上香燭，宣讀祭文，限期叫鱷魚徙歸大海。當時，潮人傾城而出，人山人海，鴉雀無聲，只聽韓愈嚴厲宣布：「鱷魚！鱷魚！韓

愈奉天子命到這裡來做刺史，是為的保土庇民。你們卻在此禍害百姓。如今姑念你們無知，不加懲處，只限你們在三天之內，帶同族類出海，三天不走就五天走，五天不走就七天走，七天不走，便要嚴懲不怠。」說畢，將祭文焚化連同豬羊投入溪中，拜祭鱷魚。相傳，當日拜祭了鱷魚，晚上惡溪驟起暴風雨，雷鳴電閃。不過數日，溪水盡退，鱷魚不得不遷徙去五六十里的大海。自此潮州沒有鱷魚為患。當然，這些都是迷信行為，有些傳說也不一定就是事實，但韓愈這種關心民疾的精神，卻是值得肯定的。正由於這樣，潮州人民為了紀念韓愈，將惡（鱷）溪改名為韓江，將東山（筆架山）改名為韓山。

得風氣之先，十三行富甲一方

在 170 多年前的廣州，有這樣一個商人群體：他們被西方認為是 18～19 世紀世界上最富有的商人，手中掌握的財富連政府都要眼紅，以至於要勒令他們代繳戰爭賠款 —— 這就是被稱為帝國商行的「廣州十三行」。

17 世紀後期，康熙皇帝暫時放寬了海禁政策，來華從事貿易的外國商人日益增多。於是，廣東地方政府於西元 1686 年招募了十三家較有實力的行商，指定他們與洋船上的外商做生意，並代海關徵繳關稅。從此，近代中國歷史上著名的「廣州十三行」誕生了。在之後的發展中，這些行商因辦事效率高、應變能力強和誠實守信而深受外商歡迎。

西元 1757 年（乾隆二十二年），清朝下令實行閉關鎖國政策，僅保留廣州一地作為對外通商港口。這一重大歷史事件，直接促使廣州十三行成為當時中國唯一合法的「外貿特區」，從而給行商們帶來了巨大的商機。在此後的 100 年中，廣東十三行竟向清朝政府提供了 40% 的關稅收入。

所謂的「十三行」，實際只是一個統稱，並非只有 13 家，多時達幾十家，少時則只有 4 家。由於享有壟斷海上對外貿易的特權，凡是外商購買茶葉、絲綢等國貨或銷售洋貨進入內地，都必須經過這一特殊的組織，廣東十三行逐漸成為與兩淮的鹽商、山西的晉商並立的行商集團。在財富不斷累積的過程中，廣東十三行中湧現出了一批豪商巨富，如潘振承、潘有度、盧文錦、伍秉鑒、葉上林等，以至於當時就流傳有「洋船爭出是官商，十字門開向二洋。五絲八絲廣緞好，銀錢堆滿十三行」的說法。在後世看來，這些行商無疑是當時世界上最富有的人。2001年，美國《華爾街日報》統計了 1,000 年來世界上最富有的 50 人，有 6名中國人入選，伍秉鑒就是其中之一。

鴉片戰爭以後，國勢漸衰，曾經富甲天下的廣東十三行開始逐漸沒落。許多行商在清政府的榨取下紛紛破產。更致命的是，隨著五口通商的實行，廣東喪失了在外貿方面的優勢，廣東十三行所享有的特權也隨之結束。第二次鴉片戰爭爆發後，又一場突如其來的大火降臨到十三行街，終於使這些具有 100 多年歷史的商館徹底化為灰燼。

●「豬仔」漂洋，血淚長恨

鴉片戰爭前後，由於帝國主義的侵略和清朝政府的腐敗統治，中國大地哀鴻遍野，民不聊生。為了活命，廣東沿海地區有些人便賣身出洋，赴南洋、美洲等地充當「苦力」，廣東俗稱「賣豬仔」。

「豬仔」名稱的由來，是因當時乘船出洋的華工，都在一起進食，開飯時，以木盆盛飯，水手呼人用餐，如內地呼豬相似，故稱「豬仔」。

其實當時出洋華工的待遇，與牲畜亦差不了多少。出洋之前，他們被

囚禁在澳門或香港的「豬仔館」內，毫無人身自由。為了防止「豬仔」外逃，還把他們的髮辮互相捆綁在一起，連成一串，欲走不能，與牛馬相似。

這些華工出洋時，乘搭的都是一些裝載奴隸的船，這些船駐有武裝人員，戒備森嚴。華工被驅趕至潮溼陰暗的船艙底下，與運載牲畜無異。艙口都密密地釘上木板，不許華工隨意走上甲板。由於居住條件太差，航行過程中死亡率很高。如在西元 1848 至 1857 年的十年當中，由香港運往古巴的 23,900 多名華工中，有 3,300 多人在航程中死亡。死亡率高達 14%。

華工到達目的地後，即被驅之登岸，趕赴市場，當貨物拍賣，價高者得之，然後與新主人簽訂賣身合約，再被驅趕至荒涼小島，進行開墾，或從事修鐵路等一些苦役。他們在那裡的命運也是極其悲慘的。有些終身為奴，有些忍受不了非人的待遇，被迫自殺；有些在惡劣的工作條件下，默默地倒了下去。美國中央太平洋鐵路修築時，僱用華工四五萬人，因工作條件惡劣而死亡的不下萬人。所以有人說，美國的鐵路，是從華工的屍骨中鋪出來的。

在殖民主義者和奴隸主的眼中，「豬仔」無疑是卑賤的。但事實上他們卻為人類創造了巨大的財富，為世界文明做出了重大的貢獻。

林則徐虎門銷煙

19 世紀初期，英國等西方資本主義國家向中國輸入鴉片，使中國白銀大量外流，銀價上漲，煙毒很快氾濫中國。上至官吏，下至士兵，中國吸毒者多達 200 萬人，嚴重削弱了清朝軍隊的戰鬥力。道光皇帝看到銀荒兵弱對清朝統治不利，就派林則徐為欽差大臣，到廣州查禁鴉片。

西元 1839 年 3 月，林則徐到廣州。經過一番努力，在虎門海面共收繳英國鴉片 115 多萬公斤。怎麼處理這批鴉片呢？開始時準備押送京城驗明燒毀，後來考慮到押送上京費工費時，而且還有路上被人偷漏劫掠的可能，後來道光皇帝下令就地焚化處理。怎麼樣才能把鴉片盡快處理乾淨呢？如果按以前的老辦法，即拌以桐油火燒，那殘膏餘瀝就會滲入土中，如果把這些泥土挖起來重新提煉，50 公斤泥土還可得到煙膏一二十斤，流毒實在難以盡絕。為此，林則徐費盡心思。他深入民間，多方採訪考察，從百姓那裡得知鴉片最忌海鹽和石灰，一跟海鹽和石灰攪和在一起就會銷化，即使有殘渣，也不可能再合成煙膏。經過試驗，林發覺確實如此。林則徐又從印度「開池製造」的流程中悟出「開池銷化」的道理。於是，林則徐就準備採用這一方法銷煙。

150 多年前，虎門鎮口村這裡還是一片海灘，林則徐經過勘察，決定就在此地挖兩個長寬各 15 丈多池子，池周圍用木樁釘板，池底平鋪石板以防滲漏，池前有通海的涵閘，後有通水渠，漲潮時可以透過水渠把海水引入池中，退潮時則打開涵閘把已溶解的煙土渣滓流入大海。

銷煙那幾天，虎門海灘人潮簇擁，旌旗蔽日。林則徐率文武百官並邀請在粵外國領使及商人參加觀賞。銷煙從 6 月 3 日開始，至 6 月 25 日結束，除去中間端午節停頓一天及清池用了兩天外，整個銷煙實際用了 20 天，才將繳獲的鴉片全部銷毀。

▌三星旗下誓死抗英

西元 1841 年 5 月，英國侵略軍進入廣州城內燒殺搶掠，為非作歹，激起了廣州人民的極大憤怒。5 月 29 日，侵略者一路殺掠到三元里的蕭

崗鄉，調戲菜農韋紹光的妻子。韋紹光等人聞訊趕來，在村內的東華里伏擊侵略軍，當場打死幾名英兵，並將其屍體投入豬糞坑內。

5 月 30 日清晨，三元里村民們猜想敵軍定會前來報復。於是村民們在村北的三元古廟前集會，群情激昂，決定武裝抗擊，並即與各鄉聯絡，由蕭崗舉人何玉成「束傳」廣州東北郊、南海、番禺、增城各鄉聯合抗敵。於是，各鄉代表在韋紹光率領下，眾志成城，齊聚廟前誓師。他們取出廟裡的三星旗作指揮旗，約定「旗進人進，旗退人退，打死無怨」，一旦發現英軍，就「一鄉鑼響，眾鄉回應」。

果然不出所料，英軍由統帥臥烏古（Hugh Gough）率軍進犯。義勇誘敵於牛欄崗，頓時，滿山遍野的義勇高舉義旗，手提大刀、長矛、藤牌、三尖槍、撓鈎、長棍、抬槍以及鋤頭等原始武器，追殲敵人。連婦女、兒童也在吶喊助威。除當地農民外，前來參戰的還有打石和紡織工人、駐防石井的水勇等。

中午的時候，天空突然間下起了暴雨、電閃雷鳴，使得敵人的火藥槍在雨淋之下不能開火，敵人只得結成方隊退卻。村民們用撓鈎把敵人從隊伍中拖出來劈死，或用鋤頭將陷在西洋菜田泥濘裡的敵兵鋤死。

這次戰鬥，三元里人民大獲全勝，英軍死傷兩百多人。殘敵在總司令臥烏古的率領下，狼狽退回越秀山四方炮臺的指揮部內，連鴉片戰爭的策動者、英軍全權代表義律（Charles Elliot）亦被圍困在裡面。

第二天，103 鄉農民和從增城縣、從化縣、花縣等地趕來助戰的群眾將四方炮臺團團圍住。英軍非常恐慌，急求廣東當局給予解圍。於是兩廣總督命令廣州知府余保純率領南海、番禺知縣來到現場，用欺騙和威脅的手段，強迫鄉民解散。當天，義律在余保純的護衛下，率殘部逃回停泊在珠江白鵝潭軍艦上，退回虎門。

浩月黃花濺碧血

　　武昌起義之前，孫中山已經領導過八次武裝起義。這八次起義，都是在廣東組織的，而最著名的一次，便是被稱為黃花崗起義的辛亥「三二九」起義。

　　1910 年，由於前幾次起義的失敗，部分革命者產生了悲觀情緒。11 月，孫中山在英屬馬來亞召開了檳榔嶼會議，參加者有黃興、趙聲、胡漢民等。會上，孫中山分析了形勢，認為革命風潮已盛，起義時機已成熟。於是，大家決定 1911 年春在廣州集合各省革命之精華，發動大規模起義，先占廣州，再由黃興統率一軍進軍湖南湖北，由趙聲帶領另一軍出江西攻南京，兩軍會師長江，然後北上直搗北京，推翻清朝。

　　起義日期原定在 1911 年 4 月 13 日。不料 4 月 8 日發生了革命黨人溫生才刺殺清廣州將軍孚琦的事件，反革命加強了戒備，到處搜捕革命黨人。這樣，原定的起義計畫受到了影響。起義日期幾次改變，最後由黃興確定在 4 月 27 日，亦即農曆的三月廿九日發動。由於敵人戒備森嚴，革命黨人聯絡困難，加以部分槍械未到，致使原定的四路進攻計畫無法落實，最後只有黃興統率的一軍孤軍作戰。

　　3 月 29 日下午 5 時半，一聲螺響，黃興帶領著「先鋒」（即敢死隊）130 多人，臂纏白布，從越華路小東營 5 號總指揮部衝出，直搗總督衙門。兩廣總督張鳴歧聞風逃跑，革命黨人遂火燒總督府。起義軍退出衙門時，遇到大批清軍伏擊，展開了激烈的巷戰，終於寡不敵眾，絕大多數革命黨人壯烈犧牲。事後，革命黨人的遺體被陳屍在諮議局前的曠地上，慘不忍睹。同盟會員潘達微先生冒著生命危險，收集了死難烈士遺骸七十二具，叢葬於現在的黃花崗，這便是「黃花崗七十二烈士」的來歷。

　　「三二九」起義中革命黨人的英勇犧牲精神震撼了中國，敲響了清朝的喪鐘，黃花崗起義成為武昌起義的前奏。正如孫中山所說：「是役也，……事雖不成，而黃花崗七十二烈士轟轟烈烈之概已震動全球，而中國革命之時勢實以之造成矣。」果然，幾個月後，武昌起義爆發，中國各地奮起響應，終於推翻了清朝的統治。

黃埔軍校二三事

　　知道黃埔軍校名字的人，恐怕不在少數，但了解軍校創辦之初歷史情況的，可能不是很多。這裡記述的是黃埔軍校早期一些可圈可點的片段：

（一）走出去：「以俄為師」

　　1923 年 8 月，孫中山派出蔣中正、張太雷、沈定一、王登雲等 4 人組成「孫逸仙博士代表」赴俄國考察黨務、政治和軍事。在蘇聯間，代表團參觀了步兵、軍用化學、高級射擊、海軍機器等學校；造訪了教練總監彼得祿夫斯克等軍事將領；觀摩了紅軍的訓練表演，拜會了議長加利寧等領導人。大家對武器裝備展覽感嘆不止，表明了「以俄為師」的真心實意。

（二）總理欽定：「島上建校」

　　1924 年 1 月 24 日，孫中山正式下令籌建陸軍軍官學校。討論校址時，國民黨中央執委是定在「測繪局及西路討賊軍後方醫院」，即現在的

北教場路烈士陵園一帶，廣州人通稱為「東山」。為此，還寫成了文件。不過沒多久就改了。否則，黃埔軍校就叫「東山軍校」了。

據說以黃埔島做校址，是孫中山親自選定的。黃浦軍校所在的長洲島交通不便，離市區又遠，且偏僻，為什麼孫中山會選取這個孤島辦軍校呢？這是因為：首先，出於安全角度考慮。在 1920 年代，各路軍閥獨霸一方，滇桂軍閥盤踞著廣州市。當時大小軍閥隨時發山大王脾氣，弄不好就會突然襲擊軍校。長洲島築有炮臺多處，與隔江相對的魚珠炮臺、側面沙路炮臺形成三足鼎立之勢，把守控制江面，易守難攻。其次，長洲島四面環水，島上林木蔥蘢、山巒起伏、環境幽雅，便於學習與練武，是辦校駐軍的理想之地。再者，孫中山很熟悉長洲島，他曾多次來島視察，知道島上清陸軍小學堂的校舍仍在，略加修茸，即可使用，還可節省許多人力和資金，為此，孫中山決定把軍校設在長洲島上。

（三）建校開學日的由來

1924 年 6 月 16 日，為黃埔軍校開學的日期。孫中山為什麼會選擇這一天作為軍校的開學典禮日呢？

原來，兩年前的 6 月 16 日，是廣東省長兼陸軍部長陳炯明叛變革命的日子。1922 年 6 月 15 日晚，陳炯明部將葉舉開始調動大批部隊包圍總統府，孫中山得到密報隨之撤離總統府，脫險到永豐艦。6 月 16 日拂曉，包圍總統府的 4,000 多名叛軍便發起總攻，第一炮便把粵秀樓與總統府之間的木天橋打斷。頓時，烈火沖天。子彈、砲彈朝著粵秀樓像雨般打來。衛隊長率 50 多名衛士堅守在粵秀樓的堡壘中，打退了敵人一次又一次的衝鋒，斃敵不少。戰鬥直到中午時分，子彈打盡了，才化裝潛入附近民房，撤出陣地。

　　兩年後，孫中山選擇這個特殊的日子作為軍校的開學典禮日，是要人們記住這個沉痛的教訓，為建立一支革命的軍隊而無私奉獻、努力奮鬥。

（四）隆重的開學典禮

　　1924 年 6 月 16 日，黃埔軍校成立暨第一期開學典禮在黃埔島上隆重舉行。這一天，孫中山偕夫人宋慶齡於早 6 時從大本營出發，江漢艦隨同護衛，7 時 40 分抵黃埔。稍作休息，孫中山就在教授部主任王柏齡、訓練部主任李濟深等陪同下巡視學校講堂，學生宿舍，並瀏覽師生名冊、教授計畫，接見各教官、各隊長及特別官佐。

　　上午 9 時 30 分，軍校全體教職員工及學生集合操場，開學典禮開始。先由孫中山發表演講。他的演講足足講了一個多小時。他說：「沒有好的革命軍，中國的革命永遠要失敗。今天建立黃埔軍校，就是為成立革命軍打基礎。」「革命軍必須富有革命的志願，一生一世不存升官發財的心理，只知救國救民，實行三民主義和五權憲法。」他以很通俗的語言說：「革命黨的精神，就是不怕死的精神。有了這種精神，一百個人就能打一萬個人。有一支一萬人的革命軍，就可以打倒軍閥。」孫中山演講完畢，會場上掌聲雷動，口號震天。11 時 30 分，由黨代表廖仲愷主持開學儀式，大家依次向黨旗、校旗、孫總理行三鞠躬禮。胡漢民宣讀總理訓詞，汪精衛代表國民黨中央執行委員會宣讀祝詞。下午舉行閱兵式及分列式。

　　晚上 7 時，國民黨中執委、廣州市黨部公宴軍校教職員及全體學生。胡漢民、汪精衛、廖仲愷、林森及孫科、吳鐵城、鄧演達等參加宴會，祝賀軍校創辦成功。席間，校長蔣中正講話，勉勵學生不負眾望。宴會一直延續到皓月當空。

（五）黃埔軍校校訓

黃埔軍校於廣州成立，首任校長蔣中正親自擬選「親愛精誠」為校訓，呈交孫中山核定後使用。其目的乃在造就「頂天立地」和「繼往開來」的堂堂正正革命軍人，發揚黃埔精神。

孫中山核定「親愛精誠」為黃埔軍校校訓，正是孫中山衷心希望借黃埔軍校培訓中國革命軍事人才。

蔣中正於 1925 年元旦對黃埔軍校學生訓話中闡述：「親愛」是要所有的革命同志能「相親相愛」，本校的宗旨「精」是「精益求精」，「誠」是「誠心誠意」。

（六）軍校正門校牌

從黃埔碼頭上岸，便可看到軍校正門掛著「陸軍軍官學校」這塊輝煌的校牌。「陸軍軍官學校」六個大字，挺拔矯健，疏密得宜，通篇貫氣。此為清末才子時任陸海軍大元帥大本營祕書處代祕書長譚延闓所書。

譚延闓（西元 1880 ～ 1930 年）字組安、組庵，號畏三。湖南茶陵人。光緒進士，授翰林院編修。辛亥革命長沙成立軍政府時，先後任參議院院長、民政部長、督都。1912 年加入國民黨，任湖南支部長。1916 年被北京政府委為湖南省長兼督軍。1924 年國民黨一大召開，當選為中央執行委員，旋任中央政治委員會主席。1926 年任國民革命軍第二軍軍長。1927 年後依附蔣中正，歷任國民政府主席、行政院院長等職。他能文能武，又擅長書法，與于右任、張靜江被譽為國民黨「三大書法家」。

（七）軍校校旗

在黃埔建校之初，廣州還沒有一個合法的代表國家的政府，因此沒有新的國旗，而又不能使用北洋軍閥所用的「五族共和」的五色國旗。軍校建成後，校方將國民黨黨旗四周加上紅邊，即青天白日滿地紅，作為校旗。待軍校成立教導團後，又把校旗兼作軍旗，及國民黨領導的國民政府定都南京後，再將軍旗改為國旗。

國民黨黨旗是辛亥革命時期，由興中會會員陸皓東（西元 1868～1895 年）設計。旗作藍色，以示青天；旗中置一射出叉光的白日圖案。1900 年惠州起義首用此旗，當時旗上所列叉光多寡不一，經孫中山以干支之數排作十二，以代十二時辰，成為定制。

1905 年同盟會成立。次年議決中華民國國旗制式時，孫中山提議使用此旗，並增加紅色於上，改作紅藍白三式，以示自由、平等、博愛之義。未能通過。但此後同盟會發動的多次起義，均用孫中山提議的青天白日滿地紅旗為標幟。

日後校長蔣中正曾解釋說：「國旗的三種顏色，青的顏色就是表示高大的青天，白的顏色就是表示光明的白日，用以象徵我們革命軍人和革命黨員高尚偉大的人格，光明磊落的胸懷，與冰清玉潔的修養。同時，又是表示我們國家之偉大，凡青天之所覆，白日之所照，都是我們國家勢力之所及。還有紅色是表示我們的國家乃由無數革命黨員、革命軍人的血所染成功的，用以表示我們為國家犧牲的精神。」

（八）黃埔軍校校歌

在廣州黃埔軍校校址內，立有一塊石碑，上面刻著「陸軍軍官學校校歌」，歌詞作者為陳祖康。歌詞全文如下：

「怒潮澎湃，黨旗飛舞，這是革命的黃埔。主義須貫徹，紀律莫放鬆，預備作奮鬥的先鋒。打條血路，引導被壓迫的民眾，攜著手，向前行，路不遠，莫要驚。親愛精誠，繼續永守，發揚吾校精神，發揚吾校精神。」

陳祖康，福建漳平人，1901 年生，1919 年秋赴法國勤工儉學。1925 年夏畢業於法國南特的西方綜合理工學院（今南特中央理工學校），並被聘為該院的助理教授。那時，正值中國國民革命蓬勃開展。

陳祖康與熊雄（又名披素）是留法時的同學，熊雄先於陳祖康回國，在黃埔軍校經周恩來推薦，繼周恩來後任軍校政治部主任。熊雄多次去函去電，請陳祖康回國參加革命，陳祖康遂辭去西方工學院的教職，於 1925 年春離法回國，來到黃埔軍校任少校政治教官。

1926 年秋，黃埔軍校第五期開學。一天，熊雄找到陳祖康說：「到現在，五期已經開學了，學校萬事俱備，惟校歌尚付闕如，似乎有些說不過去了。政治部方面大家都認為你對詩歌獨具專長，要你撰寫一篇校歌的歌詞，請你立即動筆。」陳祖康無從推辭，很快動筆寫了這首歌詞，歌詞寫好後交音樂教官林慶梧制譜。不久，陳祖康離粵赴閩，校歌有否被採用陳祖康不得而知。

1927 年春有學生自黃埔來見陳祖康，告訴他黃埔學校已有了校歌，並唱了原文，這時他才知道那首歌詞被採用了。後來，陳祖康在國民黨軍中任少將。1979 年 2 月在臺灣病故。

（九）幾組統計數字

從 1924 年創辦，到 1949 年蔣中正撤退臺灣，黃埔軍校共招收學生 23 期，前 6 期為正宗的黃埔時期，畢業生共 8,107 人；後 17 期先後在南京、成都等地創辦，畢業生共約 25,000 人；再加上各分校，黃埔軍校總共約有畢業生 3 萬餘人。黃埔師生經過北伐戰爭、抗日戰爭和第二次國共內戰，出現了一大批高級將領，成為國共兩黨軍隊的核心力量。國民黨方面，僅被授予上將軍銜的就有近 40 人；在中將中，擔任過集團軍總司令、兵團司令以上職務的有 50 餘人。共產黨方面，解放軍 10 位元帥中，林彪、陳毅、徐向前、聶榮臻、葉劍英 5 人出自黃埔；10 名大將中，黃埔出身的占 3 位；57 名上將中，有黃埔師生 8 人；此外，在紅軍、八路軍、新四軍和解放軍中，擔任正軍職以上領導職務的也有近 40 人。

▌ 40 分鐘雪 8 年屈辱

自 1931 年落成至今，中山紀念堂一直占據著廣州代表性建築的核心位置。然而，在日軍侵華期間，這座神聖的建築卻遭遇凌辱。偽廣東治安維持會成立時的遊行從這裡出發，汪精衛到廣州檢閱童子軍在這裡進行，日軍也曾在這裡舉行閱兵儀式。但歷史也在這個神奇的建築上製造了具有諷刺意味的一幕。1945 年，侵粵日軍投降官就是在這座摧不毀的建築裡老老實實地簽署了投降書，向中國繳械投降。

那是 1945 年 9 月 16 日上午，廣東地區日軍簽字投降儀式在廣州中山紀念堂舉行。這一天，中山紀念堂內外布置一新。入門處高掛一副對聯：「驅逐敵虜，重整山河」。門額上高懸一個巨大的紅色「V」字，以

示勝利之意。還有一尊高舉火炬的自由女神像。迎風招展的中、美、蘇、英四國旗鮮豔奪目。外門亭北側大拱門與紀念堂正門之間，鋪設了一條寬約 3 公尺、長約 300 多公尺的長地毯。長地毯經草地直接抵達孫中山銅像基座前，然後向東折過基座，導入中山紀念堂內。禮堂內電炬齊明，場中氣氛莊嚴肅穆，威儀萬千。

9 時 30 分，中國第二方面軍司令張發奎上將偕同參謀長甘麗初中將、廣州市市長陳策、美軍聯絡部博文將軍等步入會場。9 時 55 分，日軍投降代表 23 軍司令官田中久一、參謀長富田、海南島日軍指揮官肥厚大佐抵達，向受降官鞠躬致敬，立正候命。

受降時，張發奎端坐禮臺正中，參謀長甘麗初和美方博文將軍分坐兩側，其餘高級首長，則依次坐於兩旁席次。司令官詢問田中等身分後，命令作戰處處長李漢中宣讀「國字第一號命令」。隨後由日、英翻譯員以日、英語宣讀。日軍代表垂頭聆聽，神情沮喪。這是自甲午戰爭的 51 年以來，日軍代表首次坐在戰敗者的席位上聽候中方的命令。李漢中宣讀完畢《國字第一號命令》後，日軍代表田中久一便在投降書上簽字畫押，旋即被帶出會場，分乘 3 輛汽車，在新三十八師憲兵的押解下，經海珠橋向南面駛回集中營。

整個受降儀式雖然只有短短的 40 分鐘，卻書寫了廣州歷史上極其光榮的一頁，宣告了廣東人民八年堅苦抗戰的勝利。廣州中山紀念堂也因此而見證了這一歷史性的重要時刻。

文物廣東

　　古代嶺南偏於一隅，但與中原文化的連繫又不絕如縷。粵北梅關古道上挑夫此起彼落的吆喝聲，西江河畔德慶學宮、龍母祖廟等無言的特色建築，都顯現出嶺南曾有的輝煌。

　　宋元時期，海外貿易風生水起，一條「海上絲綢之路」伸向遙遠的番邦，陽江千年沉舟「南海一號」見證了這一段如煙往事。

　　明清時期，嶺南文化長足發展，與中原文化交映生輝。並表現出內斂、實用，在安靜中綻放著異彩的特點，陳家祠寫著生動的注解。

　　近代的廣東站在歷史的浪尖看潮起潮落，中西文化碰撞的火花，燃起英雄壯懷激烈。中山紀念堂銘刻著先行者的足跡，開平的碉樓、沙面的洋屋無不述說著歐風美雨在嶺南的影響。

南越王墓的「鎮墓之寶」

在中國古代社會中，玉文化源遠流長，玉器為歷代帝王所珍視。廣州象崗南越王墓出土了一套「絲縷玉衣」，是西漢南越王博物館的鎮館之寶。它是中國目前發現完整的西漢玉衣中年代最早的一套，為何會在廣州出土，這與嶺南和中原的交往、南越國的立國歷史有著密切的連繫。

秦始皇統一六國後，派五路大軍南下，於西元前 214 年統一嶺南，實行郡縣制，設置桂林、南海、象郡三郡。前 209 年，陳勝、吳廣揭竿而起，各地紛紛響應，在秦末楚漢相爭之際，時任南海郡尉的趙佗兼併桂林、象郡，於前 203 年建立南越國，定都番禺。南越國疆域基本就是秦朝嶺南三郡的範圍，東抵福建西部，北至南嶺，西達廣西西部，南瀕南海。直到前 111 年，漢武帝派十萬樓船將士滅南越國，分嶺南地為七郡。

南越國是嶺南第一個封建割據政權，在統治嶺南的 93 年間，推行郡縣制，和集百越，推廣鐵器和農耕，發展海上交通貿易，促進嶺南地區社會歷史的全面發展，是嶺南開發史上的重要時期。南越國共傳五代王。開國之君趙佗僭稱南越武帝，趙佗之墓至今不知所在。第二代王趙眜（趙佗次孫）僭稱文帝，第三代王趙嬰齊（趙眜之子）死後稱明王，皆築有陵墓。第四代王趙興（嬰齊次子）、第五代王趙建德（嬰齊長子）均未建陵墓。

趙眜之墓深埋在廣州象崗山腹心深處；明王墓則早在三國時便被孫權盜掘。

趙眜（西元前？～前 122 年），趙佗次孫，這位祖籍河北，在廣東土生土長的年輕君王，體弱多病，性弱內向，在位 16 年，貪圖享樂，碌碌

無為，沒什麼建樹。西元前 122 年因病去世，年齡 43 歲左右，葬在今廣州象崗山腹心深處，即現在的南越王墓，距今已有約 2,116 年的歷史。

南越王趙眛墓於 1983 年偶然被發現。因蓋宿舍樓剷平象崗山，發現陵墓隱蔽在山下 20 公尺深處。全墓由 750 塊大石砌建，分前朝後寢兩部分，共 7 室，由兩道石門隔開，各室有各自的功能。

南越王墓經過數年挖掘，現已出土珍貴文物 1,000 多件（組），有 15 位殉葬人。它的發現，為研究秦漢時期嶺南地區的開發、物質文化的發展、南越歷史，以及廣州早期城市的歷史發展、漢越民族文化的融會等，提供了極為寶貴的資料，南越王墓出土中不少文物被世人譽為「嶺南文化之光」和「國寶」。正如中國社會科學院副院長夏鼐在得知廣州南越王墓發現的情況後說：「這是一個重大發現，不亞於馬王堆和滿城漢墓。」中國國家文物局顧問、著名文物專家謝辰生說：「南越王墓有三個至為難得：一是從建國後的考古發掘所見，幾屬大型的墓幾乎都被盜掘，十室九空，而南越王墓未受盜擾，保存完好，實在難得；其次，發現時墓內未遭任何擾亂破壞，這對科學研究有特別重要的價值；還有，這座石室墓是嶺南發現的規模最大，隨葬遺物最豐富，墓主人身分最高的西漢大墓，司馬遷的《史記》、班固的《漢書》均為主人入傳，因而墓主的史事清楚，年代精確。」

南越王墓中出土文物尤以銅器和陶器最具南方越族文化的特色，有青銅編鐘樂器 3 套，銅鼎 36 個，銅鏡 36 面，以及金印 3 枚（廣州市漢代考古至今發現西漢時期金印僅有 4 枚），出土玉器 240 多件。墓主身穿的玉衣殮裝已復原，它是中國目前發現完整的西漢玉衣中年代最早的「絲縷玉衣」。墓中出土藍色平板玻璃、世界第一套套色印花銅版模、非洲象牙等，都是一批有意義的稀世珍品。

　　玉衣為上古貴族的斂葬飾，始於戰國，盛於兩漢。玉衣又稱玉匣、玉柙。所謂「玉匣珠襦」，就是古代帝后、諸侯王的葬飾。根據身分於等級的不同，玉衣的聯綴又分為金縷、銀縷、銅縷和絲縷。目前中國發現的漢代王侯玉衣有 13 套以上，但其中除河北中山靖王劉勝夫婦墓、廣州南越王墓和 1986 年河南永城芒山梁王墓玉衣保存完整外，其餘的均不完整。廣州南越王墓墓主玉衣為絲縷，該玉衣全長 1.73 公尺，由 2,291 塊玉片所組成，經專家長達 3 年的努力得以完整復原。這是目前漢代玉衣中年代最早的一套，比河北滿城中山靖王劉勝夫婦的金鏤玉衣還早。據專家鑑定，部分玉片的質料可能出自粵北曲江縣。據地方誌記載，曲江縣有玉山。從石峽文化的一些玉器的質料看，可知曲江玉山從新石器晚期已經開採。不過，據專家推測，南越王墓的各類玉器及其不同質料應有不同的來源。此外，南越王墓的有些玉器，具有中原戰國玉器的風格特徵。

　　發掘後，墓室就地保護，並在其旁邊闢建了占地 1.4 萬平方公尺的西漢南越王墓博物館。博物館整體布局布局以古墓為中心，上蓋覆斗形鋼架玻璃防護棚，象徵漢代帝王陵墓覆斗型封土。墓的東邊為三層的綜合陳列樓，北邊為兩層的主體陳列樓，用環繞的迴廊上下溝通將三座建築物連成整體。現在，全館共有 10 個展廳，4,800 多平方公尺。1988 年開館以來，共接待觀眾 175 萬人。現在，南越王墓博物館已被選進世界 80 個著名博物館之中，是人們了解廣州歷史的一個重要教育與參觀場所。

千年梅關古商道

梅嶺腳下，有一條用碎石砌成的千年古道，它穿越梅嶺直達廣東的南雄。在梅嶺之巔，有一座古老的關樓叫梅關，關樓所處的位置正是江西與廣東的分界點，它的一側是嶺北，而另一側就是嶺南。於是這裡就出現了一步跨兩省的有趣現象，遊客每到此處，都要在梅關兩側分別留影，這邊拍照是在廣東，而另一邊拍照就到江西了。古道兩頭的廣東南雄市和江西大余縣，因地利而繁華一時。千年風流逝去，古道已在風塵中廢棄、湮滅，而梅關尚在。

西元前 221 年，經過長年的征戰，秦始皇掃滅六國統一了中原，中國歷史上第一個集權制國家出現了。此時的秦始皇並未滿足於中原的統一，他把目光投向了遙遠的東南沿海。

這裡地域遼闊物產豐饒，但由於連綿不絕的五嶺山脈形成了嶺南與中原的巨大屏障，使這一地區長期成為中原勢力難以染指的地方。

顯然，雄圖大略的秦始皇是不能接受這一現實的，他要將這塊廣闊的沿海地區置於大秦王朝的權力範圍，以真正實現他大一統的理想。因此，就在他建立王朝的第二年，秦始皇開始了他征服嶺南的步伐。水運是當時軍事運輸最有效的手段。於是他決定組建一支 50 萬人的南征大軍，分別由水路向嶺南進軍。

其中一路負有特殊的使命，他們要尋找一條距離最短的途徑出其不意地直搗嶺南。這支秦軍由長江水系南下贛江，來到了今天的贛州，在這裡他們又沿贛江上游章江溯流而上逐漸逼近了五嶺之首的梅嶺。梅嶺又稱大庾嶺，「南控北粵，北扼三江」，為粵贛兩省的天然屏障。

當秦軍沿江來到梅嶺腳下的大余時，發現章江並沒有流向嶺南，而

是在這裡轉了彎向東流去，於是秦軍一路沿江而去，因為他們知道，在梅嶺那邊的南雄是珠江上游的湞江，既然章江沒有流向嶺南，就要找到章江最接近湞江的位置。經過了反覆的勘察，秦軍又發現了梅嶺山中，有一處比較低矮的山谷，稍加修整之後，一條在梅嶺中曲折前行，通往廣東南雄的軍事通道出現了。這條長達 40 多公里的通道，隨著秦朝大軍滾滾鐵騎和無數輜重的不斷駛過，為後人提供了一個全新的運輸模式，軍隊和物資從長江水系直達大余的章江碼頭，從這裡登陸穿越梅嶺，然後在南雄的湞江上船，由水路長驅直入嶺南地區，這種模式用今天的話說就是「水陸聯運」。

這條道路的出現使中原文化和政治統治第一次大規模涉足這片廣大的土地，這不僅使秦始皇圓了他大一統的夢想，也為嶺南的開發和東南沿海與中原地區的文化物資交流開了先河。而秦軍修建的這條梅嶺古道，也在後來的歲月中不斷提升著自身的價值。在粵漢鐵路修通之前，廣東和北面省份最主要的溝通管道，就是透過這條窄長的梅關古驛道。

在今天，出現在遊人眼前的這條梅嶺古道，並不是秦軍修建的，他所在的位置已由秦朝故道向東移動了數公里。那麼為什麼一個如此重要的戰略通道會發生位置的變化呢？這又涉及了另一個強大王朝的如煙往事。

在唐代，嶺南的經濟得到很大發展，與中原文化經濟交流也日益增多，由於貨物量增加，使梅嶺這條原本只是用於軍事需要的簡易通道無法承載商業運輸的重負，面對這一現狀，唐朝重臣張九齡提出在梅嶺開關新路通暢貨流的主張，初登帝位的唐玄宗立即批准了這一方案，並任命張九齡為修路使臣。經過對梅嶺的反覆的考察、勘測，張九齡最終選擇了一條由大余到南雄距離最短的路段，這條路比秦朝故道縮短了 4 公

里，就是為了縮短這 4 公里，張九齡動用了大量民夫，將堅硬的花崗岩山體鑿下去 20 多公尺。這個艱苦的工程，花了兩年時間，兩年的奮戰換來的是一千多年的興旺。

這條梅嶺新路用堅實的花崗岩鋪路，兩旁移植了大量的梅花，於是一條寬闊平坦，景色迷人的穿山公路出現了。這條路的修建使梅嶺一線真正成為了溝通南北的商貿通道，嶺南的物產也從這條通道才馳往中原。

今天，我們從大余的東山大碼頭上岸，在碎石鋪滿的千古商道上走過蜿蜒的 40 公里，在感受古道滄桑的同時，我們會發現古道是由無數個臺階連接而成的，顯然，這麼多的臺階是無法使馬車通過的。那麼千百年來，一批批的貨物是如何運過梅嶺的呢？如果想解決疑問，人們可以到南雄市的湞江之畔尋找答案。這裡古代的碼頭早已廢棄，隱約間還有些舊日的痕跡，只有岸邊建於明代的廣州會館，還能讓人看出這裡曾經的興盛與繁華，門樓上的木雕記錄著往來於梅嶺的廣東商人的生活寫照。這木雕中有一個挑夫的形象，會引起了人們的注意，應該出現才子佳人、神仙道士的位置上，竟然出現了民間的挑夫形象？我們得到的回答也同時解開了先前的疑團。

原來為進一步減緩上山的坡度，商道被修成了階梯狀，在車輛無法上山的情況下，千百年來南來北往的貨物全靠一代代的挑夫靠人力翻越梅嶺，而張九齡當年對這一路段長度的選擇，也證明了他對挑夫的體能、速度有著精確的計算。走這段陸路從大余碼頭上岸以後，翻過梅關這段幾公里的山路，然後沿著山谷運行一直到湞江碼頭的話，一共是 40 公里，用過去傳統的計量方式就是 80 里，按照中國古代挑擔的情況，在山地上走路不能超過 80 里，因為超過 80 里，就超過了人的體力的極限，

所以在山嶺的這一邊大余縣城，到山嶺的那一邊選擇南雄縣城作為重要的經濟政治中心，嶺南一個，嶺北一個，這兩個距離剛好 40 公里。40 公里可以說是一個最適合肩挑背扛運輸貨物這麼一個距離了。

可以說梅嶺古道在為王朝溝通貨流，為商人創造財富的同時，也為一代代窮苦人提供著維持生計的行業。隨著歲月的流淌，挑夫已成為這塊土地上一個永恆的記憶。

西元 10 世紀，宋朝雖然統一了大江南北，但由於北方地區被契丹人占有，自漢唐以來興盛了一千多年的絲綢之路，已無法為大宋王朝提供貿易通道。此時王朝將對外貿易的管道集中在了那條出現在唐代的海上絲綢之路上。而贛州作為梅嶺商道的所在地，海上絲綢之路的樞紐城市之一，其地位也日益顯赫起來。由於往來貨物量巨大，贛州也就成了大宋王朝重要的稅收地。為此朝廷在贛州城下設立了專門的稅收機構「贛關」。

幾乎在贛關設置的同時，梅嶺古道上也設置了一座梅關，由於大量的貴重貨物都集中在這條 40 公里的運輸線上，它周邊的密林深山中又常有強人的出沒，因此贛州知府在這裡派駐了一支幾十人的小型武裝，每日城頭瞭望，城下巡邏，造成保護貨商、打擊劫匪的作用。除此之外梅關還有一個重要功能，那就是徵收鹽稅，當時江西及北方地區長期吃不到海鹽，而廣東沿海出產的廣鹽極受內陸地區的青睞，奇貨可居，自然也就能獲取暴利，以往梅嶺曾是私鹽販運的黃金走廊，而梅關的出現查禁了不法走私，也極大地增加了政府稅收，從此整個江西都能吃到廣鹽了。

當光陰像章江的流水流過梅嶺腳下的時候，中國的歷史已走入了近代的時空，隨著 19 世紀末中國經濟重心的轉移，也伴著鐵路交通的出

現，千年不息的梅嶺古道失去了往日的躍動，它終於安靜了下來。在 21 世紀的今天，它特別顯得冷清、安然，只有路旁那年復一年開放的梅花，像是不懈地昭示著人們 —— 這條道路對一個古老的民族和她的後代是意味深長的。

「人工無意奪天工」的蓮花山古採石場

蓮花山是珠江三角洲的一座名山，位於珠江口獅子洋畔，是獅子洋西岸的制高點；占地 2.33 平方公里，最高峰海拔 108 公尺，距廣州市區 30 公里，距香港 60 海里，水陸交通十分方便，是一個融古代粗獷和現代秀美於一體的旅遊景區，廣東省風景名勝區。「蓮峰觀海」2002 年被廣州市政府列為新世紀羊城八景之一。蓮花山歷史文化積澱非常深厚，它是一位歷史老人，見證著番禺 2,200 多年的歷史。蓮花山上的古蹟集中和具有代表性。在這旅遊風景區中最震懾人的風景是古採石場遺址，它是中國罕見的、具有 2,000 多年歷史和保存得最完好的古採石場遺址，為中國重點文物保護單位，參觀過的人都會對它特有的雄奇留下深刻的印象。

秦末漢初，趙佗在嶺南割據稱王，派人找尋適合建造宮殿的建築材料。南越國人在獅子洋畔驚喜地發現這一片連綿公里的紅色砂岩，它質地堅硬、均勻，密度高，色澤鮮豔，是建造氣勢恢弘的宮殿的最佳選擇。自此，一場開山劈石的人與自然之戰拉開序幕。古採石場由大小 40 餘座丘陵組成，面積 30 餘萬平方公尺。蓮花山古採石場以切割式鑿岩法開採，遺留的採石面平均高度為 25 公尺，最高處達 40 公尺，最深處在地面下 13 公尺。採石場至今仍保留著古代採石時留下的石柱、石板及大

量未能運走的石料。採石場石質屬沙礫岩，石質堅實，可塑性強，用途廣泛，加之地處珠江西岸，獅子洋畔，水路運輸方便，開採的石料運至廣東各地。

古採石場開採時間自西漢初年一直延續至清代道光年間。至今，我們看到那高幾十公尺、與地面垂直的赤壁丹崖，依然無法想像它是如何在一鑿一錘中誕生。從蓮花山南的蓮花岩起，折而向北伸延，偏東至蓮花山漁港地基，形成一條南北長約 1,500 公尺、東西寬 50 ～ 200 公尺、開採深度 30 ～ 40 公尺的採石帶，開採面積達 33 萬平方公尺，大約一共取石料 300 多萬立方公尺。

當時，蓮花山不與陸地相接，只是南海中的一個孤島。南越人去採石，必須航海。自古善作舟的南越人，當時造船技術已經很高，採石後，他們行海道抵達當時廣州江岸，將石運至南越國宮署。

除了南越國宮署，1983 年廣州象崗山發現的南越王墓，經中國科學院地質研究所新技術研究室鑑定，其建築墓室所用的石料，與蓮花山的砂岩石相似，兩者的石質組織、硬度等完全相同，可以基本確定，該墓石材主要採自蓮花山。廣州越華路發現的宋代城基遺址，其城基的紅砂岩石塊，石料規格與蓮花山開採的相似。明代洪武十三年（西元 1380 年），永嘉侯朱亮祖擴建廣州舊城，修葺了 12,000 多公尺長、6 公尺多高的城牆。今天在越秀山還留有明代古城牆遺址，修築城基的紅色砂岩，大部分來自蓮花山古採石場。

蓮花山古採石場在清代停采，一個重要原因是建築材料的更替。隨著生產技術的進一步發展，清代開採花崗岩的技術日益成熟，與紅色砂岩相比，花崗岩更堅硬、更不易被風化，清代的城牆牆基已經開始使用花崗岩。就這樣，漸漸地，蓮花山古採石場完成了它的歷史使命，留下

鑿痕累累的陡壁峭崖，供後人憑弔。

　　蓮花山古採石場由採石而遺留下來的孤峰丹壁、石門奇洞，不計其數，美不勝收。除了古採石場，這裡還有丹霞地貌、古海蝕崖、地層接觸關係地質剖面這三種地質遺跡。其中，古海蝕崖地貌就在古採礦場一帶，位於蓮花山東麓半山腰、海拔約 50 公尺，南北長約 1,200 公尺，以獅子石最為典型，它屬於稀有的古海蝕蘑菇地貌。有專家認為，蓮花山古採石場遺跡具有採礦學、沉積岩石學、礦物學等方面的研究價值，也具有較高的美學價值。

　　當人們看到那壁上的累累鑿痕，會暗暗讚嘆：古人的採石工藝水準多麼高超呀！這些石場幾乎是一個緊鄰一個，採石技術和工藝特別講究，一邊開採一邊修飾，修飾刻紋美觀，規則不亂，寬度相等，一律是 18 公分，每一版刻紋圖案上下分別有水平刻線兩條，線距 2 ～ 3 公分，特別規範。此外，鑿路有章，圖案典雅，或「入」字型鑿痕，或單斜迭瓦式鑿痕，都排列有序，規律不亂，整齊美觀。取石方法也特別講究，切割規範一律保存著水平面。保留柱面或工作面則高度注意垂直方向呈 90 度狀態，不彎不斜，看起來蔚為壯觀。

　　專家認為，當時集中在這裡採石的可能是古代王宮工匠，因此工藝技術規範，而且有嚴格的管理制度，使得採石場雖多，但不亂。採石場的技術工藝性與藝術美觀性都達到高度一致。開採的工具則是鐵錘、鐵釺、鐵鑿，附加繩索木架。採礦方法，以露天開採法與地下礦房式開採法相結合的方法，這在當時是最先進的採礦技術。露天開採法是先挖開一個約 60 平方公尺的天坑，揭去上部風化層後，再開採下部新鮮岩層，每一層又分若干條幅分鑿，每條幅寬 50 公分，厚 70 公分。為操作方便在一定深度留採礦平臺。若上部風化破裂的岩層厚，為減少剝離量，就

要採用地下礦房式開採，礦房間留有規則的礦柱，以支撐採空區。

當人們置身於石場開採面的懸崖峭壁下觀摩採石遺痕，直接了解當時手工採石的工藝流程，會有雖是人作卻宛若天開之感。遺址是中國採石場史上有一定代表性的文化遺存，具有特殊的歷史和工藝史價值。1983 年，中國著名的考古專家夏鼐到蓮花山視察，為遺址親筆題書「蓮花山古採石場」。

「省會華表」蓮花塔

在蓮花山旅遊風景區有座建於明代萬曆四十年（西元 1612 年）的古塔 —— 蓮花塔。蓮花塔，又名文昌塔，由於它建在蓮花山頂，面向一望無邊的大海，顯得特別突兀，是所有經海上航行到廣州的船隻進入珠江口前第一眼望見的代表性建築，故素有「省會華表」之稱。與之相襯托的還有始建於清代康熙三年（西元 1664 年）的蓮花城。古城原為清政府在珠江口設防之用。歷史的滄桑點點凝結在古意十足的塔樓和城池之間。大約在 1785 年，英國畫家托馬斯・丹尼爾（Thomas Daniell）到訪這裡，被這裡美麗而獨特的景緻所吸引，特地畫了一幅〈蓮花塔和蓮花山城〉。這幅畫現在被珍藏在香港藝術館，有助於我們了解當時這一帶的風物。蓮花城現已建成一座仿清兵營。

今天的蓮花塔、蓮花城都成為省級文物保護單位，也成為了旅遊勝地，遊人駐足於塔上，四面秀麗景色可盡收眼底，留連城頭可遠眺壯麗浩瀚的珠江景色，回首那如煙段往事。

值得一提的是，在古塔與古城處，近年又打造出蓮花山觀音聖境，那就是 1994 年建的世界最高的箔金望海觀音立像，金像高 40.88 公尺，

以 120 噸青銅鑄成，外貼 180 兩黃金。觀音金像面向南海，莊嚴雄偉。在金像附近的樹木蔥蘢中，隱約可見飛簷紅牆，那是一座大型仿古建築觀音閣，面積四千多平方公尺，內設大小觀音一千座，規模宏大，是目前世界最大的觀音閣。說來也奇怪，歷來都受颱風肆虐的廣州城，自從望海觀音金像建成後，到現在竟然沒有一個颱風正面衝擊廣州城了，有人說是觀音菩薩在庇佑著廣州。如今，蓮花山觀音聖境香火不斷，遊人如織，一派昇平和諧景象。

到嶺南來旅遊，千萬不要錯過到蓮花山觀光的機會。

▌千載沉舟「南海一號」

1987 年，廣州救撈局與英國海洋探測公司合作在廣東台山與陽江交界的海域內尋找一條東印度公司的沉船行動中，意外發現了一艘宋代沉船，並且從船中打撈出 200 多件綠釉小瓷盤、錫壺、青白釉瓷器蓋等，引起世界矚目。

經鑑定，這些瓷器主要是福建、浙江、江西等地出品的珍貴文物；同時發現的一條銅鎏金帶鉤，在中國尚未出土過，可能是外國人的飾物。考古界認為，這一發現極有可能與「海上絲綢之路」有關，因此立即引起世界考古學界的矚目。這艘沉船隨即被中國國家文物局命名為「南海一號」。文物界專家認為，「南海一號」的價值可媲美西安秦始皇兵馬俑。

2000 年，考古部門對「南海一號」正式開展調查。為了文物的安全，水下考古隊開始對外「封鎖」有關「南海一號」的消息，這項備受關注的重大考古工程一度從人們的視線中消失了兩年。

2002 年 3 月至 5 月間，水下考古隊再度下水。在一個面積僅幾平方公尺的小艙內，他們就撈起了 4,000 多件文物。這些文物以瓷器為主，都是從福建、江西等地著名窯口出產的高品質精品古瓷器。

經文物專家初步鑑定，這艘位於古代海上絲綢之路上的「南海一號」沉船，是一艘國際貿易船。該船可能是從中國某個港口出發，前往中東地區。雖然這次打撈上來的文物數量，只是「南海一號」上眾多文物的「冰山一角」，可即便如此，在中國考古界內仍舊引起了「軒然大波」。

據相關媒體報導：一位北京老瓷器鑑定專家，一看到這些出水文物就兩手發抖、渾身冒汗。另一位福建古瓷器研究專家專程趕到陽江，一見到這些文物就驚訝得老淚縱橫：出產於福建的珍貴古瓷器，他只在福建本地見過一些碎片，「沒想到世上還保存這麼多，這麼完整！」

目前基本斷定「南海一號」是北宋末期到南宋早期之間的古沉船。在小規模試掘過程中，已打撈金、銀、銅、鐵、瓷類文物 4,000 餘件，而根據探測情況猜想，整船文物可能達到 6 萬至 8 萬件，其中有很多可達到國家一級文物的標準。更令人驚奇的是，這艘古沉船船體保存相當完好，整艘沉船沒有翻、沒有側，而是端坐海底。船體木質堅硬如新，敲起來噹噹作響。

專家考察出水的瓷器，發現其中八成以上來自福建，以德化和晉江磁灶的瓷為主，另外還有少數來自南平建窯及浙江、江西等地。福建德化窯系主要的白瓷，以印花粉盒為主，磁灶窯系則以綠釉碟、碗為主。這些從「南海一號」上打撈出來的福建古瓷數量多、種類多，品質好，幾乎全是剛出廠的嶄新商品，印證了當時福建陶瓷的製作水準。還有一些「洋味」十足的產品，比如喇叭口大瓷碗，直徑有二三十公分，與阿

拉伯人常用的「手抓飯」飯碗類似。據猜想，船上很多商品都是當時中國廠商根據國外市場要求，特別「來樣加工」製作的。

船上同時出現德化、建窯、浙江、江西四個窯系的陶瓷，人們從中大致可判斷出，這條船是從寧波港始發，在泉州港裝上大量的德窯瓷器的。這說明這艘船離開福建後可能沒有在廣東港口停靠，直接駛向南海，最終要將這批貨物運往東南亞各國甚至向更遙遠的西亞各國。一直懸而未決的海上絲綢之路始發港口的考古懸案很有可能在這艘船上找到蛛絲馬跡。

世人關注的「南海一號」沉船現身至今已有近四十年，在 2007 年出水與民眾見面。「南海一號」整體打撈可細分為幾個步驟，首先是清理沉船周邊環境，因為該船位於海下 20 公尺深處，被 2 公尺厚的淤泥所覆蓋。打撈的第二步是在深海下椿，並用一巨大盒子覆蓋，從海底進行全面封閉，隨後緩慢提升至一艘 4,000 噸的泊船上，這艘泊船專為打撈「南海一號」製造。「南海一號」沉船從海底平移到陽江廣東海上絲綢之路博物館後，建「水晶宮」進行第三步館內發掘，開放後的博物館，遊人可以參觀水下考古作業的場景。「南海一號」沉船全部出水後，所有文物都不拿走，而在廣東陽江落戶，原地展示，就地保護，整體開發。

研究整理是「南海一號」沉船打撈後的長期工作，其歷史文化資訊將為研究陶瓷史、貿易史、海上交通史提供依據。「南海一號」沉船的打撈將耗資巨大。這是世界上迄今為止發現的年代最久遠、船體最大、保存最完整的古代貿易船隻，其價值是無法估量的，經過海水浸泡後的鐵器、絲織品如何妥善保存，在世界範圍內還沒有得到解決。

四柱不到頂，狀元甲天下

　　嶺南區域歷史開發有自北向南，從西往東，從山區到沿海的空間推移過程，也形成了與此大致相應的地域文化格局。西江作為嶺南開發自西向東空間推移的第一站，文化發生比許多地區要早，故封開、梧州一帶有「初開粵地」之說，成為嶺南文化的一個中心。

　　五嶺橫亙嶺北，極不利於南北交通往來。古代交通條件差，在崇山峻嶺間行走尤其不便，水道對於古代交通運輸和戰爭用兵大有作用。在河網縱橫的南方舟行歷來是頻繁而重要。嶺南與嶺北的交通往往是水路相連，實用而便捷。粵北粵西地區尤其是著名的「湘桂走廊」，自古以來就有水路和陸路相聯的南北通道。古時，從北方到廣東的水陸交通主要有兩條：

　　一是從長江下游的鄱陽湖沿贛江南下抵達贛州後，再沿贛江上游支流章水南行，翻越嶺勢險峻的大庾嶺後，再循嶺南境內的湞水和北江而下，可抵番禺（廣州古稱）。此線上的大庾嶺山路崎嶇，在唐玄宗開元四年（西元716年）張九齡開鑿大庾嶺的梅關新道前，它不是便捷的交通要道。

　　二是從長江中游的洞庭湖沿湘江南下，經過「湘桂走廊」的廣西興安人工運河靈渠，再循富江、賀江，經封開（現在廣東西北境內）入西江，東往可直下廣州。此道水路相聯，地勢較為平緩，在梅關新道開關以前，是嶺南嶺北的主要交通路線。正因為有上面的原因，西江和粵北地區是嶺南經濟文化發展最早的地區。嶺南最早的狀元莫宣卿就出自西江地區的封開。

　　德慶學宮，座落在廣東省西江之濱的德慶縣城。學宮者，顧名思義，乃學子上課之地也。在中國，沒有現代之小學、中學、大學之前，

學宮成了當地培育人才之重要場所。學宮，又稱作孔廟。在南中國眾多的孔廟大成殿中，論建築規模之大，結構之巧，氣勢之雄，應首推德慶學宮大成殿。這座大成殿始建於北宋元豐四年（西元 1081 年），至今已有九百多年歷史。建後曾倒塌，元大德元年（西元 1297 年）重建，是廣東省唯一現存的宋元兩代磚木結構古建築，是國家級重點文物保護單位。

德慶學宮原有建築群占地 3,900 多平方公尺，坐北向南，大成殿居正中，前有文明門、石欄、泮池，後有崇聖殿、尊經閣、明倫堂，還有東西兩原殿。德慶學宮大成殿設計者，獨闢蹊徑，打破了傳統廳堂那種「八柱撐空」的木梁架結構而採用「四柱不頂」的獨特形式以滿足建築物防災的要求。所謂「四柱不頂」就是：在殿梁架不砌上露明藻，左右次間各減了兩根內簷柱，明間正中只豎四根不到頂的圓林金柱，柱頂上橫架座斗枋，安放四朵類似溜金的斗拱，以承托著壓槽枋和井口天花板，天花板上再立圓柱以支撐正梁；在山牆上和前後簷柱的柱頭上，承托著下簷的重疊起來的斗拱，殿身的梁架則用大鹿結構法，這是古代建築師為使廳堂免受雷擊，採用消除電學上稱為「跨步電壓」危險的一種獨特設計。那四根上不到頂的圓木柱，稱作「雷公柱」。從外觀藝術看，大成殿氣勢宏偉，殿面寬闊，加上用高臺基、高柱礎，前簷用花崗石柱，左、右、後三面圍以高牆，使全殿採光良好，光線均勻，又可防洪、防蛀。

大成殿外，正面通花門；重簷歇山牆；屋頂坡度緩，上有雕飾物，正中紅日起，兩邊鯉翹首。兩對雕龍各據一方，昂首天外。這些藝術造型，反映了興建成孔廟的宗旨：「聖人之道，如日中天。鯉躍龍門，聿開文運。」

德慶學宮大成殿，無論外部造型還是內部結構，都有很高的建築藝術，是古代典型的嶺南建築，是不可多得的建築佳品，因此受到中國古建築學家的高度評價，古建築學家章世清稱之為「凝固的歷史，無聲的音樂」，認為這座大成殿是中國科學文化的結晶，在當時處於世界建築領先水準。德慶學宮大成殿「四柱不頂」的獨物結構，與廣西容縣「四柱不地」的真武閣，一東一西，一文一武，一天一地，遙遙相對，被稱之為中國南方古代木構建築的「一對明珠」。

深厚精蘊的龍母祖廟

龍母祖廟位於德慶縣悅城鎮五龍山下，悅城河與西江交會處，始建於秦漢時代，現是國家級重點文物保護單位。它是「龍的傳人」尋根問祖的聖地，以優美的風水環境和獨有的「龍母文化」而名播海內外。歷代相傳悅城龍母樂善好施，能消災解難，一千多年來香火不斷，尤其是每年農曆五月初一到初八的龍母誕期，來朝拜的人更是人山人海，數以萬計，香港來的人也不在少數，成為一大奇觀。是廣東省內香火最旺、鞭炮最多、最富神奇色彩的廟宇。

龍母曾得到歷代皇帝的冊封，現在廟中還完整地保存著明代開國皇帝的洪武詔書碑。一千多年來龍母祖廟重修了 13 次。在清光緒三十一年（西元 1905 年）曾集中兩廣的能工巧匠，耗費鉅資，花了七年的時間重建了這座龍母祖廟。1985 年，中港澳民間集資 300 多萬元，又進行了全面的整修。

龍母祖廟是一座磚木石結構的建築群，也是一座凝聚了歷代建築和造型藝術的殿堂。其建築群具有良好的防洪、防火、防蟲、防雷性能，

雖經百年風雨雷電，至今瓦不漏，牆不裂，柱不彎，地不陷，令專家驚嘆不已，稱為南方低水地區古建築的典範。特別是它完整的地下排洪渠道設計非常巧妙，溢流通暢快捷。每逢洪水侵浸，廟宇內外清潔如故，絕無淤泥。廟內梁、柱、桁、簷，幾乎全是木雕、磚雕、石雕、灰雕、陶雕，精妙絕倫的藝術品目不暇接，令人嘆為觀止。它與廣州陳家祠、佛山祖廟合稱為南方古建築「三瑰寶」。

龍母祖廟具有「神」、「絕」、「巧」、「靈」四大特點，整個建築群與周圍的山水和諧相契，渾然一體。其石雕、磚雕、木雕、陶雕等，建築雕刻藝術巧奪天工，廣泛運用深雕和透雕工藝，使得祖廟建築活靈活現和具有立體感；廟內木雕、陶雕題材廣，造工精、數量多、保存好，堪稱小型雕刻藝術館。龍母祖廟無論從建築技藝、文化底蘊都堪稱「古壇僅存」。同時它在建築藝術上別具一格的防雷、防水、防蟲技術也堪稱一絕。

歐風美雨沐沙面

在廣州，有一片天地，它是喧囂中的安逸，是騷動中的靜謐，是無序中的秩序，是廣州城的浪漫詩篇。在落日的餘暉中，漫步於廣州沙面，隨著教堂鐘聲的悠揚，使人彷彿置身於遠離塵世的一個童話世界。

沙面是中國最富有歐陸風情的地方之一，位於廣州荔灣區珠江白鵝潭北岸，是一個橢圓形的小島，面積為 0.3 平方公里的彈丸之地。

廣州沙面的歷史可以追溯到唐代，最早的時候叫做拾翠洲，大概因為島上有很多鳥才有這個名字。在唐代，廣州的南面都是海，只有一些小沙洲浮出水面，沙面是其中之一。到了唐代末年，這裡應該是一個北

方來的官員停船的地方，有詩句說「候吏多來拾翠洲」。在鴉片戰爭之前，這裡也是花艇停留的地方，也就是所謂的廣州水上紅燈區，這種狀況在沈復的《浮生六記》裡有記載。

100 多年前，沙面是與沙基相連的沙洲，仍叫拾翠洲。在廣州十三行「一口通商」時期是行商人倉庫區。西元 1856 年 10 月，英法聯軍向中國發動了第二次鴉片戰爭。廣州民眾出於對侵略者的憤恨，燒毀了十三行外國商館。1857 年 10 月，英法聯軍攻占了廣州，於是成立了一個由兩名英國人、一名法國人組成的「三人委員會」，控制廣東衙門所有的日常工作，同時逼迫廣東衙門關沙面為租界。無力抵抗的清政府只好令兩廣總督勞崇光與英國領事柏克簽訂了《沙面租界協定》，從那時起，沙面便淪為英法兩國的租界。1861 年，英法殖民主義者「租借」了沙面，挖溝使它與沙基分開，在四周築砌花崗石，將沙面西邊 4/5 的地劃為英租界，東面 1/5 為法租界，規定沿沙面河湧寬 90 英尺，貼近沙面的 45 英尺範圍屬於沙面租界，不許中國船隻靠近沙面的河湧停泊。1865 年英領事館遷入沙面，並出賣了部分租界地給外國人。法租界也於 1889 年拍賣了部分土地。沙面陸續便設有英、法、美、德、日、義、荷、葡等領事館及銀行、洋行。至 19 世紀末，沙面租界已經成為一個擁有各種公共設施的獨立於廣州城的城區。租界內各種權力則由英法駐廣州領事直接控制。

英法雖各霸一方，但沙面經營之初即有統一完整的規劃，設有完整的道路系統和綠化區，在南端設置公園等公共活動場所。它以一條貫通東西的主幹道輔以幾條南北縱橫的次幹道，將沙面（約 22 萬平方公尺）分割成大小不等的 12 個區，其中道路與綠化帶占了相當大的面積。

初期的沙面建有警察局、英領事館、禮拜堂等，現已不復存在。現存沙面的建築都是 19 世紀以後建設的，有領事館、教堂、學校、銀行、

洋行、俱樂部、旅館、小住宅等等。建築形式有新巴洛克式，新古典式以及所謂殖民式，但已不再使用磚瓦和木材，而是用鋼筋混凝土梁板結構。中國政府曾撥款 1,000 萬人民幣測繪和規劃保護，擬建立歷史文化保護區。1996 年底，中國國務院將沙面列為國家級文物保護區。

　　沙面被稱為歐陸建築的大觀園。如此數量集中、風格多樣的西式建築群，在清帝國留下的 34 個租界中也是不多見的。沙面 169 幢建築中，其中被列為文物建築的有 53 幢。1996 年沙面被批准為中國重點文物保護單位。沙面西洋建築風格千姿百態，主要有：

- 新古典式。特點是模仿西方古典復興手法，追求雄偉、嚴謹。一般以粗大的石材砌築底層基礎，以古典柱式和各種組合形式為建築主體，加以細部裝飾。如沙面大街 54 號的滙豐銀行，平面有序，立面處理採用不同的柱式組合，轉角處頂樓為小遞頂，底層入門處為裝飾性的門框及圓窗。沙面南街 18 號的法國東方匯理銀行、沙面南街 60 號的英國聖公會也是新古典主義作品。

- 折衷主義式。19 世紀上半葉至 20 世紀初，西方流行折衷主義風格。折衷主義建築任意模仿歷史上各種建築風格，或自由組合各種建築形式，不講求固定的法式，只講求比例均衡，注重純形式美。由於折衷主義建築往往在古典等風格上加上巴洛克裝飾，故也可稱為新巴洛克式。沙面英國領事館以及沙面英國亞細亞火油有限公司、沙面招商局都屬折衷主義式。

- 券廊式。其特點是平面簡單，立面是連續的拱廊組合，形式簡潔，線腳明朗而無其他裝飾。這種形式是西方建築傳入東南亞後適應當地氣候而產生的，故稱為殖民地式。沙面大街 48 號即為此式典型代表。

◉ 仿哥德式。沙面大街 14 號的路德教堂是梁柱結構。外形仍仿哥德
式，具有哥德式風格

廣州市政府現努力把沙面打造成旅遊休閒之地，島上建築物都已翻
新，不少建築物成為公司、酒店，美國、德國、波蘭的領事館都設在那
裡，島上還有許多為旅客而設的景點。咖啡館，飯店與酒吧逐漸占據了
人行道。150 多株樹齡達百年以上的古樹種滿大道兩旁。那蒼翠欲滴的
古樹、飄著曳地長鬚的老榕，瀰散著幽香陣陣的巨樟，坐落在濃蔭掩映
中的許許多多的風格迥異、氣派豪奢的歐陸建築……彷彿隔世的逍遙樂
土與浪漫林園，讓人體會到一種時過境遷的恬靜閒適，還有矜貴的華美
與洋畫的風情。

▌「辛亥之光」中山堂

中山紀念堂坐落在越秀山下的東風路上，是廣州人民和海外華僑為
了紀念偉大的革命先行者孫中山先生而籌資興建的，現為中國重點文物
保護單位，是鑲嵌在廣州傳統城市中軸線上的一顆明珠，它還與黃花崗
一道以「辛亥之光」榮獲「廣州市十大旅遊美景」的光榮稱號，同時還
是廣州代表性建築。紀念堂座落於孫中山先生當年的總統府舊址上，由
中國著名建築師呂彥直設計的。1929 年動工，到 1931 年完成。

中山紀念堂一直是公眾活動場所，它見證不少歷史風雲。抗日戰爭
勝利時，日本南支那派遣軍司令田中久一在此向中國政府代表簽字投
降。國共內戰時期，紀念堂因年久失修，已嚴重損壞。近代以來，中國
政府於 1963 年和 1976 年兩次撥出專款進行全面修葺。1998 年，由市政
府斥資人民幣 6,000 多萬元，再次對其進行大規模的維修。維修後的中

山紀念堂，建築主體內外富麗堂皇，內部設施配套，更換了中央空調系統、霓虹燈光音響系統、消防監控和保安監視系統，增加了電容量，基本滿足了中外大型文藝演出的需求。現在大廳內的座位由1975年的4,929個減少到現在的3,238個。增加了活動升降樂池，舞臺由原深15公尺擴寬為19公尺；還改善了內部空間吸音效果。現在中山紀念堂已由過去每年幾次集會幾場演出發展到每年大型高雅藝術的近百場演出，成為廣州大型文藝演出的主要場所之一。

中山紀念堂是一座八角形宮殿式建築，建築面積為1.2萬平方公尺，由東西南北四面重檐拱托著中央高聳的八角亭頂，紅柱黃牆襯著藍色的琉璃瓦，瓦面分高低四層，層層飛簷出卷。大堂正面簷懸掛著孫中山先生手寫的「天下為公」的金字匾，簷下朱色大石柱拱托著彩繪的廊簷和具有拼花圖案的天花板。大堂四周基座和石階梯級為白色花崗岩，顯得既莊重又典雅。整座建築裝飾堂皇富麗，富有濃郁的民族風格和中國傳統建築的藝術特色，是中國傳統建築的經典之作。

中山紀念堂的特點和作用有三個方面：一是具有革命意義；二是具有極高的建築藝術價值；三是具有廣州這座革命英雄城市的象徵意義，其本身就是一座代表性建築。

中國過去的大型建築物，大都是宮殿和廟宇，沒有大型集會用的大會堂。1931年10月，這座高49公尺，建築面積達8,300平方公尺的中山紀念堂的建成，成為中國空前的紀念大會堂。剪綵典禮的消息一經報導，立刻轟動一時，中外人士紛紛前來參觀。

中山紀念堂內的建築有四個特點。首先，它是整座由鋼筋混凝土構成的建築物。大堂中間是30公尺跨度的鋼桁架，堂內地面至頂高58公尺，南北各寬71公尺。堂內分樓上樓下2層。大堂內有8座樓梯、11個

門口，供 5,000 名觀眾上下和進出。

　　其次，大堂內看不到一根支撐柱。8 根八角形的柱子巧妙地被藏在周圍的內牆中，進到堂內觀眾從外表上當然看不到柱子了。這些柱子支承著 4 個跨度約 30 公尺的大型鋼結構桁架，上面有支承著 8 個主桁架，構成一個八角形的頂蓋，像一把張開著的無柄雨傘一樣。

　　第三，頂蓋以桁架為骨幹，分三層砌成，最下層是雲紋色彩的斜形方格，中層鑲嵌有玻璃天窗，最上層是一個乳黃色的弧形圓頂。光線可透過大面積的嵌花玻璃射入堂內，使偌大的會堂，白天不用亮燈也可見物，採光極佳。

　　第四，由於鋼桁架的跨度很大，構成的空間也非常大，人們坐在堂內的每一個座位上，都不會被柱子擋住視線。而且，堂內沒有回音，即使坐滿觀眾，在堂中的任何一個座位，都可清晰地聽到舞臺上的音響。這種構造，可說是建築師呂彥直對聲學和力學原理的匠心獨運。

　　大堂北面是一個巨大的舞臺，寬 19 公尺，深 19 公尺。舞臺後面鑲刻著著名的「總理遺囑」。舞臺坐落在北面，大堂內的東西南面有連接起來的掛樓，周圍有六座樓梯供觀眾上落。堂內四周的牆壁上面均設計有山陵圖樣，彩斗拱和花板做飾物，轉角處半圓朱紅石柱下配有雲石柱座。

　　中山紀念堂全園占地面達 6 萬平方公尺，環境十分優雅。站在紀念堂門樓前，可以看到，大堂在總體上非常強調軸線和對稱，並將周邊總平面設計融入其中，顯得非常寬闊與凝重。正面門樓的三拱門，寬 20 餘公尺，上蓋琉璃瓦屋頂，絢麗多彩，比例協調。

　　中山紀念堂堂前有一大片綠茵茵的草坪，孫中山先生全身塑像屹立

在堂前中央白花崗岩石的座基上，而紀念堂主建築則位於臺階的後方北面。雕像基座下面刻有《國民政府建國大綱》。1945 年以前，紀念堂只建有孫中山紀念像的基座而沒有紀念像。1945 年春，中山大學把該校孫中山銅像供放於此。1956 年 11 月 12 日，由著名雕刻家尹積昌等人創作的孫中山全身像塑成後，才將原銅像送回中山大學校園。1998 年中山紀念堂經全面維修後，屹立在中山紀念堂正門廣場前的孫中山塑像已用全銅質重塑。銅像高 5.5 公尺，總重為 3.9 噸。

堂前廣場的左右兩側，東、西面各聳立著一座雲鶴華表和旗杆。大家知道，中國只有皇宮式的建築才有華表出現，可見孫中山先生這位偉大的革命家在人民心目中有著崇高的地位。

大堂後，東、西兩側還各建有一座兩層的配樓。院內，古木參天，珍貴樹木很多：木棉、白玉蘭、桂花、銀樺、含笑等 70 多種名貴樹木與花卉，在各個不同季節盛開不輟。北門有一棵木棉樹已有 300 年的歷史，被稱之為廣州的「木棉花王」。它直徑達 178 公分，每年春天來臨，別的樹木才剛剛開始發芽，萬千朵紅棉花已在此爭先盛開了。

園內兩側還有兩棵大白玉蘭樹，均有近百年的樹齡，其直徑 90 公分，樹蔭覆蓋面均超過 200 平方公尺。它們是廣州樹齡最老、樹蔭覆蓋面積最大的白蘭樹。

參觀金碧輝煌的中山紀念堂，會給人們留下深刻的印象，會為這一近代建築藝術殿堂而讚不絕口。它不僅可以讓人們在此表達對孫中山先生的無限敬仰之情，還能親臨其境欣賞到這座集中國傳統宮殿式設計和國外平面設計於一身的中國近代建築藝術的珍品。

▌窯火不絕五百年的南風古灶

　　中國是陶瓷之國，佛山石灣是歷史上嶺南重要的陶業基地，素有南國陶都的美譽。佛山石灣陶瓷基地形成於唐宋，至明清最為發達，全盛時期，共有龍窯 107 座，容納生產工人六萬有餘，贏得「石灣瓦，甲天下」的聲譽。石灣以前燒窯以龍窯為主，龍窯一般依山坡而建，亦少有在平地壘築高臺建就，取其傾斜順應火勢，宛似一條巨龍從天而降，因稱「龍窯」。現在石灣陶瓷生產均採用先進窯爐，龍窯僅存三條，石灣人舊稱窯為「灶」。石灣的南風古灶是最古老之一。

　　南風古灶的爐口正向南方，窯尾有榕樹成蔭，每至復日，涼風習習，故名為「南風灶」。南風灶在漫長歲月中，不斷生產亦不斷修葺。現在的煙囪是近代才加建的。現窯體總長 37.8 公尺，窯牆外寬 6 公尺，窯內寬平均 2.3 公尺。窯面有火眼 34 排（每排 5 個），行話稱一排為一下火，共 34 下火。火眼作為燒窯時投放木柴之用。窯側有灶口 4 個，用於產品出入。南風灶以前以燒製大盆類產品為主，現為工廠煆燒園林花盤產品。

　　南風古灶建於明代正德年間（西元 1506 ～ 1521 年）。近五百年來，窯火不絕，生產不斷，得以保存完好，在國內外實屬罕見，是中國現存最古老的龍窯。現為廣東省重點文物保護單位，它見證了石灣陶瓷業曾有的輝煌，也向現代的人們展現傳統製陶的過程及其中的辛勞，很有價值，故佛山當地政府把它作為旅遊資源來開發，建成以南風古灶中心的旅遊區，占地約 400 畝，集旅遊、觀光、生產、習藝、研討、參與、購物於一體，旅遊區內下轄南風古灶、陶塑公園、綠舟孔雀園三個景區。

　　南風古灶有一個奇景，即在古灶一側有一棵巨大的古榕樹，據說已

有四百年歷史，在如此高溫又貧瘠的土質上生長到如此枝繁葉茂，實為自然史上的一大奇蹟。榕樹的根節攀援在古灶石壁上，榕樹旁有「古灶榕風」石刻銘牌，最有意思的一句是「有榕乃大」。

現南風古灶仍在生產，並且採用柴燒的方法，這已被載入金氏世界紀錄大全。柴燒雖然形成不了大生產，但是，由於木柴燃燒溫度的細微變化，柴燒陶藝作品所產生的自然、變化之美，是用電、用煤的窯，所產生不了的。柴燒，作為一種最古老的陶瓷燒製工藝，延續數千年，至今仍為各地陶藝大師所鍾愛。為了保護利用這一傳統工藝，當地政府在近期著手準備，將「柴燒」申請為非物質文化遺產。當地政府曾舉行過佛山國際柴燒研討會暨南風古灶柴燒文化節，見證 500 年南風古灶柴燒的魅力

景區內石灣公仔專賣場內各式各樣的陶藝品琳瑯滿目，令人目不瑕及，流覽其中，能選購到一件合心意的陶藝品。觀光遊覽之餘，還可以參與玩陶、燒陶，不失為體驗往昔生活的一種方式。到佛山，不看南風古灶將是一大遺憾，走近它將使你真正了解石灣的陶文化，了解陶的生產過程。

廣州第一樓 ── 鎮海樓

在廣州越秀山上，有一座鎮海樓，為明洪武十三年（西元 1380 年）永嘉侯朱亮祖所建，因樓高五層，作為北城的望樓，初稱「五層樓」。明成化年間毀於火災，後經提督蔡經加以重建，張岳為之題名「鎮海樓」。其含義為「雄鎮海疆」。清初嶺南著名學者屈大均在《廣東新語》中說：朱亮祖建造鎮海樓，以「壓紫雲黃氣之異者也」。意謂恐怕廣東有帝王之

才崛起，特建此樓以禁壓之。他還說：鎮海樓可以壯三城之觀瞻，而奠五嶺之堂，瑋麗雄特，雖黃鶴、岳陽莫能過之，評價是相當高的。

鎮海樓歷史上曾五毀五建，現建築為鋼筋混凝土結構，是 1928 年重修時由木構架改建成。1929 年成為廣州市市立博物館。1950 年改名廣州博物館。樓的西側，還有 1964 年建的碑廊和炮座，保存著有關廣州歷史的 23 方碑刻，炮座是明崇禎以來至鴉片戰爭時期廣州鑄造的鐵炮。鎮海樓是廣州舊時代表性建築之一，現為廣東省級文物保護單位。鎮海樓氣宇非凡，歷來被列為「羊城八景」之一。

鎮海樓高 28 公尺，闊 31 公尺，深 16 公尺。下面兩層圍牆用紅砂岩條石砌造，三層以上為磚牆，外牆逐層收減，有複簷 5 層，綠琉璃瓦覆蓋，飾有石灣彩釉鼇魚花脊，朱牆綠瓦，巍峨壯觀，被譽為「嶺南第一勝覽」。鎮海樓頂層正面高懸「鎮海樓」橫匾。鎮海樓兩側對聯由清代兩廣總督彭玉麟所撰：「萬千劫，危樓尚存，問誰摘斗摩霄，目空今古；五百年，故侯安在，使我依欄看劍，淚灑英雄」。此聯氣勢非凡，膾炙人口。

鎮海樓所坐落的越秀山主峰見證過許多興衰存亡的史事。南越王趙倫曾在此地構築越王臺；南漢王劉⊠曾以此為遊宴場地，歌舞終日；南海太守鮑靚曾在山南建立越秀書院。

在鎮海樓憑欄遠眺，羊城景色，盡收眼底，追古思今，令人感慨萬千，引發過許多文人墨客的詠讚。「嶺南三大家」之一的陳恭尹曾寫下了〈九日登鎮海樓〉詩：

清樽須醉曲欄前，飛閣臨秋一浩然。五嶺北來峰在地，九洲南盡水浮天。將開菊蕊黃如酒，欲到松風響似泉。白首重陽唯有笑，未堪懷古問山川。

此詩寫出了嶺南的山川形勝，也道出了作者白首憑欄的情懷。現代詩人黃節，即 1928 年重修鎮海樓時碑記的作者，曾作〈庚子重陽登鎮海樓〉詩：東南佳氣鬱高樓，天到滄溟地陡收。萬舶青煙瀛海晚，千山紅樹越臺秋。曾聞栗里歸陶令，誰作新亭泣楚囚。憑眺莫遺桓武恨，陸沉何日起神州！這是痛感八國聯軍入侵的悲憤之作。

嶺南文化景點 ── 陳家祠

到廣州，想了解嶺南文化不能不看陳家祠，它坐落在廣州西關西門口一帶的現代鬧市中。一堵深牆，隔絕了喧囂和煩悶，偶然進入，彷彿夏日裡飲下一杯清涼甜茶，味道淡而回味，清透淋漓。陳家祠為廣州旅遊景點中人氣最旺的一處，現在正式名稱是「廣東民間工藝博物館」。其建築風格和裝飾藝術可謂集廣東民間工藝之大成，是廣東民俗文化的代表性建築，1988 年陳家祠由中國國務院頒布為全國重點文物保護單位。陳家祠堂的建築裝飾工藝早在 1920 年代已為國內外建築專家和學者所重視，當時日本的《嶺南紀勝》、德國的《世界建築藝術》、英國的《中國古代藝術建築》等書，都給了它很高的讚譽，稱之為中國南方建築的典範。1959 年，郭沫若以一位考古學家和文物鑑賞家的慧眼，寫詩讚道：「天工人可代，人工天不如，果然造世界，勝讀十年書。」

從清乾隆以來，廣州成為中國唯一的對外通商口岸，第一次鴉片戰爭後，又是五口通商口岸之一，集中了大量的各地商人及商業資本。商業繁榮和人口頻繁流動，衍生出大量富裕的小宗族。為了透過應試中舉，進入仕途脫離「民籍」，免除賦稅、徭役，提高本宗族的社會地位，宗族書院相繼出現，為本族子弟或合族子弟提供進修和應試的場所。陳

姓在清代是廣東最大的姓氏。為展現廣東第一大姓和望族的地位，陳姓的鄉紳名流 —— 陳昌朝、陳宗詢、曾任總理各國事務大臣的著名外交官吳川、陳蘭彬等 48 人在廣州組成了建祠公所，聯名向全省各地的陳姓宗族發出信函，邀請各地陳姓族人派人到廣州商討修建陳氏書院，籌集資金。並許諾陳家祠的董事職位可以用金錢購買，神龕正座主位的牌位擺放位置與捐款數目掛鉤，各地陳姓族人只要交納一定款項，就可將自己的祖先牌位放入陳家祠內供奉。由於牌位認購踴躍，連海外陳姓華僑也回應慷慨解囊，籌建資金很快就籌集起來，並由專人管理。從後來楹聯上的「七十二縣」（意為廣東七十二縣陳氏家族合建）及供奉的一萬多個牌位可見，當時認捐人數之多。

由購置田產到選置材料，陳氏族人對這個合族祠是不惜花費，投入大量人力、物力，以大手筆力求最好最精美。祠堂的建築設計聘請的是當時嶺南最好的建築大師黎巨川，並把整體工程承包給他的瑞昌店。黎巨川後來在回憶建造過程時感慨萬千：陳家祠是不怕花錢的，整個工程集中了全省的名工巧匠和營造商號進行，木材是從東南亞、南洋、海南島進購的直徑 80 公分、高達 10 餘公尺的坤甸木等珍貴木材；陶瓷瓦脊裝飾採用佛山石灣知名的陶瓷瓦脊店號文如璧等；灰塑裝飾則由番禺「灰批狀元」靳耀生等提供；磚雕裝飾工程由當時久富盛名的番禺藝人黃南山等負責；鐵鑄裝飾由佛山名工負責；壁畫裝飾由佛山以善書畫著稱的藝人楊瑞石負責，凡是各種建築手藝，只要是好的、絕的，一律不拒。

光緒十八年（西元 1892 年），當中軸線工程即將完工時，陳氏家族中的一位儒生陳伯陶在殿試中高中探花，並封為翰林院編修。陳氏族人以為建祠風水有靈，進而發動更廣泛的籌款捐資。光緒二十年（西元

1894 年），這座耗時 7 年、凝聚著人民智慧的精美建築陳氏書院完工交付使用，並成為嶺南建築的經典之作。

三雕兩塑一鐵藝，福不勝收

　　陳家祠蘊藏的嶺南文化中最著名的代表作就是「三雕兩塑一鐵藝」。整個陳家祠，以「三進三路九堂兩廂杪」布設，由九堂六院大小 19 座建築組成，主體建築坐北向南，呈正方形，分前後進。庭院明朗而又恬靜，間隔處理不用磚牆，而用品字形的兩重通花屏門作隔，通透深遠，表現出嶺南建築與園林相結合的風格，是典型的嶺南祠堂式建築。除此外，其嶺南文化最突出的表現是裝飾細節上的木雕、磚雕、石雕、陶塑、灰塑、鐵鑄工藝，真是美輪美奐，每座房子從柱梁到瓦脊綴滿各種雕刻，件件都是藝術精品，美不勝收。陳家祠的磚雕數量多、規模大、做工細，代表了廣東清代磚雕的最高水準。其建築內部，幾乎所有的構件均以雕工精美的木雕為裝飾。這些木雕用料龐大優質，雕工精細考究，內容包羅萬象，圖案繁縟富麗。其中十六扇以歷史故事為題材的雙面鏤雕屏門擋中，被譽為「民間藝人運用木頭和鋼刀雕就的歷史故事長廊」。陳家祠十一條陶塑脊飾，是廣東現存最大型、最華麗的清代傳統建築裝飾。

　　陳家祠以其高超的建築裝飾藝術而聞名中外。在數不清的木雕、石雕、磚雕、陶塑、灰塑、銅鐵鑄和壁畫中，有許多有吉祥含義的圖案，可謂集傳統建築如意吉祥圖案之大成。在陳家祠眾多的如意吉祥圖案中，又以「福」的圖案最為著名。俗語說，「盧溝橋的獅子數不清，陳家祠的『福』數不完」，陳家祠有裝飾的地方就有「福」的存在，其中最大

的一個「福」圖案在聚賢堂瓦脊兩邊的山牆上，在一個面積達 4 平方公尺的蝙蝠前面，裝飾著兩個大銅錢，寓意「福在眼前」；而最小的木雕蝙蝠僅 2 公分長。陳家祠的「福」圖案生動活潑，形式多樣，其中一幅用老竹的形態雕成一個「福」字的圖案，幾隻仙鶴站立其中，畫題：「青春發達，大器晚成」，圖案與題句，暗寓「福壽雙全」之意。還有兩隻蝙蝠相疊的圖案，寓意「福上加福」，鍾馗執扇招引蝙蝠的圖案，寓意「引福歸堂」等。陳家祠的如意吉祥圖案，還巧用諧音，有一幅雕的是一棵果實纍纍的芭蕉樹，樹下母雞帶著一群雛雞在嬉戲。畫題是「創大業，兒孫永發」。芭蕉樹的葉與事業的「業」是諧音，用芭蕉之大葉暗寓陳氏之「大業」，用母雞帶一群小雞比喻兒孫滿堂，觀後不僅給予人藝術享受，而且令人回味無窮。

鄉俗廣東

　　廣東，是一個需要時間來沉澱的地方，是一個需要肚量來消化的地方。要讀懂廣東，除了讀陽春白雪的歷史，更要讀下里巴人的鄉俗。

　　鄉俗，是世世代代傳襲的基層文化，是鄉親們口頭、行為和心理表現出來的事像。這些事物和現象，既蘊藏在人們的精神生活傳統裡，又表現於人們的物質傳統中。

　　鄉俗，是一縷無法抹去的流痕。透過鄉俗，我們會看到現代飛揚的廣東與傳統古舊的廣東並存；開放包容的廣東與說意頭講禁忌的廣東並存；最懂得享受「精神盛宴」的廣東與最講究現實實際的廣東並存。

兩情相悅話拍拖

1980 年代，港臺歌曲在中國大陸流行，一首〈香港之夜〉：「他們拍拖，手把手情話說不完，卿卿我我，情意綿綿，寫下一首愛的詩篇⋯⋯」將香港的纏綿悱惻洋溢得淋漓盡致。中國人一夜之間也知道了「拍拖」這個奇怪的名詞。接著是民工潮、南下風，一波又一波湧進廣東，人們才發現原來廣東人對「拍拖」這個詞並不奇怪。但問廣東人，「拍拖」的真正意思是什麼，絕大多數也只知其然而不知其所以然。廣東人說反正它不是什麼新名詞。老一輩就有這種說法。只是現在的人講不清了。

一種說法，認為「拍拖」是外來語，即 partner 的譯音，因為廣東歷來有拿來主義精神，將外來語變為自己的語言使用，這種情況太多了。但仔細想想，似乎不妥，廣東人引進外來語往往是圖簡單，直接運用它的最基本的原意，如「打波」、「波鞋」中的「波」就是「球」（ball）。英語「partner」雖然有同伴甚至有配偶的意思，但與粵語「拍拖」所表達的難捨難分情意纏綿的「談戀愛」有很大距離。

其實，「拍拖」並不是外來語，而是道地的粵語方言。起初主要流行於廣州一帶。於是有望文生義的解釋說：民國以後，廣東人得風氣之先，男女相悅時在街上相伴而行，拍拍肩膀拖拖手，人們便咁笑稱之為「拍拖」。後來「拍拖」就作「談戀愛」的代名詞而逐漸流行開來。這是不準確的。事實上「拍拖」是有來歷的，出自一種非常形象的比喻：

清末民初，廣東水路客運全盛時期有一種內河運輸客輪叫做花尾渡，船體碩大，有三層「樓」。上層一等客艙為餐樓，中層是二等客艙，又叫公艙，下層及船首均為貨艙。裝飾漂亮的花尾渡以其不設動力機艙為特點，加上其容量大、噪音小而深受旅客歡迎。花尾渡行駛於水上，

狀如天鵝游弋，晚間更是船身霓虹放亮，遠遠看去有若仙山，充滿浪漫情調。它運行時的操作方式很特別，由於自身沒動力，須由小火輪拖帶。在河道寬的地方，小火輪在前面用纜繩拖著大花尾渡航行，前後相距 10 丈，這叫「拖渡」。在廣州碼頭（設在長堤一帶），河面複雜，船艇很多，靠拖渡迂迴無法操作，因此要採取兩船併攏，用粗纜扣牢的辦法航行。粵語中將靠在一起稱之為「拍」，於是便將大小兩船相靠並行稱為「拍拖」。出港時要拍拖出港，船離廣州拍拖至南石頭，便要停船報關。此處河面已變寬，於是便開始「放拖」，小火輪又以「拖渡」方式帶著花尾渡，逕行駛向目的港。到碼頭靠岸後便實行「甩拖」，小火輪自去下錨碇泊，宣告本次航行結束。

也有人說，當時珠江上通常是大船載貨並拖小船一艘，在主航道時是大拖小；近岸時，大船吃水深，難以靠岸，此時小船便卸貨上岸，來回相依。或說，大小兩船晚上停靠時並在一起叫「拍」，天亮航行一前一後叫「拖」。

「五四」前後，得風氣之先的廣州青年男女初嘗自由戀愛的甜蜜，他們在行街時，於僻靜處開始肩並肩手挽手，但見到熟人或在熱鬧處，多少又有點顧忌，往往又會鬆開手，一前一後保持一定距離。人們見了，覺得很像河運上見到的花尾渡，一時互相依偎，追波逐浪，一時一前一後，難捨難分。這種生動情景的隱喻就使這一航運用語 ——「拍拖」演化成男女之間談戀愛的代名詞，同樣，「甩拖」也被用於形容情侶分手。

誰買單、誰埋單

現在，走遍大江南北，你會發現餐廳飯店裡的食客們在酒醉飯飽後，往往會揚揚手，用不同的口音瀟灑地或叫「買單」！或喊「埋單」！

服務員都心領神會，忙趨前應承，知道這是客人要結帳了。

難道「買單」、「埋單」真是一回事嗎？是一回事的話，又誰愛叫買單，誰愛喊埋單呢？

問食客，食客說從廣東學來的，廣東人就這樣叫的，買單、埋單都一樣。其實買單、埋單不一樣，至少在以前不一樣；現在說買單與說埋單的人還是不一樣的。

在餐廳結帳時叫「埋單」，這是廣東人的智慧財產權，是粵方言的用法。要弄懂它得費點口舌。因為粵語的「埋」字，有多個含義：

其一，有聚合、結算之意。如「埋口」（傷口癒合）、「埋份」（參與一份）、「埋堆」（志趣相投者常相聚一起）等等。從前做生意的人年終結算，叫「埋年」；茶樓酒肆，食畢開單結帳，便是「埋單」。因為過去廣東的茶樓、食肆都有「先食後付」的傳統習慣。而且往往根據餐具的大小或外形來規定食品的價格，付帳前必須由店員將碟子收齊、歸類，這種彙總方式便叫「埋數」，透過「執埋」（分類清點）顧客吃的菜，開列出一張帳單，就叫「埋單」，再憑此單去櫃檯付款。先埋單，後付款，過程是「睇數，埋單，俾錢」。可見，「埋單」只是付款的前提，是店員先把顧客的消費數額預先「埋好」（算好），以免顧客久等結帳的尷尬。「埋」既有聚合又有「結算」的意思。並不是「付帳」。

其二，有靠攏，接近之意。如「埋身」（近身）、「埋位」（入座）、「埋尾」（收尾）、「行埋一邊」（靠邊站）等。甚至雙方交鋒、衝突叫「埋牙」，採取行動叫「埋手」等。所以，在結帳時不用顧客自己去櫃檯結帳，而是提醒服務生「行埋來」（走過來），這時的「埋」有「靠近」的意思，這種貼身服務既可方便顧客，又可避免餐廳的忙亂。

其三，也有普通話中的「蓋住、藏」的意思。食客在用餐完畢後，

請服務生「埋單」，服務生將餐費單覆蓋著傳給付款人，被請的客人是不知道用餐金額的。

所以《廣州話方言詞典》（商務印書館 1981 年版）有「埋單」無「買單」，「埋單」釋義為「開單，結帳」。這種用法具有地域性極強的特定意義，是廣東文化的縮影，包含了廣東人對生活的一種感悟，顯出嶺南文化講求實際、注重禮儀文雅、關心和尊重他人的人文精神。臺灣和中國其他地區引進「埋單」並使之變成「買單」，就籠統地指「結帳付款」了，並引申出「付出代價，承擔責任」的意思，如：「劣質產品，由誰買單？」，「修公路要為水土流失買單」。

「買單」一詞發明權也屬於廣東人。早年廣州開埠穗港異地間商業票據往來，本地付款，異地取貨，當下的付錢「買」到的其實是一紙提單，這就叫「買單」，在廣州方言中則是「交錢取提貨單」的意思。直到 1970 年代前後，為免入境人士隨身攜帶糧、油、彩電、洗衣機等的不便，港澳和國外一些商號都還創辦了交錢拿提貨單，在境內指定地點提貨的服務，如「香港買單，廣州提貨」等。而到了 20 世紀末，隨著中國經濟的迅速發展，則出現了像「深圳買單，香港提貨」之類的服務。

「買單」據說還有一個很具時代特色的來源說法：廣東在海外的僑胞很多，1980 年代時，中國經濟還沒騰飛，物資缺乏，民眾生活清貧，僑胞回國探親時往往會收到家鄉親友們的購物清單，或希望他們帶些價廉物美的商品回來提高生活品質，或希望他們帶些生活日用品回來接濟家用。這種要求反覆多了，於是有人收到購物清單就有了調侃的說法：又要「買單」了。

此外，「買單」還指的是金融市場作為買進憑證的單據。這也是港澳及廣東人熟悉的。

可見，「埋單」和「買單」在廣東人口裡是兩個完全不同的概念。他們分得很清楚。但傳到外地時這兩個詞很明顯地已經被混淆使用了。並且「買單」以壓倒優勢的使用頻率取代了「埋單」，而且強行賦予它餐後「結帳」的意思。

造成這種狀況的原因大致有二：

一是「埋單」的粵語發音跟國語的「買單」差不多，所以當不諳廣東話的人聽到「買單」的粵語時，就會自然而然將該詞諧音成「買單」這兩個字了，並按照自己的理解，大概意思是「你出示『餐費單』，我拿錢來買」。事實上廣東人結帳並不是把帳單買下來，用「買單」表示結帳根本不通。不過辨音會意，「埋單」諧音而成「買單」，雖然在理據性上站不住腳，倒也直觀簡捷，在通用性上有它存在的合理性，它符合了中國人「望文生義」的習慣，展現了漢語思維的「具象性」特點。這算是不同地區間商業、文化交流中的趣事一樁吧！

二是在廣東、港澳以外的地方，能搞懂「埋」在粵語中的豐富含義的人絕對是鳳毛麟角。若不是對粵語有一定的研究，又有誰能講清「埋單」原本是「執埋」與「開單」的縮略語呢？而「買」則不同，所有說漢語的人都熟悉，「買單」很形象就是「結帳」。吃完飯不叫「結帳」，而叫一聲：「先生／小姐，買單！」既可顯示自己走南闖北、見多識廣，又能避免服務生聽不懂的尷尬。「買單」既有異域色彩，又便於理解，自然很快就「全國通吃」了。

餐廳裡「埋單」變「買單」，還真是應驗了「存在就是合理的」，現在臺灣教育部字典僅收錄「買單」一詞。

不過，道地的廣東人還是堅持叫「埋單」，而喊「買單」的食客絕對不是「老廣」，哪怕他一身老廣打扮正坐在廣州南浦島一家海鮮餐廳裡。

早茶之飲不在茶

「醉翁之意不在酒」，飲早茶卻不是喝茶，也不是為飲茶而飲茶，這只有廣東人才做得到。曾幾何時，中國不少城市真還模仿了一陣，但大多又放棄了，飲早茶只能是廣東人習俗的標籤。這習俗談不上歷史悠久，但形成後就非常執著地成為地域文化的一個象徵，隨著時代發展而發展，這是值得玩味的。

飲早茶之俗最早興起於佛山，清朝咸豐年間，在佛山出現了一種叫「一厘館」的食肆，門口掛一個木牌子，寫著「茶話」兩個字，內部設備很簡陋，木桌板凳，供應糕點，為客人提供一歇腳敘談，吃東西的地方。後來「茶話」，改成「茶居」，「居」，大概是想適合讀書人的情趣，給他們一個消磨時間的好去處。後來生意做大了才改名成茶樓。茶樓當然是有樓的，樓上中間設廳堂雅座，周邊設安靜套間，地下門市便用來賣糕點餅餌。大茶樓越來越多，更多體面的市民開始有上茶館吃早點的習慣。小市民也要趕時新，但上不起茶樓，於是出現一種叫「二厘館」的茶館，也供同樣的點心，滿足了大眾所需。二厘館的茶資只需要二厘，茶樓的茶資卻要三分六厘，相差足足十幾倍。故當時流行「有錢樓上樓，無錢地下蹴」的說法。

廣州沒有經歷過「二厘館」，一開始就叫「居」。同治年間，廣州第一個茶座叫「上茶居」。後來惠愛路城隍廟口的福來居、太平路的陸羽居、第二甫的茅珍居、三甫的永安居、五甫的五柳居、十甫的陶陶居紛紛掛牌營業。到了光緒年間，「上茶居」改為「上茶樓」。其他「居」也紛紛改居為樓，並以陳惠如在惠愛路首創了「惠如樓」後，眾多「如」字號的茶樓如雨後春筍冒出來，如「多如樓」、「東如樓」、「三如樓」、

「南如樓」、「福如樓」、「瑞如樓」、「天如樓」、「寶如樓」、「九如樓」等。只有陶陶居行不改名坐不改姓，至今不改稱「樓」，實在是因為它的名氣大了，當時粵劇藝人多住在西關，白駒榮、薛覺先常來陶陶居品茗，文化名流亦來此雅集，魯迅、許廣平、巴金就是陶陶居的座上客。

有了茶樓，同時就養成了一批「幫忖」（光顧）的消費族群，並形成特定的生活方式，影響了整個廣東的城市生活。城鎮中，總有眾多的老人散布在大街小巷的茶樓之中。這些閒來無事的老人延續著百多年來的習慣，一大清早便踱到茶樓中，叫上一壺清茶，兩件小點，或閒聊，或閱報，將早上的大半時光悠閒地打發。在廣州，也因為這些老人的早茶習俗，給這個城市增添了一點閒適。對老人們來說，早茶就是他們的生活。廣州的早茶名副其實，大清早4、5點就有茶樓開張，老人們反正睡得少，起得早，天不亮就去茶樓趕優惠，場地可以換，生活則別無其他。

在廣東做生意必須學會飲早茶，特別在廣州，即使是來去匆匆的生意人，也要學著廣州老人們的樣子，節奏平和、緩慢地飲著早茶，有事沒事坐上幾個小時稀鬆平常。不要以為他們是來消磨時間喝杯清茶的，其實他們已經把休閒的「飲早茶」完全異化了，功利化了，他們是利用吃飲早茶談著不輕鬆的生意。有人說這就是廣東人的狡點。出手闊綽的生意人飲早茶，絕不是傳統老人們雷打不動的一盅兩件，他們可以來些魚翅漱口，可以佐以蝦餃、鳳爪、牛鞭、鮑參、燒賣、馬蹄糕等「飲」掉一瓶 XO。所以，這種「飲早茶」絕不是「君子之交淡如水」的飲法，而是存心要讓人忘卻「茶」的本意，而賦予了更多的內涵。被請「飲茶」的人心知肚明，一聲「請飲茶」，無非是有所求，但又不是鴻門宴。生意人的聰明之舉，如今很快為各層面的人們學會，他們發現，無論是談生

意、談工作協調，還是談個人前程、婚戀大事，選擇一個理想的說話場所至關重要，茶樓比起在辦公室、比起登門拜訪，自己的角色地位都要輕鬆自然一些，避免了人際交往中直奔主題的許多尷尬。飲早茶，比內地鄭重其事的擺酒宴請要隨意得多，這也反映了廣東人渴望感情交流上的平等關係。所以，「飲早茶」意義太深遠了，受之影響，廣州人的日常起居就講究起「三茶兩飯」來。早茶被發揚光大而有了午茶、夜茶，從早上 4 點到次日凌晨 2 點，都有飲茶的人們。

飲茶，在廣東人際關係中的地位與作用越來越大。茶樓包含著深奧的嶺南文化。到了廣東不飲早茶，就不算到了廣東。

● 「傾偈」：廣東的龍門陣

四川人有龍門陣，一擺起龍門陣來，個個唾沫橫飛，意氣張揚，那種調侃與幽默，讓中國人民都知道：天下無雙。其實，廣東人也有龍門陣，只是廣東人比較低調，他們叫「傾偈」（發音為「懇蓋」）。傾者，懇談也；偈者，和尚唸的經文，古代翻譯成漢語時，為了好記誦，多譯成韻文，一句就叫一偈（音ㄐㄧˋ），連貫不歇地讀下去就叫「唱偈」。不知為什麼，廣東人把「說話」、「聊天」稱作「傾偈」，也許廣東人講究實際，注重現實，聊起事來不那麼意氣飛揚，而是想努力表現得經典一點。人常常有一種互相傾訴的需求，四川人擺龍門陣是一種傾訴，只不過自我表現更強烈一些。廣東人的「傾偈」也是傾訴，傾偈傾偈，就是傾訴傾訴，解脫解脫，這不單單是從字面上理解，而是一種無法言語的心感。在廣東，不管粵東粵西，不管客家人廣府人，都知道這個「傾偈」，「傾偈」真是深入了整個廣東。

　　廣東人的愛傾偈促進了茶樓的興盛與繁榮，而茶樓的文化氛圍又是傾偈的天然溫床。所以，廣東人說上茶樓飲茶，其深層含義卻是「傾偈」。飲茶僅是個由頭，是為傾偈張目的。在廣東，三五親友聚在一起飲茶聊天，就好像那些北方漢子喝大碗酒一樣，邊喝邊聊，個中樂趣只有自己才知道。廣東人愛聊天，而且偏偏喜歡在茶樓裡面聊，就因為茶樓這個鬧哄哄的勁，這個說那個說，七嘴八舌，每一桌茶客都在說，正是在這樣一種氛圍裡，人們更可以旁若無人地「傾偈」。有的在不著邊際天南地北的閒扯；有的是窩了一肚子的悶氣，傾訴一番，也就解開了心裡的鬱結；有的和誰誰「不啊心水」（不和），約上茶樓，舉起茶杯就「傾掂」了；有的出洋過番幾十年，少小離家老大回，親朋一桌，把幾十年的思念全都傾倒出來了；有的經紅娘安排「相睇」（初次見面的青年男女），才傾了幾個字鐘的偈，竟耳鬢廝磨、甜言蜜語起來。

　　最經典的「傾偈」場景還是茶樓裡那些老人們，經過一輩子的辛勤勞作，現在終於可以卸下重負享受生活了，而風霜雪雨的坎坷經歷又是他們豐厚的「傾偈」資本，他們要做的「工作」就是「傾偈」，這已經成了他們生活中不可或缺的內容。他們呼朋喚友幾乎天天一起上茶樓，圍坐在一起飲早茶、喝夜茶，通常是一盅兩件，飲它個把兩小時才分頭而去。為什麼？不就是為了「傾偈」嗎？一個人一天不「傾偈」就心裡不舒服。大家在一起「傾偈」就很舒服。為了保持「傾偈」的可持續發展，他們在飲茶方式上也與時俱進，做些改革：實行 AA 制，各自帶上自己的卡和茶壺，普洱、菊花、鐵觀音、烏龍任君自選，點心各點自己喜歡的，什麼綠茵白兔餃、蜂巢芋角、脆皮三色捲、薄皮鮮蝦蛟、蝦腸粉、碧綠蝦筒、鳳果酥蝦、琵琶蝦扇，還有蟹黃燒賣、香酥蛋撻、海鮮糯米雞等豐儉由人。到了雙休日，老人們的「傾偈」又換了形式，他們

往往成為一家大小緊密團結的核心，一早就被簇擁著直奔茶樓「傾偈」。飲罷茶，傾罷偈，左一個右一個，後面還跟好幾個，全都是他的子女兒孫，老人一路上滿臉春風，嘴裡直道是「好開心啦」。「傾偈」，已經完全融進了他們的生命之中。

廣東的飲茶文化內涵就這樣被「傾偈」充實了又充實。飲茶是引子，點心用來助興，最終的目的是「傾偈」。這是老年人消磨時間的好方法，在競爭越來越激烈的環境中，也是年輕人宣洩情感、聯絡感情的好途徑。就是不諳此道的外省人，在茶樓坐久了也能在淺斟慢飲之中品出點「傾偈」的味道來。

雅俗同樂私伙局

一方水土養一方人，在北方有群人被叫「票友」，就是鐵桿京戲迷。在廣東沒有「票友」之說，但比「票友」還票友的卻大有人在，而且比票友更甚，他們有自己的組織──私伙局，他們的聲勢更浩大，為他們喝采的觀眾也更多，因為他們本身就在人民群眾之中，並形成了廣東地方的一種習俗。

到廣州旅遊的人會發現，凡是公園、廣場，或者一個稍微寬闊的公共場所，總能看到三五成群一些人伴著音樂飄揚極其投入地唱著聽不懂的歌，令人感慨一回：都說現代城市生活節奏太快，廣州城竟然有這麼悠閒的一面。走遍廣東，會發現，這是一種普遍現象，而且像是一種有組織的行為，這就是私伙局。

私伙局是民間的自發組織，如果你有心留意，在大街小巷當中都可以見得到，特別在廣州老城區內，比比皆是的私伙局的存在。私伙局不

太講究樂器設備，只要有主奏樂器，能彈奏出基本的音調便可以了。即使什麼樂器都沒有，也沒關係，三兩老友照樣可以唱、唸、做、打，舉首投足，一樣的細緻認真。所以說，只要有場地，就算樂器不齊也可以開私伙局。

私伙局的出現與普及跟廣東的文化氛圍、生存環境很有關係。

第一，粵劇粵曲的平民化是私伙局形成與普及的一個很重要的原因。私伙局主要就是唱粵劇、粵曲及演奏廣東音樂。粵曲本來就是完全來源於民間的戲曲形式，過去基本都是在茶樓、酒樓等地方演唱，而老廣州人也把聽粵曲當做生活中不可缺少的一部分，耳濡目染之下，也就和「熟讀唐詩三百首，不會寫詩也會吟」一樣，許多人都成為非常內行的行家。對於粵曲來說，專業和業餘的區別其實並不是十分明顯，這就為私伙局大行其道奠定了藝術基礎和人才基礎。

第二，沒有功利性是私伙局形成與普及的又一個重要因素。私伙局完全是自發地形成，其演出從來不賣門票，誰都可以參與進來，家庭院落、街巷、空地或者公園都是他們活動的場所，愛好戲劇、曲藝的三五知己，茶餘飯後群聚在一起，吹拉彈唱，自娛自樂。事實上，私伙局是以唱為載體，最終目的是以藝會友。

第三，生活水準的提高為私伙局的形成與普及提供了社會基礎。管仲說：倉廩實而知禮節，衣食足而知榮辱。當一個地方的社會生活水準達到了一定程度之後，人們對精神生活層面的追求也就自然會出現，把私伙局的興起與普及理解成社會生活安穩而悠閒的一個標誌，似乎並無不可，事實也的確如此，私伙局在廣東的幾個興盛時期，都是在社會相對比較穩定而富庶的年代。

廣東私伙局的雛形出現在 19 世紀末。當時在番禺、中山、台山、新

會、開平等地，一些民間藝人結集起來，組成「八音班」，透過在紅白喜事等活動中進行演出而謀生，後來，「紅船班」出現，搶了「八音班」的飯碗。這些民間藝人沒有其他特別的手藝，於是就在農閒的時候教人學唱戲，生活好一點的就自娛自樂，這樣一來，吸引許多人圍觀。有的後生就漸漸覺得好聽，想學，但不是為了謀生的目的，於是師傅就教他們吹、拉、彈、唱，形成了一個小圈子，並有了「琴舍」、「琴棚」、「琴廊」之類的稱呼。如1910年中山就有個很有名的「荼薇琴廊」，後來出了著名的音樂家呂文成。到1930年代，隨著社會生活環境相對變好，「琴舍」這種民間的音樂組織就逐漸變成了一種比較高雅的娛樂了，稱作「樂苑」，規模大一點叫「樂社」，不是窮人家可以玩得起的。如當時番禺縣的沙灣鎮比較富裕，被公認是「廣東音樂之鄉」，許多有錢人家的孩子讀過一點書，文化修養較高，他們的組織已經不再僅僅是自己娛樂了，而是帶有研究性質，並有自己的創作作品。像當時很活躍的「樂社」有荷榕、荷池、荷香。與此同時，台山、新會、開平等地的「琴社」也都發展較快，不過基本都是在理髮店進行表演。到1940年代，廣州大都市的格局基本確立，所以這種形式的娛樂逐漸帶到到廣州來。當時的樂器鋪、鞋店、米鋪店主為了顯示自己的文化修養，就集合了一群人在店門口進行表演，也是為了招攬生意，再往後，廣州的大馬路越來越少了，店鋪變得很珍貴，不太適合表演了，但有些人唱戲聽曲是上了癮的，這種組織就逐漸轉移到店鋪後面的家庭院落裡去了，慢慢就有了私伙局的稱呼。

在廣東私伙局的發展史上有兩個黃金期，一個是國共內戰後的1950年代，人們心情舒暢，就用私伙局的形式來抒發自己的感情；第二個是「文革」後，隨著思想又一次大解放，私伙局隨之紅火起來。當時廣州城

區的私伙局就有 600 多個，1986 年舉辦了第一屆廣東民間曲藝「私伙局交流大賽」，盛況空前。據說私伙局中不乏藏龍臥虎的，有些人水準甚至比專業的還要高，並且產生了許多名家。

現在廣州還有不少歷史悠久、名氣頗響的私伙局，如廣州孖寶曲藝樂社、廣州和聲樂社、禮樂苑等，他們還會經常受邀請到外地去演出，也還有港澳地區的愛好者，也會經常到廣州來與他們進行交流。但最動人的還是街頭巷尾那些下里巴人的私伙局，對來自外地的遊客來說，看著這些人淺吟低唱怡然自得，自娛自樂的樣子，人們不僅僅是投出好奇的眼光，更多的是羨慕共同的愛好讓他們走得如此之近，也讓他們的生活如此美好。

恭喜發財，利市逗來

春節過後上班，人們通常患有「節後症候群」，打不起精神，但在廣東卻不一樣，春節後上班是很激動人心的，特別是未婚的青年男女們，一年一度最開心的時刻又如期而至了，他們嚷嚷著「恭喜發財，利市逗來！」竄行於各個辦公室和工作間，見到稍年長的同事或上司就蜂擁而上索要「利市」。你來我往，嘻嘻哈哈，「利市」滿天飛，這種熱鬧場面叫做「逗利市」，是粵港澳特有的鄉俗。

「利市」又稱「利是」或「利事」，取其大吉大利、好運相隨之意，上輩的上輩一般稱之為「紅紙」。新年「派利市」的習俗，在中國各地都流行很久很久了，但當時人們不過是以寓意吉祥的鮮紅色紙，包著一張寫滿祝福字句的字條，送給親朋戚友，以表心意。大約在清朝，人們則改用一張紅紙包裹銅錢，封作利市。到了光緒年間，印刷技術開始廣為

使用時，第一代的利市封也就問世了，造法雖然非常簡單，通常是以紅紙印上黃油，再於未乾的黃油上綴上金粉，效果就如現今燙了金字的利是封般，而圖案則多以簡單為主，再配以吉利的字句，卻給人們帶來無盡的歡慶之樂。

派利市的習俗，雖然說是「各處鄉村各處例」，但中國現在基本一盤棋，習慣是長輩派發給未成年的孩子（壓歲紅包）、老闆派發給員工（開工見面紅包）。在臺灣凡是有工作的人都有資格給小孩子們派利市，但只派到初五就不派了，比中國的正月十五早了十天。日本人學中國文化也派利市，但用的是白色信封，而且只發給自己的子女，不會發給外人，跟中國的大異其趣。只有珠江三角洲不但保留原計原味的傳統派利市風格，而且以廣州為典型更有自己的獨特風景，不僅僅是派利市，而是「逗利市」，即凡沒有結婚的男女，都可以向已婚的索取利市，凡下屬都可以向上司索取，而由此演出許多故事。

逗利市從要新鈔到「裸體」也要。以前廣州派「利市」很有講究，無論多少錢，一定要用嶄新的鈔票派發，圖的是個「新」字。因此，在銀行外排隊等候換新鈔票，成了春節前獨特的一景。香港也一樣，每年春節之前，滙豐銀行、渣打銀行和中國銀行 3 家香港發鈔銀行共額外發行了 3 億張小額新鈔票，總價值達到 240 億港元，重 300 噸，據說生產 3 億張特製紙張來印刷新鈔要消耗 400 噸棉花。現在廣州人更實際了。伍先生大年初七剛一上班，就被同事圍了個水洩不通，都說「你第一次從人家的男朋友榮升為老公，有資格派利市，可不能太『小氣』喲！」同時一個個都伸出熱情而渴望的手，希望能拿到一個大「利市」，弄得伍先生頓時傻了眼———他還沒來得及封利市呢！「裸體的我們也不介意！」有人叫嚷著。「裸體」是近來「逗利市」者的一個發明，意思是只要裡面

的「內容」，而不需要外面的利市封。伍先生一高興，趕緊掏腰包，先把手上的 100 元發光，接下來又把 50 元的發完，直到周圍「逗利市」的人全都滿意撤退。像這樣被「逗」的一般是新婚夫婦為主，他們第一年派利市，心情好又沒有經驗，更沒有充分體會到利市所帶來的經濟負擔！

「逗利市」有人歡樂有人愁。逗利市的人是最開心的，上班族封小姐開工首日，她的同事就傳了一份表格到她的信箱，竟然是公司裡已婚人士一覽表。於是，封小姐和其他未婚的同事照著名單四處逗利市，一天竟逗到了近千元人民幣。派利市的可就各有各的滋味了。年年都免不了被年輕男女「剝削」的張先生訴說，往年他都會在每個利市封裡放上 20 元甚至更多，而且一般一給就是兩封，每年派 200 來封利市，照這樣下去恐怕就會變成一種經濟負擔了！而朱小姐遇到的尷尬更讓她接受不了，她雖然已三十出頭，但並沒有結婚，幾位新來的同事卻向她討利市，而且被「刨根問底」。她覺得被同事們嘲笑了，很是尷尬了一回。王小姐來到公司，剛加入逗利市的「大軍」，一位同事無心地開玩笑：「小王，還不結婚啊？明年爭取給別人派利市啊！」，讓她頓感心酸，發誓明年無論是否能嫁出去也不向比自己年輕的同事逗利市了。

從慷慨到慳錢一族都是「逗」人開心。一般自己公司派發的「開門利市」少則一兩百元，多則四五百元，這不算什麼。有位地產商想搞點新花樣，大年初一在自己的樓盤裡派利市，逢人便給，而且出手豪爽，每封裡都有 50 元，一天下來就上萬了。一位已婚女士說每年被「逗利市」的錢就要超過 1 萬元，大多數已婚人士表示，每年得要準備 200 多個利市封應對逗利市。豪爽一點的每個紅包裡放 50～100 元，一般 20元。但近來人們注意「節省」了，放 5 元、10 元的大有人在。外鄉人小黃說他「第一次拿到利市時，非常激動，結果回家打開一看，才 10 塊

錢，差點昏倒。現在想來真是好笑」。還有一位朋友大年初六上班，轉遍了整個公司拿到 100 多封利市，結果其中 60 多封利市封的是一元或者兩元。但他捏著那一大把斬獲的紅包，咧著大嘴就像凱旋的英雄。經過多年「人情緊過債」後，廣州人如今「逗利市」，其實是「逗」一份祝福。大家都很習慣這種隨意，因為這種隨意其實是包含了對人情世故的洞察。派得輕鬆，逗的人才會沒有壓力。所以，即使封一兩元也不會傷感情，大家都是圖個吉利討個好彩頭罷了。

利市「內容」也在花樣翻新。近年來，利市也開始「與時俱進」，不少家長給小孩保險單、存摺、生肖儲蓄卡等代替傳統利市，廣州少兒館曾以送電子書借閱卡的形式派利市。而同事、朋友間的利市也別出心裁，朴先生收到的鼓囊囊的利市封裡竟然是一個保險套，先是大吃一驚，與周邊的同事一說，原來大家都收到過這種神祕「利市」。「要了半天，竟是這樣的利市，不過這也算是滿有創意的。」朴先生自己調侃。

「逗利市」不僅僅是一種傳統，更是一種文化，有這種傳統習俗存在，廣州的春節過得才有滋有味，它充滿了互相體諒的人情味，讓年輕人從逗利市的樂趣中體會到人情的溫暖。

人情濃濃帶手信

今天的廣東人腰包裡銀子多了，特愛出去旅遊。在出門前，周圍朋友、同事往往會半開玩笑半認真地說：「返嚟勿忘帶手信俾我寶哦！」（回來別忘記帶手信給我們喔）。特別是年輕人，旅遊回來，同事和朋友們會「咿呀鬼叫」（嚷嚷著）擁上來索要手信。「手信」成了廣東人的口頭禪，也成了廣東人情風俗中的一個特有文化符號。

手信是什麼？難道是親手帶回來的一封信嗎？不是。

其實，「手信」一詞並不是廣東土產的「俚語」，而是來自很有年頭的文言文，廣東只是很好地把它保存了下來而已。「信」，古代與「訊」通，原意為使者。如春秋時期鄭國的大夫鄭子家給趙國正卿趙宣子傳書的事情就被記載為「使執訊而與之書」。直到漢代，司馬相如在《巴蜀檄》中尚有「故遣信使，曉諭百姓」句，說明信還是作為使者之意用。後來，信與書合二為一，就有了現代意義的「書信」之意。有趣的是，唐朝時，「信」又從「書信」中被分離出來，引申為禮物及人情，多了一個含義。如《東觀餘論》中就有「今之流俗以贈書送物為信」的說法。當時大詩人皮日休也有詩云：「明朝有物充君信，美酒三瓶寄遠航。」可見，信成了禮物的代名詞。從唐宋開始，相應的片語有「信物」、「禮信」、「願信」（還願的貢物）等流傳下來。至今，嶺南桂北一帶當主人見客人帶禮物來訪時，往往會客氣地說：「啊呀，您怎麼這樣講禮信喲！」至於廣東人的「手信」之說，也應該是這樣代代相傳下來的。

手信，初時應該是指人們禮尚往來中親手攜帶的相贈禮物。如迎春拜年、四時八節走親訪友、贈別餞行，都會特意帶上些禮品，以表達深情厚意。到了現代，人們生活節奏加快，人情往來頻繁，手信就含有了順手隨意捎帶的禮物的意思，並不是鄭重其事的重禮或正規場合的送禮，而是禮輕情意重，展現的是人之間的溫情。再後來，手信就越來越成為出門遠遊者帶回來的禮品了。它同時具有報平安和久別問候的文化意義。由於旅遊在外殊不容易，且回來後要問候的人又不少，所以，手信也就慢慢由一些有紀念意義的小物品、土特產，甚至零食小吃來充當。如同樣有著「手信」習俗的澳門，就很體諒遊子們的心思，專門生產一些好攜帶的特產零食，並形成了「手信一條街」。就是在清平直街與

福隆新街這兩條呈十字形的小街巷。街巷雖小，但人氣頗足，鱗次櫛比的數十家小雜貨舖裡，杏仁餅、牛肉乾、豬油糕、光酥餅、薑糖、花生糖，琳瑯滿目，令人饞涎欲滴。真是贈送親友的好手信。

由於手信東西本身價值不重，卻又人情味特濃，所以廣東人外出旅遊總是樂此不疲地在小攤小販前和土特產商店裡轉悠，挑選種種手信。

一天當你也成了新「老廣」，見朋友外出，無論是出差、旅遊，還是留學、訪友，不妨也可以「大言不慚」地要求他：「記得帶手信返嚟哦」。

這是一種很爽的感覺。

不敬上帝敬財神

基督教進入廣東應該比中國其他地方都早（已經斷傳的唐代「大秦景教」除外），受之影響不能說沒有，但廣東人除了在俗語中多了句「講耶穌」（嘮叨）外，對上帝並不很在意。尤其是生意人，絕不把顧客當做上帝的，而是把顧客當做財神。

廣東人心中的財神很多，總有七八個不止。既有手持青龍偃月大刀的赳赳武夫關公老爺，也有文縐縐的比干老爺，還有趙公明、姜子牙、利市仙官、五路神、七總管等等。他們或者雄踞中堂神龕之中，或者蹲在門口墩子邊，盡情享受著商家的煙火，也盡心「保佑著」商家發財。人神相處甚為和諧融洽。這是廣東人的痴迷，但廣東人也很現實，他們感悟到，財神送來的財富一定得要經過一個中間使者。這使者不是別人，就是顧客。顧客代表著財神，就是財神的化身，善待顧客就是善待財神。這種邏輯被廣東人精明地推演出來，並在現實生活中貫徹執行。比如說，顧客在餐廳飯店用餐，從來就實行先吃後買單的做法，這種信

任與尊重，只有財神爺才體會得到吧。再就是從新年開市迎財神的活動也可以看出：

按照舊規矩，店鋪新年開市的當天，老闆要早早起來準備好三牲，對著家裡供奉的財神像虔誠祭拜，請財神爺保佑自己新年裡平安和發財。然後，打開店門，老闆親自站在收銀臺，用手劈里啪啦地撥一通算盤珠子，算是寓意著開門大吉，財源滾滾而來。同時準備了一些散紙（零錢），用來迎財神。只要聽到「財神到！」就立刻趨向門口接駕。這送財神的並不是體面人物，而是討米要飯的乞丐，但他手上拿著的紅紙片上寫著「財神」兩字，老闆就不敢怠慢，通常是恭敬接過「財神」，並賜以乞丐幾塊零錢作為利市。乞丐心中暗笑，揣著利市紅包得意地奔下一家發財去了。這家老闆花小錢買了個好意頭，也想得通。

再接著是真正的「財神」來了，這就是開門後的第一位顧客。對之老闆是絕對要殷勤接待的。這時老闆比平時要慷慨得多，讓利也最大，目的是要做成這第一筆交易。如果沒做成，老闆會認為自己把財神趕跑了，不是好兆頭。如果做成了，則是帶來一年財運的好意頭。所以，這一天顧客買東西是最愜意的，因為體會到的不是虛無的上帝的威嚴，而是備受尊敬的世俗的「財神」的爽心。

春夢闌珊西關小姐

在廣州，說起「西關小姐」就意味著一頁雋永懷舊的文化，一個溫軟動情的代名詞，一種引領時尚的精神。

「西關小姐」就是出身廣州西關富家豪門的女孩。隨著時代的變遷，西關小姐的社會形象也是不斷變化的，但出身名門、生活安逸、有教

養、引領時尚是她們最本質的特徵。

　　支撐西關小姐形象的物質基礎是「西關大屋」。西關，在今廣州荔灣區。清中葉，廣州一口通商的繁盛，造就了大批豪商巨賈、買辦階級，他們是非富則貴的名門顯宦，他們聚居西關，買地建房。闖南洋的成功者，只要賺了足夠的錢，也要在西關占一席之地。於是一座座豪宅湧現西關，使西關成為當年廣州最繁華的地帶之一。西關所有的路，都是商舖圍裹，騎樓沿街；「西關大屋」比肩鄰立，唇齒相依，便形成了縱橫交錯、四通八達曲徑幽巷。巷子的地板清一色用古樸的青色麻石磚鋪砌而成，意味著「平步青雲」。這些宅邸比之江南或者北方的庭院式建築，占地不算大，但有著精巧的構思，合理的布局，加上水磨青磚高牆，黑漆大門，酸枝『趟櫳』（柵欄門），紅木雕花矮門，白石門框臺階，十分氣派。即使今天穿行於那些迴廊、天臺、天井，仍然有種庭院深深的感覺，仍然讓只住過單元房（編按：指每戶人家有自己的衛浴和廚房，即公寓）的現代人悵然若失。每一個院子都有個相對獨立的後院，順著曲折的木扶梯上去。那是西關人家的小姐樓。小姐樓有「滿州窗」（彩色玻璃窗）對著天井，天井裡，四季都是鬱鬱蔥蔥的植物，也偶爾有花寂寞地綻放。

　　西關小姐的生活是富足而安逸的，西關小姐溫文有禮，言語柔和，說話時好用牙音，尖著嗓子，聽來很悅耳，有如唱詩詞。在那個屬於西關小姐的美好年代，從西關流傳下一句最著名的廣州話就是西觀小姐吩咐僕人買荔枝，雖屬日常俗語，但韻味無窮：「阿四阿四！擺條鑰匙，開個箱子，擺兩毫子，買斤糯米糍。」據專家分析，這句話包含著西關小姐的很多東西。「阿四」就是西關小姐的家傭；「找鎖匙，開箱子」說明西關小姐家裡有專門裝錢的「保險櫃」；「擺兩毫子」則表示她家裡有錢，

而「買斤糯米糍」說明她出身於大戶人家，買荔枝的事要讓別人去做，而且要買質優價高的「糯米荔枝」。

西關小姐引領時尚的形象實際可分三個階段，即辛亥革命前、1920～1930年代、抗戰勝利後。不同於廣州其他地方的女性，西關小姐出入傳統又突破傳統。她們的父輩幾代都是商品經濟的先行者，能接受新事物，也造就了知書達理的西關小姐。由於有了與男子同樣受教育的機會，最早接受歐風美雨的薰陶和洗禮，她們以群體的形象集中展現和代表了時代前進和潮流的方向，代表著廣州20世紀那段最風雅和繁華的生活。

「西關小姐」的稱謂，最早出現在光緒年間，當時廣州社會風氣，封建意識仍重，西關小姐在家人監管下，生活和教養是嚴肅的。服裝是穿清裝家居便服，寬袍大袖，儀態大方，韻味萬千。這時的西關小姐大多梳大辮子，其長度過臀部；或梳孖辮子，其秀髮烏黑潤澤，顯示其營養不錯，有天然美之感。她們開始讀書了，一般是延請家庭教師回府執教。她們崇尚「三從四德」、「知書達禮」，一舉一動也要循規蹈矩，即使在家裡也要薄施脂粉。婚姻方面是奉父母之命擇配，所謂三步不出閨門，正是早期西關小姐的寫照。

自辛亥革命後，社會風氣日漸開放，自由意識日增，西關小姐的生活和教育，與時俱進。較開明的家庭已允許女兒放腳，放腳只是脫下纏足布，但腳型仍然較小。這時她們外出讀書女校，因接受學校教育，增進知識，過集體生活，拓展了人際關係，思想及行為有一定的轉變和進步。她們開始剪短髮，著裝也學上海，中領、高領衫，裙尾開叉旗袍，較高級者金線或銀線旗袍，冬天則穿皮草旗袍配合清秀面型，一舉手，一投足，均顯出雍容華貴。婚姻雖然仍憑「父母之命，媒妁之言」，生活

起居有隨身侍婢照顧，但已開始參與社會活動。到 1920～1930 年代，西關小姐愛讀書，愛學英語、學鋼琴，追求知識，有些已走出家庭，讀書後成新興知識分子，有參加工作的，也有參加革命的，如陳鐵軍就是其中之一。衣飾方面，也較過去開放，表現為衣領不那麼高了，旗袍也不那麼長，且下面開叉，穿半高跟鞋，崇尚燙髮、戴長項鍊，有些在項鍊上插著自來水筆，以方便學習。有些還外出旅行，也有出國留學的，因而受到歐風美雨的影響。加上廣州鄰近港澳，很多家庭有港澳關係，因此小姐們追求時髦，講究打扮，有些在家還有養狗，攜狗出外散步，成為一代新女性。

那時人們常常會看到這麼些情景 —— 隨著「吱嘎嘎」一聲門響，漆黑沉重的厚木門開啟了，是廚娘手挽著提籃去買菜了；「吱嘎嘎」又一聲門響，一個丫環急匆匆地跑出，不知她是不是去胭脂坊為小姐購買清晨梳妝的香粉？當大門的「吱嘎」聲第三次響起時，也許是小姐要出門去了。只見婷娉嫋娜的小姐緩緩拉動趟櫳，輕輕推開雕花腳門；左手挽一隻精美的手袋，右手微微提著裙裾的下擺，她邁下門前臺階時輕盈得如同在水中浮動的蓮花一般，「蓮花」順著青石板街遠去了，同時飄散青石巷一路香氣。她是去哪裡呢？去會友人呢還是逛商店？抑或是去教堂？直到小姐的身影淹沒在巷子盡頭的一叢胭脂紅的三角梅中，路人們還在看著那秀美身影的消失之處，做著各種猜想。

抗日戰爭爆發後，西關小姐不是隨父兄逃難，就是奔向社會，參加抗日，投身革命。抗戰勝利初期，廣州市民生活比較安定，西關小姐紛紛回到廣州復學。那時美國軍人和外國人常在廣州街頭出現，港澳、上海服飾也很快傳入廣州。西關小姐參加社會活動也比較為頻繁，她們注意外表打扮，時興燙髮，愛穿短袖旗袍，腳叉開得較高，高跟鞋已漸流

行。她們大多推崇自由戀愛，有些讀完高中還考入大學（嶺南大學等）。參加職業行列的小姐也多起來，如有機關職員、公司文員、會計、醫務人員、中小學教師、運動員，甚至革命家、社會活動家也脫穎而出。當時，她們是活躍在各個階層的新女性，她們的服飾、生活方式、社會交往、學識無不成為當日「時尚」的象徵。她們成為社會最豔羨的一群。也是第一次使中國女性站到了歷史的舞臺上，至此，「西關小姐」成為了一個歷史和文化的綜合符號。

現代人要追憶廣州從前的衣食住行、風情物語，總不免沉浸在西關風情的綺夢裡。儘管老廣州並不全然是關於老西關的風物，但有道是「未識廣州、先識西關」；因為西關有著老廣州的歲月流痕，「西關小姐」自然是其中最富於風華一群，她們的芳華凝聚著廣州的一段錦衣玉食、珠圓玉潤的生活，沉澱著最風雅的俗世浮華，簇擁著難以揮去的春夢闌珊。

▌古樸、時髦、美雋的「鳥語」

初到廣州的北方朋友，最銘心的感受就是語言不通，似乎掉進了「番邦」，周圍講的全是南蠻「鳥語」，真懷疑這裡是不是中國地盤，至少在文化心理上是否存在游離因素？這是三十多年前的情景。現在只有在農貿市場才能找到這種表面的感覺了。不過，當你慢慢聽懂了這詰舌拗口的廣州方言，你的認知就會徹底顛倒過來，所謂「鳥語」不但蘊涵著深厚的中原古韻，而且包含了博大的開放精神，這才是延續五千年不衰的真正的中華文化特徵所在。

廣州方言又稱粵語、粵方言、白話和廣府話，是古南越族語言與古

漢語言混糅後形成的一支獨特的地方語言，為現代漢語方言的七大方言之一。廣州市區的方言，是所有操廣州方言區（廣東、廣西一部分、香港、澳門等）的標準語，它的語音、詞彙和語法，成為規範各地方言的準繩。但隨著歷史發展，廣州方言的成分變得更加複雜，既有古越族、南方少數民族和古漢語的基本成分，又夾雜著相當成分的客方言、閩方言、湘楚方言、贛方言，同時還有相當數量的現代漢語，英語和東南亞語也雜糅其中。概括起來最突出的是三大特點：

第一，文雅古樸。粵語對古漢語的執著繼承精神令人感動，仔細咀嚼，彷彿回到了唐代甚至春秋戰國以前。比如在商店常聽到「俾樽水我」（給我一瓶礦泉水）。說「一樽」，而從不說「一瓶」。諸如此類的古老字詞非常之多，如：說「一盅」菜，而不說「一碗（一盤）」菜；一籃東西說成「一篸嘢」；「乾杯」說成「飲勝」；說「影相」不說「照相」；說「朝早」不說「早上」；說「晏晝」不說「中午」；「昨天」說成「琴日」；「明天」說成「聽日」；「罵人」說成「說粗口」；「誰做主」說成「誰話事」；「小氣」說成「孤寒」；「餓」說成「飢」；「吃」說成「食」等等。

還有許多詞素前後位置不同於現代漢語，如：歡喜（喜歡）、緊要（要緊）、雞公（公雞）、宵夜（夜宵）、行先（先行）、齊整（整齊）、擠擁（擁擠）。

在文法結構上賓語前置、名詞動用的古漢語現象也特別多，如：「俾樽水我」就把賓語「一瓶水」前置了。「話你知」（告訴你），在粵語中沒有「說」這個動詞，只有「話」字動用，再比如「話事」（行使權利）。

第二，洋為中用。粵語的開放、包容、吸納新潮的態度又是令人驚異的。得風氣之先的廣州，面對外來語言並不排斥，而是拿來為我所用。最典型的是對西歐語言的吸收。如：「冇非絲」（丟臉）就是由英語

「face」音譯轉化而來。「買菲」（買票）也是從英語「office」轉幾個彎而成的。其他還有如：「咕哩」（搬運工的蔑稱）來源於coolie；「呔」（領帶）來源於 tie；「士多」（小商店）源於 store；「波」（球）源於 ball；「士擔」（郵票）源於 stamp；「派司」（證件、通行證）、「帕斯」（傳遞）源於 pass；「的士」（計程車）源於 taxi；「蛋撻」（露餡的甜點心）源於 tart；「茶煲」（婆婆媽媽）是英語 trouble 音譯後又引申而來；「卡士」（層次、格調）由英語 class 音譯而來；「妾」（賤）由英語 cheap 音譯而來；「襖」（不入流、不在圈中、不識時尚）源於英語 out 的音譯；「冷」（毛線）來自法語 laine 等等。這些經過全音譯或半音半意譯的外語音譯詞，夾雜在廣州話中多為一些日常用品的名稱，這主要是過去許多進口物品在中國尚未有通用譯名所致。

第三，惜言如金。許多詞語在普通話中是雙音節的在廣州話中則縮為單音節。如：明（明白）、塵（灰塵）、眼（眼睛）、嚇（嚇唬）、相（相片）、睬（理睬）、蟻（螞蟻）、蟹（螃蟹）、嘢（東西、事情），一些內容很多的表達則縮成極簡略的詞句，如「唔該」就是粵語中最有用，含義頗廣的一個詞，當別人對你予以方便或幫助你做事、指教你不懂的問題，例如指路、借東西、讓座等等，你就得應該禮貌地對別人說「唔該」。唔該可以表示事後的謝謝，也可以表示事前的請求，還可以表示歉意的不應該等等。單從字義上來解釋，「唔該」就是「不應該」的意思，外地人也許會覺得納悶，人家為你提供方便，為什麼還說不應該呢？其實這個「不應該」是指本人的不應該，意思就是說：「我真不應該麻煩你……」真是簡練、精僻。

此外，廣州方言還很幽默、形象。有許多獨創的詞語，既不是古越族語和其他少數民族語彙的遺存，也不是古代地方語和外來詞。如：賣

豬仔（被人出賣、轉手）、拍拖（談戀愛）、講耶穌（嘮叨，講空泛的大道理）、車大砲（講大話，吹牛）、講大話（撒謊）、番客（華僑）、鬼佬（洋人）、流嘢（贋品、水貨）、沙塵（喜歡表現自己）、扮嘢（矯揉造作）、縮骨（極端個人主義）、勿咭（講悄悄話）、巴陛（厲害）、擺款（擺架子）、豆泥（不怎麼樣）、幾拉幾（最佳搭配）、哈突（不堪入目）等，巷閭間的俗語就更耐人咀嚼了：「雞奶甘大隻字都睇唔到？（跟母雞一樣大的字都看不見？）」、「掂過碌庶〔比甘庶還直（形容事情順利）〕」、「阿媽都唔認得〔媽媽也認不出來（指事情很糟糕）〕」、「鬼甘閒（像鬼一樣清閒）」、「筷瀉籮蟹〔傾倒一筐螃蟹（形容事情不可收拾）〕」，多幽默！多形象！多美雋！真是絕妙到無法形容。

　　語言民俗，是一大民俗事象，它最能展現濃厚的廣州地方文化特色。

▍開年飯最怕夾塊雞

　　舊時廣東商家在新年開市之際是有很多講究的，拜財神啦、撥啦算盤啦、派利市啦，等等，這一切都是老闆表演給人們看的花樣。作為員工在這一連串的熱鬧場面中最關注的則是「開年飯」。這一頓飯，無論是大公司還是小商舖都是壓軸戲。員工們關注的倒不是這頓開年飯的豐盛與否，於他們來說者簡直就是一場「鴻門宴」。

　　這「鴻門宴」設在新年開市前的正月初二，宴席本身豐盛，並且特別講究意頭。首先要有魚，意味著「年年有餘」，還要有燒豬肉，寓意「紅皮赤壯」，髮菜和蠔豉也是必須要有的，因為諧音「發財好市」。至於一些配菜用料也盡選意頭好的，如粉絲、腐竹等，寓意著連綿不斷和

富足。當然,當家主菜雞更是絕對不能少的,因為廣東有「無雞不成宴」的說法。在開年飯中,這一盤雞更是老闆手上的表演工具,也是讓員工們最心驚肉跳的一道菜。

開宴時,老闆照例會紅光滿面地說一通祝賀新年和感激員工的光面話,聽得員工們心理直打鼓。接著,老闆話鋒一轉,臉色也由晴轉陰,一副苦相地感嘆如今生意難做,去年又虧了多少多少血本。說到沉重處幾乎聲淚俱下。最後,用顫抖的手親自夾起一塊雞肉送到某員工的碗中,無奈地說聲「對不住啊,請另某高就。」同時封上一包利市,就算是宣布解僱該員工了。所以,員工們叫這塊雞肉為「無情雞」,最怕在「開年飯」上落到自己的碗中。

現在各公司、商舖的「開年飯」通常設在初八至初十這幾天。「無情雞」解僱員工的作法早已被政府勒令取消了。「開年飯」純粹成了一頓開心的新年聚餐,是公司聚合人氣的一種活動。但長期形成的習俗在人們心中一時難以忘懷,或者沉澱為一種鄉俗文化被人們忌諱著。所以,領導者或老闆在「開年飯」上可不要輕易夾雞塊給員工哦!

通靈寶玉的「意頭」

廣東人很包容,也很能接受新事物,但廣東人講「意頭」在中國也是無出其右的了。時時講,事事講,其痴迷近於迷信,難怪外省人常說廣東人「迷信」。其實,走近廣東人,會發現「意頭」有點好玩。

意頭,意頭,生意上的兆頭。做生意經商,是受經濟規律支配的,什麼叫經濟規律,小老百姓搞不懂,只是感到生意背後有一無形的大手在發威,就像天上神靈一樣。說到神靈,老百姓就明白了,幾千年的

「天人感應」思想潛移默化，人人都知道天施好惡於人是有徵兆的，套在商場上，就有了「意頭」之說。這本來是種玄虛的東西，但到了廣東人口裡成了口頭禪，更是通靈寶玉，又現實得很，似乎這「意頭」不是天的示兆，反而是人自己對未來的有心創造。於是廣東人的生活、言語、人際交往就多彩多姿起來。

去看朋友，或者拜訪必須拜訪的大人物，只要帶上 8 顆蘋果就可以。接待你的人都會欣然笑納，送「禮」的人輕鬆愉快，為什麼？就是「意頭」好。「蘋果」意味著闔家平安，8 顆之數，「8」就是「發」，平安發財，這是廣東人求之不得的。而區區 8 顆蘋果，就是上綱上線到「行賄受賄」，也沒有了罪惡感，只是表達一種美好的祝願。可見「意頭」神奇的化腐能力。

「意頭」的全部玄機其實就是一個：諧音。透過諧音來解讀生活世事的百般奧妙，自己造神似地把自己帶進宗教般的熱情之中。比如，數字諧音形成的意頭就把人們推向了一種數字崇拜。「3」用粵語讀音是「生」；「4」是「死」；「6」是「流」，流者順也；「7」是「差」；「8」是「發」。幾個阿拉伯數字再一組合，就更神了：「23」是「易生」；「28」是「易發」；「99」是「長長久久」，如此等等放到現實生活中就值老鼻子錢了。門牌號碼、電話號碼、車牌號碼等無形資產都成了有形資本。開始還是拿三個連著的「8」來拍賣，可以賣出個幾萬、十幾萬，進而凡是有一個「8」的尾數號碼都可以拍賣，什麼「998」、「898」、「138」都是搶手的靚號。再到後來，連「23」、「56」等好意頭的數字都能賣大價錢了。

生意人講意頭，他們更能揣摩顧客喜歡意頭的心理，大打「意頭」牌。如在餐廳訂年飯，沒有魚是不成席的，因為要圖個「年年有餘」。而

「髮菜悶豬腳」是極受歡迎的，認為「發財就手」啊。婚宴上一道「蓮子百合糖水」是不可或缺的，因為要祝福新郎、新娘「百年好合」。廣東人喜歡花，這大概是愛屋及烏，花者發也。於是年年除夕有熱鬧非凡的花市。2007 年春節，一個著名主題公園的老闆別出心裁，在公園中心巨大的觀音菩薩塑像周圍，這個本來擺鮮花的區域擺滿了一盆盆花錢少的生菜，綠油油的一片倒也生機盎然，來遊園的、拜佛的人們無不為之眼睛一亮。其結果可以套一句唐詩：「莫怪李園憔悴去，滿城多少插花人」，虔誠的善女信男們再也按捺不住好「意頭」的誘惑，把生菜拔去無數！公園老總一邊在忙著指揮員工補栽，一邊樂呵呵地說：我估到的，我猜想到的啦！

意頭，給廣東人的生活平添了不少好玩的色彩。

禮儀古仔多忌諱

講「意頭」是廣東人的愛好，是對美好事物的追求，然而生活不總是陽光一片，不好的事情也時有出現，對此，人們是惟恐避之不及。於是「忌諱」與「意頭」就成了廣東人手上硬幣的兩面。

忌諱大致可分為語言和行為兩個方面。比如「8」在廣東習俗中就是個中看不中說的，在講「意頭」時，人人都想要，但如果有人說某某「8」，這位某某就立刻跳起來：「閘住你把口，你先八（閉嘴，你才八卦）」！因為在這裡「8」犯了「八卦」的忌諱。

進菜場買菜就更要注意了，買豬肝要說買「豬潤」，買豬舌頭叫買「豬利」，因為「肝」同「乾」，珠三角是水鄉，最忌諱乾枯；「舌」同「蝕」，小本生意可蝕不起，所以，聽到乾啊蝕啊的，一定沒好臉色給你。

在辦公室若好心請女同事吃草莓，一定得不到美眉的笑臉，反而得到的是：「衰歸你把口！乜霉霉聲啊（你真是烏鴉嘴，一說話就霉霉聲啊）」！她們認為「莓」等於「倒霉」。所以，草莓被許多廣東人稱作「士多啤梨」，一個怪怪的洋名字。（編按：現主要為香港習慣）

在宴席上更不能問人：「你吃完啦？」而應該問「您吃好啦？」，廣東人認為人的一生所食是有定數的，吃完了，就意味著這一輩子完結了。招呼服務員添飯叫「上飯」，不能叫「要飯」。吃完飯後也不要說「好飽啊！」、「撐死啦！」之類的話，因為老人們會斥責「呻飢莫呻飽！」請客吃飯，千萬不要只上七道菜，上七道菜叫「食七」，是辦喪事的規格。給客人盛飯，不要將筷子直插在飯上，那叫「倒頭飯」，死了人才那樣做的。上菜時，要把魚腹對著主客，以示善意，因為春秋時有傳說借獻魚行刺吳王僚的典故。食魚時還不能翻動魚身，即便要翻身，得先說「順一下」。廣東人還特別忌諱吃飯時用筷子敲打碗盆，認為那是叫花子（乞丐）行為，或者是整蠱的做法。用碟子吃飯也是犯忌的，認為這樣的人會「小氣」，容易流眼淚。至於上菜時要將雞頭對著長者，用餐時筷子不隨便橫放等，則是一種禮儀，雖不屬禁忌，但也要注意。

到高層辦公大樓找人，如果恰好是在 4 樓，那麼電梯裡也許找不到這個「4」樓，因為廣東人忌諱「4」（死），不過不要緊，你可以按「M」鍵，就能到達 4 樓。

在廣東，忌諱的東西還真不少，諸如：結婚不能送鐘（送終）；對商場上的朋友不能送書（輸）；喬遷之喜不能送刀（一刀兩斷）。

趨吉避凶，人之常情，只不過廣東人玩得更認真一些。入鄉隨俗，到南粵大地，不懂一點還真不行。

麻石小巷、木屐聲聲

早些年在廣東旅遊，如果住在古老小城鎮的客棧，或住在廣州西關老街，早晚人靜時分，你或許會被一陣清脆的「踢躂、踢躂⋯⋯」聲驚起好奇之心。聲音透過清新溼潤的空氣，由遠而近。推窗循聲望去，卻是幾位婀娜少女正順著麻石小巷款款而行，那「踢躂」之聲正是她們腳下木屐的傑作。令人陶醉的音樂般的節奏，正像靚女的心情，執著而有韻律。擦肩而過，融入了莞爾一笑的「踢躂」聲，由近而遠，消失在麻石小巷的盡頭，消失在時間隧道的那邊。

人們不禁會想：當年西關小姐在曲徑幽長的麻石街款款踱行時，是怎樣一種搖曳生姿的儀態呢？當她們拖跎的木屐敲擊著青石板，發出的又是怎樣一種清脆悅耳的聲音呢？在行走中，她們水袖飄袂，環珮叮咚，是怎樣的一種風韻呢？也許在一個春雨迷離的早晨，也許在一個菊黃蟹紅的下午，與她們邂逅相逢又有些怎樣的故事？是怎樣撩撥人心的風情呢？她們的倩笑留在哪一段的黃昏？然而，歲月逝者如斯，冉冉推演出的卻是一個轉身而去、背景模糊的年代。想著這一種曼妙幽深的情愫，尋思那一段舊夢，思緒跟蹤著這踢躂的木屐聲聲，定格在某些老去的日子，讓人們深深地懷念。

木屐，南國風情的一枚原始符號，承載了廣東人多少昔日情懷。直到20多年前，木屐還是廣東最喜愛的大眾鞋。廣東人穿木屐，與歷史有關，也與環境有關。早在魏晉南北朝時期，中原人就普遍穿各種木屐，隨著客家人南遷廣東，也帶來了穿木屐的習俗。唐宋以後潮汕人民在辦理婚、喪事宜上也與木屐連繫起來。例如：女兒出嫁除送妝盒外還有伴嫁鞋屐的習俗。但伴嫁木屐必定要塗上鮮豔的顏色。繪上鴛鴦戲水、並

蒂蓮花、仙姬送子等畫面，以祈夫妻恩愛、早得貴子之心願。在辦理喪事時，等到做完七七、三旬、百日，女兒、女婿、孫女、孫婿脫孝之日，當事人必定要辦妥每份兩對有頭有尾的甘蔗，兩對紅花、四袋種子、兩雙木屐（木屐頭尾塗上紅色）和兩塊布料，作為對女兒、女婿、孫女、孫婿拜祭的回禮，以表示富貴長青、興旺發達、子孫滿堂之意。

廣東多雨潮溼，木屐透氣乾爽，鞋底高低隨心所欲，因之得到發揚光大，並適應本地水土，推陳出新形成了有嶺南特色的木屐。即大多只有前幫而無後幫，結構簡潔，以求最大限度地散熱和穿著方便。哪怕是西關千金小姐，也是素腳跂屐，搖曳過市，木屐跟擊打在青石巷、麻石街，造成聲聲入耳的效果。

嶺南木屐雖然結構簡單，但人們愛美的心情仍是躍然其中。木屐分童裝、男裝、女裝；按用料不同又分光身屐、油花屐、局漆屐、棕屐等花式。特別是女裝木屐，有平底、有高底、還有高跟之分。用做製鞋幫的屐皮也有不同材料、不同顏色的講究。

在廣東，木屐的購買過程也很具特色，粵人經商，歷來把顧客看做是「幫忖」自己，所以，商家也很為顧客著想，盡量滿足顧客的要求。買木屐時可以即時現做，顧客根據自己的喜好，挑好木屐板和木屐皮，提出要求後交給木屐店店員，店員會將顧客的腳在材料上比劃一下，然後拿起小錘和特製的三稜釘，劈里啪啦三下五除二就給釘好了，再用草繩將木屐捆好交到顧客手上。整個過程動作如行雲流水，很具藝術感。顧客接木屐後準備掏錢，店員就會向櫃檯大聲唱道：「見數元分」，收銀人員立即應聲：「盛惠二角八分」。包含了對顧客的深深感謝。買賣雖小，但雙方心裡都極舒坦。

後來，塑膠拖鞋橫空出世，加上人們生活節奏越來越快，悠閒情調

的木屐聲漸漸消失在喧囂之中。如今想要一睹木屐芳影，只有在旅遊紀念品小攤位上去尋覓，但那已經是工藝品了。人們也不可能聆聽得到麻石小巷昔日西關小姐們叩響的陣陣木屐聲。

下九路聞香識韻

時至今日，凡到廣州的人，有兩條街朋友是必定會介紹你去逛的。一是北京路，二是上下九，兩條都是商業街。北京路，名字新，但在繁華中它有著宋、明古城遺址可瞻。上下九，名字舊俗，但在歲月流痕中它有著近代的時尚可尋。這裡不妨截取上下九路歷史的一個鏡頭：

抗戰勝利後，廣州經濟恢復很快，商業一派繁榮，經過生死戰亂後的人們也更珍惜生活、更會享受生活。上下九商業街幾乎成了當時引領時尚生活的伸展臺，特別是地處西關的下九路，什麼時髦玩意、新生活道具都會在這裡展示。這裡也就成了西關小姐經常光顧的地方，從而惹出一段「去下九路聞香水」的「校園時俗」。

西關小姐因為家境富裕，條件優越，又受過教育，所以很會打扮自己，她們一般都會在有品位的固定的髮廊做頭髮，用固定的香水，穿固定裁縫所做的衣服，特別在使用化妝品方面，很講究「品牌」。當時西關下九路繁華商業街就雲集了五六間香水鋪、香粉莊，其中，以七日香香水店、廣生行雙妹花露水及金鳳粉莊最為出名。都是西關小姐常出常進的地方。七日香店鋪的老闆，為了招徠顧客，還在店門上方設置噴霧器，時不時向兩邊噴出香霧，令滿街滿巷充溢著七日香獨特的清香，整條商業街充溢著令人心曠神怡的氣息。這一招，不僅吸引了西關小姐，連鎖效應下更多的遊人也紛至沓來。就連當時在河南南武中學、嶺南大

學等貴族學校的學生哥，一到週末，都會興致勃勃地呼朋喚友坐渡船過河北：「去下九路聞香水囉！」

學生哥聞香水，醉翁之意不在酒。常言道，聞香識女人，什麼樣的女人用什麼的香水。所以，使用香水的品類也成了鑑別女人雅俗品味的一個方面。這些學生哥實際是去欣賞西關小姐的韻味。在當年青年學子的眼裡，西關小姐麗質天生，美麗雅緻，氣質高貴，打扮入時，大多喜歡穿無袖旗袍，露出一截玉潤的白手臂。她們出入於有名的香水、香粉店，也出入於下九路林立的綢緞莊買衣料，量身定做各款顯露身材曲線美的貼身衣服。她們上街，大多有黃包車接送，也有開私家車的，有貼身丫環跟著，花團錦簇，貴氣迫人。學生哥不能近距離親密接觸，只能從她們身上散發的香氣判斷所用香水的不同，從而鑑別雅俗品味，往往在夜話時作為高談闊論、英雄惜美的「論據」。

如今的下九路，香氣依然，但西關小姐風景不再。只有老字號店鋪那半磨沙半通透的彩色玻璃滿州窗，忠實地記錄了西關小姐們來來往往的倩影。透過朦朧讓人憑空多了一種遐思，一種懷想，在這裡似乎仍舊繚繞瀰漫著西關小姐的餘香舊影，仍舊能夠聽到學生哥「去下九路聞香水囉」的呼聲。

▌ 一年過了兩個年

「恨雞不長四條腿，怨鱉無有兩裙邊。四時八節三餐酒，一年過它兩個年。」這是明代一個酒肉和尚寫的打油詩，在他看來，過年是一個飽口福的美好日子，一年過兩次，可想不可及。然而，在粵西大部分農村卻一直保持著一個獨特的、與過年同等隆重的傳統習俗 —— 「年例」。

「年例」，就是一年的慣例。它的原始意義應該是紀念祖先遷徙落腳的日子，在祭祀祖先的同時祭祀保佑先民及後人能安居樂業、繁衍子孫的社稷神和各路神仙，包括關公、冼太夫人等等，以祈禱風調雨順、百業興旺、國泰民安。後來將元宵、廟會等節慶內容都柔和到一起，就特別隆重。

辦「年例」的時間一般是在正月初二到二月底的某一天，多數在元宵夜前後。各村的「年例」日期是不同的，今天是張村，明天是李村，後天是王村，這也許與各村祖先遷徙落腳的日子有關，於是節日的沸騰像海浪一樣在粵西大地轉動。

到了「年例」日，村頭巷口就要紮起牌樓，家家戶戶張燈結綵，村子裡的祠堂祖廟煙火繚繞，鄉間小道上也插滿了飄動的彩旗。中午良辰吉時，由每家每戶抽出的男丁就將八方的菩薩抬請出來，置於場地上讓全村男女老少來祭拜。祭臺上是豐盛的祭品和香火。在肅穆的祭拜之後，是精采的醒獅舞龍活動，也是最激動人心的時刻。龍獅個個彩色鮮豔，動作瀟灑、激昂、活潑、幽默，跳梅花椿、耍八仙過海，技絕驚世，惹得圍觀的人群陣陣喝采，大人小孩都將錢拋向場內地上，獅子和龍就以各種逗人的舞姿撿起這些「利市」。在祭祀場地舞罷規定動作後，醒獅隊和龍隊又會遊走於村中各門戶，一群孩子跟隨後面吆喝吶喊助興。場上的人們則將「吃飽喝足」的菩薩們請回原位。這算告一段落了，人們紛紛散去，回家殺雞宰鴨，設盛宴招待來訪的親戚朋友。

「年例」是家中人氣最旺的日子，外出的親人，過年可以不回家，但「年例」時一定要趕回家團圓的。就連鄉村來看熱鬧助興的人，只要登門，也是客人，主人一樣以盛宴款待，人來的越多，主人家就越喜歡。人們在席上或傾訴離別重逢的喜悅，或高談闊論展望未來的美好，越熱鬧，主人就越感覺體面。為了這一天的宴席，無論是窮家富戶，都是傾

其囊而為之。有的是花費了家人一年的積蓄，有的是不惜借錢覓貸。總之，是為了一個體面，為了不讓村裡人嘲笑。故有人說「粵西是全體人民吃『年例』」，也有說這是一種鋪張浪費。但當地村民不這樣認為，覺得這是他們對親朋好友的深情厚意，也是對新一年豐足的祈盼。

豐盛的宴席後，人們又聚集到村子場地上觀看由村裡請來的戲團隊的表演，有粵劇，有雜技，現在還興放電影。這一天真的比過年還熱鬧，還充實。

正因為這樣，有些地方一年還有兩個「年例」的。即「婆婆年例」和「媳婦年例」。傳說有一戶人家，婆婆辦「年例」這天，媳婦恰好回娘家去了，回來才知道，自己沒吃上「年例」，不高興了。公公婆婆為了安撫媳婦，又專門為她辦了一次「年例」。不知怎麼就形成了慣例，這就是「媳婦年例」，一般放在八月舉行。這也反映了粵西人對婦女的尊重。

告別童年「出花園」

在廣東潮汕地區，傳統概念認為，童年是人生最美好的黃金時代，生活在父母長輩的呵護之下，無憂無慮，就像生活在花園之中。這與西方基督文化中將人類童年生活描繪在「伊甸園」有異曲同工之處。不同的是基督教文化認為人類最終是因為犯「原罪」被逐出伊甸樂園的，潮汕人的「出花園」卻是一種積極的覺醒。

「十五成丁，十六成人」，這是潮汕人普遍的觀念，所以，當孩子長到 15 歲，就意味著已經長大成人了，就要離開童年美好的花園。這個過程需要一個儀式來表示，於是就有了「出花園」的鄉俗。按現在的說法，叫舉行成人禮。

「出花園」儀式的具體做法，在潮汕各地也略有差異，但大致上有如下內容：

首先要求神問卜，將要「出花園」的孩子的生辰八字給八字先生，掐算有沒有衝撞、忌諱，選定好黃道吉日。同時還得知出「出花園」的孩子應該穿什麼衣服，什麼顏色，新的還是舊的。這些確定後，家長就忙於準備了。

接著是儀式的進行。這天，「出花園」的孩子早上4點鐘就起床，要用12種鮮花泡的水給他沐浴，寓意著告別了花園。然後換上「新衣」，無論是男孩還是女孩（有些地方不給女孩舉行「出花園」儀式）都要穿上紅鞋子、紅肚兜，肚兜裡裝上「順治銅錢」和桂圓。裝束好了後，就去拜祖先，告訴祖先家中又一員長大成人了，祈求祖先給予保佑。給祖先上的祭祀品，如果是男孩「出花園」，就用鴨或公雞，象徵朝氣蓬勃；如果是女孩「出花園」，則用母雞，祈求能多子多福。

「出花園」祭拜儀式後，這孩子就算是成人了，在這一天開始享受成人的尊重與待遇，也受到成人的禮節約束。比如說，這天得整天待在家裡不能外出，也不能打破任何東西。當然，也不能受到責備打罵。親朋好友會來祝賀，家裡設宴款待。宴席中，「出花園」的孩子第一次坐上了首席位，象徵著他已成為家中的棟梁，給孩子增添了一份對家庭的責任感。孩子成了主角，席間每上一道菜都得由主角先吃過，其他人才能起筷。這給了孩子一份自信心和自豪感。當然，宴席中，孩子必須吃豬腸、豬肚，寓意著「換腸肚」，由孩子腸肚換成了大人的腸肚，也就是有了大人的大肚量，能承受、容納下成人生活的艱辛、坎坷與歡喜、收穫。

總之，「出花園」後，前面的路得自己走好了。

██「賣懶」童心天真

廣東人不懶，因為他們從小就將「懶」給「賣」掉了。俗話說：人看從小，馬看蹄早。廣東人善經商，也會耕作，這些都需要勤勞吃苦，所以，他們注意培養勤勞的品格，並從娃娃抓起。展現在鄉俗中就是除夕「賣懶」。

與其他地方的孩子不一樣，每當豐盛的除夕年夜飯後，珠三角地方的孩子們不是依偎在媽媽的身邊「聽聽那過去的故事」，而是都走出家門，來到大街小巷，他們穿著新衣服，跟著新木屐，一手拿著染成紅色的雞蛋或有芽的小芋頭，一手拿著一炷香或燈籠、蠟燭。朝氣蓬勃地呼朋喚友，待聚集到一群人馬時，他們就邊走邊唱「賣懶」歌：

賣懶去，等僑來，
今夜人人來賣懶，
明朝早早拜新年。
拜了新年嘗大吉，
嘗了大吉嘗銀子！
賣懶去，賣懶歸，
賣掉懶崽過新年，
食過年飯好種田！
賣懶仔，賣懶兒，
買得早，賣俾（給）廣西王大嫂，
賣得遲，賣俾廣西王大姨。
賣懶，賣懶，

賣到年卅晚，

人懶，我不懶！

賣狗虱，賣木虱，

賣到年初一。

⋯⋯

　　稚嫩的歌聲與踢躂、踢躂的木屐聲匯成特別動聽的童謠鄉音，路遇大人們讚許的目光，賣懶歌就唱得越發起勁。繞幾圈後，孩子們來到井邊，將香插在井沿上，然後吃掉手中的雞蛋或小芋頭。像蝨子一樣的懶蟲在這開心的玩耍中也就被賣掉了，也在孩子心中無形地建立起在新的一年裡爭當一個乖巧、勤快的好孩子的意識。

女人狂舞，男人袖手

　　舞獅耍龍，展現著一種高昂激烈的陽剛之美，同時也是個體力型工作，歷來被視為男人的專利。近代以來，婦女翻身了，於是也有「鐵姑娘」移風易俗，參加舞獅耍龍的，但終究被看做是非同一般的新鮮事。然而，在粵北佛岡縣的深山老林幾百年來卻一直保持著一個奇特的鄉俗，即正月初一到元宵，是由婦女們擔當起舞獅狂歡的主力，男人則不能參加，只能袖手旁觀。

　　這些婦女舞的「獅子」不是通常人們所見的「南獅」、「北獅」，而是獨具風格的「被獅」。每當活動開始時，村子裡新婚和新添丁的人家就會自覺抱來一捆捆柴草，成排放在坪地上，所有生過孩子的女人都要拿出最漂亮的被子，婆媳合作，婆婆在前，媳婦在後，兩人頂著花面被子做

「獅子」舞起來，這就是當地所稱的舞「被獅」，講究一點的還配上一個獅子頭。舞者先是在坪裡圍繞著燃燒的柴草轉圈舞之蹈之，進場的被獅越來越多，它們首尾相接，成一個大圓圈繞著火堆轉。接著，婦女們在熱烈的鑼鼓聲中，手執棍棒進行武術表演。或單打、或對打、或群打。活動在觀眾們的歡呼聲中推向一個又一個高潮。在整個活動中，男人們儘管手癢癢的，但也只有當啦啦隊的份。

婦女被獅隊有時會到鄰村或鎮上表演，這時被獅隊氣昂昂的走在前面，後面跟著長長的火把隊，一邊吶喊一邊行進，威風凜凜。引來路人豔羨與欽佩的目光。這是當地婦女最出人頭地的日子，也是她們的狂歡節。

有學者認為，這種罕見的「舞被獅」鄉俗表現出對生命的熱烈歌頌，和對女性自由一定程度的尊重，是一種極具研究價值的民俗學樣本。

風情廣東

　　這裡，作為中國文化的交融點，像一塊文化調色板，對各種文化相容並蓄，博採眾長，形成獨具多元文化的奇幻特色。這裡民風古雅，文化遺存豐富，它又像一個社會的萬花筒，展現著源遠流長的嶺南人獨特的生活風情，也展現著「百里不同風，十里不同俗」的豐富多采的民風民情。這裡有嶺南人的美好祈願、舞獅遊行、香染屋居、紅頭寄託……也有眾多的煩瑣儀式等民俗。還有那一片片俯身可拾的歲月心情。

正月初一借紅纓

潮汕方言中有許多饒有趣味的妙言俚語，比如「正月初一借紅纓」、「茶薄人情厚」、「放掉面桃去搶餅」等等。

在大家都需要使用時向別人借用某種東西，人們會說「正月初一借紅纓」。例如說：「者天時落雨落滴，人人著用雨遮，你正月初一借紅纓，去底塊借有。（這種天氣，雨滴滴答答地下個不停，人人都要用雨傘，你現在去跟人家借雨傘，豈不像正月初一向人家借紅纓一樣，哪裡借得到。）」這句方言是由當地的民俗而來。潮汕各地，從正月初一到元宵，都有規模不同的遊藝活動，最普遍的有遊神賽會、大鑼鼓遊行演出、標旗遊行、廣場戲和舞獅、舞龍、舞鰲魚、舞蜈蚣等等動物舞蹈。「紅纓」即是「紅纓槍」上的「紅纓」，參加化裝遊行者大都要用上。當鄉鄉里里都在遊行的時候，你去向人家借紅纓，當然是借不到的。因此便有了這個俗語。

潮仙人嗜喝功夫茶，有客來訪時，必燒水泡茶。主人請客人喝茶時，更常常會自謙一句：「茶薄人情厚。」「茶薄人情厚」的意思是茶雖淡而情意深，既展現了潮汕人的熱情好客，也反映了他們喝功夫茶的風俗。傳說清朝時有一富家子弟，一生痴茶，常以重金購買名茶，曾以一千兩銀子購一兩武夷岩茶。此紈褲子弟因茶而破家，最後只帶著泡茶品茶的本領和一個積滿茶垢的小茶壺到處流浪。

一日，流浪到一權貴人家，想進去要點飯吃，並討一些開水泡茶喝。主人給了他點剩飯，便打發他走了。他想要開水泡茶，主人差點沒把牙笑掉：「連飯都吃不飽，還想喝茶？」但一看他的小茶壺，倒是真正的宜興名產，便想給他點錢，買下他的壺。但這破落子弟視壺如命，

哪裡肯賣？於是他帶著茶壺繼續流浪。有一天，他來到一個鄉村的「閒間」，見有幾位上了年紀的農民，一面沖泡著功夫茶，一邊聊天談笑，倒也悠閒自得。大家見有陌生人到來，連忙讓坐，泡茶待客。這破落子弟自從破家流浪在外，還沒受到這樣的禮遇，頓受感動，他看那泡出的茶便知道是劣等的「老爺茶」。主人連聲說不好意思，茶已泡過多遍，但沒錢再買茶了。破落子弟連忙說：「不要緊，不要緊，茶薄人情厚。」說完，他拿出自己的茶壺，只用剛燒開的水一泡，便沖出來請大家品嘗，只聞茶香撲鼻，從來也沒喝過這麼好的茶。大家知其必是特殊人物，便把他留下來了。村民們又各自湊些零錢，把「閒間」改為茶店，請他當「沖茶師父」。這破落子弟感於鄉民的熱情，便真的留了下來，並在茶店的門口題了一塊廣告招牌，上書：「茶薄人情厚」。

冬至當做小年過

　　冬至，潮汕人稱為冬節。潮人把冬至當小年過，潮諺曰：「吃過冬節圓，就算大一年（歲）。」古人認為，冬至日是陰陽日月萬物之始，故有履長之賀。所以古人常在這一天開展重要活動。比如在春分、秋分、夏至、冬至登觀天臺觀天象，並將所見天象刻在簡策上，以附會一年的人事吉凶。

　　潮汕一帶，冬節前，家家產戶都要舂糯米，做糯米湯圓。到冬節前一天，吃過晚飯，家中主婦就張羅把一個大笸蘿擺在矮凳上，把糯米粉末揉成糰。然後，一家大小圍坐四周做冬至圓。有些人故意搓一些大小參差不齊的，這叫「父子公孫」圓，象徵歲暮之際，一家人圓圓滿滿。冬至日天亮之前，主婦用紅糖煮熟「冬至圓」，先盛碗內祭拜祖先及司命

帝君。眾人起床後，也都要先吃上一碗冬至圓，這樣才算添了一歲。如果有家人外出不歸，一定要為他留下一些糯米粉，待其歸家時，做一碗湯圓給他吃。

除了人吃冬節圓外，人們還用以餵牛。如果牛不吃時，要想方設法用甘蔗葉包住哄牠吃。此外，還得在牛的前額、雙角、脊背、尾巴貼上圓，讓牠跟主人添壽添福。這一天，人們也要在家裡的門環、牛欄、豬圈等處貼上冬節圓，灶頭上也要放五、七顆冬節圓。

這個民俗來源還有一個淒涼的傳說：有一年冬至，閩南來了三個衣衫襤褸的逃荒者。飢寒交迫，老婦餓死了，只剩下父女兩個人。父親向人家討了一碗冬節圓給女兒吃，但女兒卻堅決不吃，要讓父親吃。推來讓去後父親流淚說：「女兒，為父不能養活妳，眼看妳忍飢受餓，不如在這裡擇一人家嫁了，圖一口之食。」女兒也就含淚答應，兩人分食了一碗冬至圓後便分開了。後來，女兒嫁了一個好人家，日子好過一點了，但她天天思念父親。到了冬節時候，更是憂傷萬分。她的丈夫問起原因，妻子就將詳情告知。後來夫妻倆想了一個方法，在大門環上貼了兩顆大大的冬至圓，心裡想：父親若看到，定會觸景生情。這樣，年復一年，這習俗終於沿襲下來。

冬節吃「圓」，可能源於吃「餛飩」。古文獻云：「冬節日祖以羹飯之外，以細肉餡包角兒奉獻。諺語謂『冬至餛飩夏至麵』。」潮汕人不在元宵吃湯圓，而在冬節吃，可能與古代冬至吃餛飩有關。《燕京歲時記》云：「夫餛飩之形，有如雞卵，頗似天地渾沌之象，故於冬至日食之。」今潮汕人所吃的有餡湯圓便類此說。

也有人用冬節圓來占卜生男或生女。如果這一年有人家娶新媳婦，那麼在天亮時祭拜完井神之後，投進一顆湯圓。然後讓新媳婦急忙打

水，如果能夠將這湯圓打上來，那麼則預兆生男。有人則將放在篩裡的湯圓每次取出兩顆，一直取到最後如果剩下一顆，則預兆生男孩。

春節羊城醒獅忙

廣州人過春節必不可少的一項傳統活動就是舞獅子。舞獅，廣州俗稱「舞醒獅」，是以武術功法為基礎，又以「舞」為形式的獨特民間藝術舞獅。由兩人合作，首尾配合，舞動一頭四不像「獅子」，前有「大頭佛」逗引，配以象徵獅吼和風雷之聲的大鼓、厚鑼、響鈸，隨著樂聲起伏，把「獅子」從酣睡到奮起的神態舉止、喜怒哀樂表現得淋漓盡致。每逢佳節喜慶，迎春賽會，開張慶典，人們必敲鑼打鼓，舞獅助興。

廣州舞「醒獅」活動起源於明朝末年，初為表現武術館的尚武精神。清朝中葉，已廣泛流行於兩廣地區，並傳至南洋、北美和華僑華人聚居的地方。廣州三元里、泮塘的「獅子」尤具特色。時逢節日，舞獅遊行，共慶豐收，亦互為勉勵。若遇「獅子」臨門，視為「驅除邪惡、光耀門庭、大吉大利」之事，紛以彩禮答謝。其實，獅子有「北獅」和「南獅」之分。「北獅」重形，廣州民間的「南獅」重「意」，講究橋馬，善於抽象傳神。「南獅」造型套路甚多，酣睡、出洞、起勢、過三山、上樓臺、發獅威，無不神似；喜則歡而碎步，怒則氣沖牛鬥，哀則閉眼穩步，樂則躍而跨步。這是南獅重「意」的舞法。還有迎賓舞、跳龍門、疊彩、採青等各種形式。法不離碎步、馬步、弓步、虛步、行步、探步、插步、麒麟步，內外轉身擺腳等。

「舞獅」高潮在「採青」。人們把象徵「松柏常青、身壯力健」的「青葉彩禮」（通常是一棵連根的生菜，菜中紮有一封利是）高高掛起

或放置於盛盤之中，「獅子」從探青、驚青、食青、吐青按套路表演。「採青」有地青、高青之別，花款有水青、橋青、蟹青、陣門青、七星伴月、九指連環等名式。「採青」時視「青」的高度，少則兩三人「疊羅漢」踏肩而上，多則數十人肩托圓盤至五六重，摘取彩禮。舞獅者必須順利地一次採到「青」，並將「青」食下，然後再把「青」吐出來拋給主人，主人接「青」以後，表示接到福了，無比高興。

廣州春節舞醒獅，還有一個美麗的傳說。相傳明朝初年，廣東出現了一頭肉翅虎，翅如蝙蝠，飛而食邪心人肉，牠的皮可以辟百鬼百蠱。粵人迷信，凡能保家宅保平安的東西，都視為吉祥之物，因此，人們仿造此獸形象，在節日中舞動它，以告四方生靈，不要給黎民百姓帶來災難。後來人們考究其實，原來這稱之為肉翅虎的，是文殊菩薩的坐騎——獅子，因其鬣毛過肩，並且毛色與身體顏色相同，奔跑時鬣毛揚起如蝙蝠的緣故。

現在廣州的醒獅，頭上是有角的，這是一個非常獨特的造型，名為「獅子」，其實是一頭不像獅子，不像犀牛，不像麒麟，不像虎豹的「四不像」。這個「四不像」還有一個傳說，在明朝初年，有頭獨角怪獸出現在佛山，害人害物，人們不得安寧。後來有人想了個辦法，以獸治獸，做了一頭竹編紙糊的頭上也長獨角的獅子，並且敲鑼打鼓大放鞭炮，把怪獸嚇跑了，從此便把獨角獅子作為驅邪消災的吉祥物。

泰國帝廟出潮汕

在泰國曼谷、清邁一帶，有許多匾額書漢字的中國寺廟。其中有個「翁勇大帝廟」，這個帝廟在泰國有一百多處。

為什麼泰國會有如此多的中國寺廟？「翁勇大帝」又為何人呢？原來這位翁勇大帝是廣東潮汕人，明代有名的兵部尚書翁萬達。

翁萬達出生在汕頭，至今在潮汕地區，還有多處這位翁大帥的蹤跡。現在居住在汕頭市蓬洲的翁氏後裔仍然不少，蓬洲的翁氏家廟就懸掛著「大司馬家廟」的匾額。正中的「明德堂」高懸著翁萬達祖孫三代的畫像和嘉靖皇帝的欽賜封號匾。十里八鄉的翁氏後裔在每年的春秋節日，都要在這裡舉行隆重的祭祖儀式，傳播著一代歷史名人的事蹟和榮耀。想當年明軍與俺答軍對峙時，正是這位威震三關的兵馬大元帥主持修築了從大同到陝北一段的長城。現在山西三邊口外的長城，就是當年翁萬達主持修建的。

翁萬達一生，文武不擋，功勳卓著，卻偏偏遇上個中國歷史上有名的昏君明世宗嘉靖皇帝，和那位臭名昭著的首相嚴嵩。從汕頭到揭陽的公路旁，現在還立著嚴嵩為翁萬達之父翁梅齋墓所立的神道碑記。正因為有如此複雜的背景，翁萬達一生便被屢貶屢任。昏庸的皇帝完全拿他為禦敵的工具，敵來則任，敵退則棄。最後一次任命翁萬達為兵部尚書的詔書到達蓬洲翁家時，翁萬達已辭世五天了。

這位古代的中國官員，如今卻堂而皇之地成了泰國之神。這進程頗為蹊蹺，更為奇怪的是，當初在泰國將翁萬達奉為神的卻不是翁氏後裔，而是與翁萬達一起赴京中舉的陳氏的後裔。據說陳氏後裔帶了翁萬達的畫像到泰國闖地經商，一路發達，於是建廟奉祀，以圖永保萬福。廟門有對聯曰：

翁巡撫鎮守三關作中原名將
勇太師德揚四海為泰國福神

泰國新城啶叻地方民眾獻給這位「感天英勇大帝公」的題詞是：

英明無私，威赫南天

掃墓古雅說拜山

去惡字而呼為美字是中國人的修辭習慣，廣府人在這上頭更加講究。例如清明節掃墓，嶺北叫上墳，廣府人為了避開「墳」、「墓」二字，婉稱為「拜山」。把掃墓叫做「拜山」顯得更古雅，「山」字的古義之一便作「墳塋」解，如今風水師仍然稱墓地的座向為「山向」。土葬習俗中，靈柩送到墓地後，風水師須用羅盤定出山向挖好墓穴，擇吉時落葬，死者方能入土為安。

廣府人拜的「山」分兩種：一種是自父母上溯至祖宗三代之內的祖輩，叫「家山」，拜祭家山叫「家祭」；另一種是對宗族祖先的拜祭，叫「祭祖」。

清代廣府地區的小康人家拜山，準備雄雞一隻，豬肉一方，鮮魚一尾和茶酒若干等，孝子賢孫來到墓前，把墓道上的雜草除掉，把墳墓打掃乾淨，給墓旁的后土神上一炷香。然後在墳前宰雞，把雞血滴瀝在墓碑和冥幣上，把雞烹熟，與生肉、生魚放置盤中供於碑前，另斟茶酒各五杯陳列在三牲前面。一應物品布置好後，孝子賢孫三跪九叩，最後由家長朗誦祭文，誦畢把祭文與冥幣燒了，眾人離開前還要放一串鞭炮。

財力殷實的人家，還會請一名樂師在拜祭過程中站在一旁吹笛，在如泣如訴的背景音樂中緬懷先人。

祭祖的盛況遠勝於家祭，合族男丁浩浩蕩蕩，隊伍中趕著幾頭肥

豬，豬的數量按族人多寡而定。人們來到墳前把豬和雞（僅限一隻）宰了，把豬血與雞血調和灑遍列祖列宗的墓碑，然後把雞烹熟，和豬、魚一道供在墳前，拜祭儀式與家祭同。

祭祖的壓軸節目是「分胙」（音ㄗㄨㄛˋ，古代祭祀時供的肉），廣府人叫「太公分豬肉」。後來，廣府人祭祖不用活豬而用燒豬，因此「太公分豬肉」又生出一個新的版本叫「太公分燒肉」。由於用燒豬代替了活豬，祭祖時一隻雄雞的鮮血不敷應用，廣府人又變通為用硃砂調和蛋清或桐油重描碑文。這個習俗流傳至今，紅漆與燒乳豬、雞和魚一道成為拜山必備的物品。

花城無處不飛花

「花城無處不飛花」的千古名句，被視為對廣州花市年景的傳神描述。西關人家最鍾情的代表性習俗，就是豐富多彩的過大年和逛花街。老廣州的中心花市都設在漿欄路。每年的農曆 12 月 28 日開市後，一直到大年除夕深夜 12 點，或許延長到凌晨子夜一兩點才花意闌珊，香散萬戶。廣州的花市遷往太平路，再往後又各區設置大大小小例數不盡的花街燈海，香飄全城。年年歲末春初，在溼冷的冬寒陰雨或襲面朔風中，花市一開，年氣就旺騰火熱了。商街鬧巷轉眼間便掃盡了寒霧溼清，鋪遍了如海錦繡，花香彩濃，密密匝匝地綴滿青石板和商舖行，花棚桔攤毗連，浩浩蕩蕩，遊人如鯽，沐浴在香雪海中的歡歌笑語吆喝叫賣聲，飄漾在過大年的節慶氣氛裡，洋溢成一曲南粵民俗春姿風情的美豔絕唱。此時不分長幼男女，但見大人小孩成群結伴地湧上花街，喜氣洋洋，頓開笑口，痴迷熏醉地飽吸空中溼濃的香氳，挑挑選著鮮姿怒綻的

花枝旺葉、紅瘦綠肥，人人手上捏著，懷中抱著，風中舉著雲團擁簇、千姿百態的年桔、粉桃、臘梅、鮮花，金黃璀璨、撲面成雪地招搖、穿梭、款行於長長無盡的花街香海，那副陶然極樂的盛景恍如人間仙境，夢裡雲鄉。

花城人愛花，崇尚花卉的香染屋居，彩點門戶，也比其他地方的人們更為強烈。老廣州的平素凡日裡，各處街頭的每日上、下午亦都有賣花的攤子和挑花的擔子。那當中有貴有賤，有稀有俗，人們用來裝點日子的「花」費美意極多。有些買來插瓶作擺設；而有的女人買來戴在髮髻、絲髻或耳際青雲中，婷婷婀娜，招搖過市，於是街頭巷尾那些輕盈步履掠過人群的西關靚女美婦們，常常在身後蕩過一陣風，柔婉清香。

老廣州將鮮花叫生花。西關街市的平素，即有許多生花店。人們專門用生花充點各種喜慶妙用：結婚、祝壽、迎送佳賓貴客或臨時在酒樓宴請設席，都會紮匾或暢購那些大串纍纍的生花豔匾，高掛堂門戶品處，如「陳李聯婚」、「某某宴客」、「歡迎某某」、「歡送某某」等花字樣。至於訂買大花籃賀人結婚或拜祭逝者的習俗，就更為司空見慣了。而時逢國家大節或迎送大人物，老廣州人就會更加隆重地將許多生花紮在巍峨壯觀的牌樓上，令城景豔麗奪目，令城巷花香撲鼻，幾乎成了廣州人至高無上的歡慶禮儀，最具榮耀的尊貴盛容。

▌太公分肉只給男

「太公分豬肉」這句廣州話，源於舊時習俗。按人頭來分，也特指男丁，女人是沒有份的。族人生下男孩子後，要在新年的元宵節期間在祖屋懸掛一盞花燈，燈籠上寫著這個男孩的姓名，告慰列祖列宗，族中又

添了一燈，拜祭禮成後宴請族人。這個掛過燈的男孩子才算是「丁」，族長把這個小兒的名字寫入族譜後，他就是這個宗族的一員。逢年過節分錢糧和豬肉時，就按族譜中的男丁來分配。如果全家都是女的，那就一份也沒有。

清明拜山時拜的是「眾村太公」，即開山祖大太公。就在大宗祠裡面，用「切菜」（鹹蘿蔔絲）、燒豬的肥肉、豬雜等裝在缽頭的底層，上面再用一塊塊燒豬肉砌好，一缽為一份，60 歲以上每人一缽，70 歲兩份，80 歲三份，90 歲以上者，能拿多少就拿多少，但能享受到「任拿」待遇的極少。拜山後在祠堂食「祠堂飯」，一般男丁可自帶醬油，白米飯任吃飽，80 歲以上的可以帶 3 個孫子，70 歲帶 2 個，60 歲帶 1 個。如果是拜私伙太公（小宗祠堂），即二世祖以下自己各房的小太公，若是有錢的，二趟父老（父老的年齡以 60 歲為標準，未到 60 歲、50 好幾的，稱為「二趟父老」）都可入圍，50 歲就可領取一缽，60 歲可取兩缽，依此類推，越高齡者越多。分燒肉的原則一般是男丁不論長幼每人一份，每份約一斤左右。對老人和有功名者特別優待，依族規是 70 歲以上領雙份，80 歲以上領四份，90 歲以上領八份，秀才和貢生可分得雙份。

拜山時，一般老百姓都只是行路，拜大太公則有一千幾百人同時去。第一批到墓前行禮拜祭的是有功名、有官職、有社會地位的，族中最大的長者；第二批是新襟，即有錢有地位，有影響力有威信，有能力解決村中大事的，即鄉紳；第三批才能輪到村民，再按輩分高低、年齡大小、長幼次序輪流拜。清明拜山者抬著柴米油鹽到山上煮飯吃，有地位的才有燒豬肉吃，其他人只能吃「白肉」，即未經燒烤的豬肉和別的菜。殷實人家一般都有豬肉炒鹹蘿蔔粒、蜆肉炒韭菜、豬肉燜粉葛、紹菜黃牙白（大白菜）等四五道菜。

燒豬肉在廣州民俗中的地位很高，連生仔掛燈這樣的大事都不能用燒豬肉，只能用白肉煮茨菰。即使「扒龍船」，第一名的獎品才是一隻燒豬，不管是哪一個村，獎得燒豬就被視為無上榮光。另外，凡是家族中辦大事，親戚朋友都會送來燒豬作賀禮，主人把燒豬和其他菜做成九缽頭，即是「九大簋」款待大家，把燒豬的頭部連頸、尾巴、四隻蹄子斬下來包好回給對方，寓意有頭有尾，完完整整，有來有回。如果是送給其他人帶回去的，則順著排骨切，不能打橫斬，否則，人家會以為你要和他絕交，一刀兩斷。

紅頭船：海上生命的象徵

潮汕地區的大小海港邊，所有的漁船前頭高高挺起，都有紅油漆塗成的紅色。船頭兩側下錨的地方，還畫著兩隻眼睛，十分威武。這就是自古傳下來的潮汕海船特有的標記 —— 紅頭船。

潮汕海民是以海作田，但在浩瀚的大海上，再大的漁船躺在波濤中，也不過是一葉扁舟而已。天災人禍，時刻威脅著漁人們，在危難中最親的，不是遠在大陸上的親人，而是有緣相遇的最近的船隻。但是，古時海上海盜橫行，在海上相遇的船隻，並不都是朋友。怎麼辨識呢？潮汕漁民就流行起紅頭船的標記。

漁民在海上遇到困難，看到紅頭船，就知道是鄉親，就會靠前去求助，絕無置之不理之事。否則該船會為所有人唾棄而不齒，他也就失去了在海上生活的資格。若遇海盜，紅頭船們也會自動靠攏，互相掩護，共同對敵。久而久之，潮汕漁民也武裝起來保護自身利益。尤其在明清

時期，封建統治者不僅不能保護漁民的海上安全，反而常常封海。斷了漁民的生路。勇敢的漁民聯合起來，占據海島，實行武裝割據。南到印尼，北到定海，都活躍著以潮人為主的海上武裝走私集團，他們不僅以收取保護費的形式保護漁船的安全，還在各個港口設立接待設施。紅頭船就是他們認可的標誌。

古時，潮汕人，梅州人飄洋過海討生路，都是乘著紅頭船的。那時船上設施簡陋，人貨混裝，有時為了逃避官府巡查，只能躲在甲板下，終日見不到陽光，完全和運豬崽一樣，所以稱為「豬崽船」。那種海上飄零、九死一生的經歷，是每個闖海的先民都難以忘懷的。但他們在海外站穩腳跟後，每當他們看到紅頭船，就會想起那刻骨銘心的經歷，就會勾起他們對家鄉的懷念，紅頭船成了他們與家鄉連繫的唯一寄託。

他們把在海外辛苦賺的錢，用「僑批」形式，交給紅頭船，帶給家鄉的親人，紅頭船又寄託了他們的希望。當下一班紅頭船到來的時候，他們會苦苦等在岸上，盼望得到遠方親人的資訊。

現在人們製造新船下水時，仍要塗上紅頭，並且要挑選良辰吉日，請有名望的人，為紅頭船兩側眼睛開光、點睛。人們把這看成是一種吉祥。紅頭船行駛在海洋上，威武雄壯。很像一條大魚在乘風破浪前進。這印象自然就與潮菜中的魚連繫起來。澆汁魚（或曰糖醋魚）上桌，一定要立在盤中，頭上淋著紅汁，魚腮、魚尾還在煽動。大家讓來讓去，不是有身分的人，誰也不敢去動那個魚頭，最後常常回夾給貴賓，這裡都蘊含著對紅頭船的尊重和愛戀。紅頭船，已經成了潮人在海上生命的象徵。

拿著草藥當青菜

潮汕的家庭主婦，每早必到菜場買菜，歸來時除了菜籃子裝滿菜外，往往還會夾著一捆青草。在潮汕地區的菜市場裡，除了各種蔬菜外，還有專賣青草的攤子，外人大半叫不出名字，這些青草其實都是新鮮的草藥。

為什麼潮汕要拿著草藥當青菜？潮汕地處北迴歸線上，正在副熱帶、溫帶交界線上，無冬長夏，氣候炎熱；它又同時處於海濱地帶，空氣潮溼。這種熱而溼的氣候對人的關節經脈產生危害，還容易導致風溼性心臟病和滋生各種傳染疾病。尤其在山林野莽中更甚，古人稱之為瘴氣。當年韓愈貶來潮州最怕這瘴氣要他的命，預感到自己將「十去九不還」，盼其侄孫韓湘「好收吾骨瘴江邊」。

在這種環境中，人們為了與疾病抗爭，民間累積了一大堆經驗。其中最根本的就是掌握進食的涼、熱、泄、補的特性，不斷調解飲食中的藥用成品。草藥性溫，有病治病，無病防病，不像中成藥和西藥那樣不易掌握。於是，用新鮮的青草藥熬水喝，成了家庭主婦最主要的保健工作。

在潮汕城鄉街道上，有很多出售涼水的店鋪。一溜擺開的紅色保溫壺，上面帖著各種涼水的名稱，如蛇舌草、山葡萄、板藍根之類，都是用青草藥熬製好的涼水。這「涼水」是指其藥性溫涼，並非北方人理解的「生水」之意。

飲涼水的習慣，現在已發展到餐廳裡。潮汕人到餐廳吃飯，都會指名點要各種草藥水：生地水、烏豆水、蛇舌草、羚羊水等等，顧客如嫌有藥味，可以隨意加方糖，這種水隨喝隨添。有些餐廳為招徠顧客，都免費供應。

雷州石狗也風光

　　雷州石狗主要分布於湛江市雷州半島的雷州市和徐聞縣、遂溪縣等地。雷州人認為狗有靈性，以狗為崇拜物。雷州人用本地特有的不易風化的青石雕刻狗的形象，安置於唐貞觀十六年（西元 642 年）始建的雷祖祠前，供人拜渴，為家門呈祥報喜。後來又安置於各地寺廟堂旁，人們對神佛頂禮膜拜的同時，又敬奉石狗，祈求呈祥賜福、庇佑平安。

　　古時雷州每年舉行三次敬雷活動，二月「開雷」，六月二十四日「酬雷」，八月「封雷」。自雷祖陳文玉後，盛大的敬雷祭祀活動改為每年正月十一至十五日舉行，府、縣文武官員齊候入廟至祭，辦酒席官民同樂。盛大的敬雷祭祀活動，雷州城鄉士民晉香絡繹不絕。在敬拜雷祖之時，亦誠心地向祠前的石狗供奉香火，祈求為家門呈祥報喜。

　　作為民間鎮邪驅魔的石頭崇拜，大多數地方，都是供奉石獅，為什麼唯獨雷州供奉石狗呢？追溯雷州石狗文化的起源，有下列的說法：

◆雷州石狗源於遠古神話和氏族圖騰

　　狗作為雷州先民的圖騰崇拜為石狗文化的出現奠定了厚實的思想基礎。據明莊元貞《雷祖志》載，雷州舊有瑤、僮、侗、僚與黎等少數民族。古代雷州的俚僚僮人，原是黃帝的親族，他們由黃河中下游南遷，大約在殷商時期，一部分移至雷州，成為雷州先民。雷州多雷電，先民懼怕強大的自然力量，崇拜雷神。他們在這片土地上開荒拓展，繁衍生息。由於落後生產力的制約，人們對某些自然界無法解釋，寄託於圖騰，並逐漸形成了獨具特色的石狗文化。

◆雷州石狗源自雷祖的神奇誕降

雷祖誕降的傳說使石狗被視為呈祥靈物。在傳說中，雷州英靈村有一位陳姓居民，年已五十，膝下無子。有一次外出捕獵，他家那隻長了9個耳朵的異犬在地下發現了一個巨卵，圍有尺餘，殼色青碧。獲卵之後的第二天早上，雷電劈開了這個巨卵，從中誕生了一個男兒，左手寫有「雷」字，右手寫有「州」字。他就是陳文玉，後來被雷州人尊為雷祖。由於雷神是異犬發現的，所以在雷州人心目中狗就成了「呈祥靈物」。雷祖古廟裡懸掛著「九耳呈祥」匾額，在這裡不能打狗罵狗，更不能屠狗吃肉。

總之，雷州石狗是雷州社會歷史因素與地域自然條件的產物，是雷州古代先民多民族民俗互相融合的產物，跟雷州古代先民的民族成分、生活習俗及宗教信仰有關。祂隨著雷州先民的變遷而變遷。從「圖騰」到「呈祥靈物」，最後成為「守護神」，煞是風光。

守玉終生的自梳女

過去廣州與珠江三角洲的未婚女子都梳著一條長辮子掛在背後，結婚時，由母親或女長輩替其把辮子挽成髻。然而，有一群女子，她們透過一種特定的儀式，自己將辮子挽成髮髻，表示永不嫁人，獨身終老，這就是「自梳女」。

自梳女一經梳起，終生不得反悔，父母也不能強其出嫁。日後如有不軌行為，就會被鄉親所不容，遭受酷刑毒打後，捆入豬籠投河溺死。死後還不准其父母收屍葬殮，得由「姑婆屋」中的自梳女們用草蓆與門

板草草挖坑埋葬了事；如村中無自梳女幫助殮埋的，便被拋入河湧中隨水流去。父母對女兒單身終老是痛心疾首的，常常防範於未然，管教異常嚴密。而那些決心「梳起」的女兒，往往要躲著父母，在姐妹輩的掩護下，在自梳女或「姑婆屋」中祕密舉行儀式。

自梳女為廣東省所獨有，最早出現在順德等地。大概在明末清初年間，順德地區的桑蠶業日漸發達起來，過去足不出戶的女人們成了養蠶、繅絲、織錦的好手，漸漸地有了能養活自己的能力。她們看到一些姐妹出嫁後，在婆家受氣，地位低微，為了掙脫封建婚姻的枷鎖，為了掌握自己的命運，一群有了自食其力能力的女人，像已婚婦女一樣自己盤起頭來，以示終身不嫁，於是產生了自梳女。自梳女死後的遺產，除了贈其養子女外，由其所收徒弟或金蘭姐妹繼承。自梳女所收的徒弟，也必須是自梳女，收徒有儀式，徒弟對師傅要盡孝道，病時要侍奉身前，端茶送藥，死後要為其安葬，立神供奉與祭掃。因此，自梳女在選擇徒弟時要經過長期觀察與多方考驗才能接納。一旦結成師徒關係，雙方永遠不能反悔。

過去「自梳」具有特定的儀式，先由村中族人選擇吉日吉時，良辰吉日一到，便請村裡德高望重的嬸母、伯娘主持祭祖，然後舉行「梳髻」儀式，自梳女將自己的辮子挽成髮髻，表示永不嫁人。儀式當日，還要擺上幾桌酒席，請親朋聚會，以示公眾。按照俗例，自梳女不能死在娘家或其他親戚家裡，只能抬到村外，因而一些自梳女被迫「守墓清」。「守墓清」是守節之意，又叫「買門口」。「買門口」有兩種方式，一種是自梳女找一個未婚男性出嫁，出嫁前，男女雙方擬定協議。一般是男方同樣送聘金給女方，而女方出嫁 3 日回娘家探望親人後，就再也不回婆家，但自梳女必須按照協議的規定，長期提供費用給婆家，所提供費

用的數目一般不少於男方當初給的聘金。另外一種是找一個男性死者出嫁，做死者名義上的妻子，自梳女同樣要付給婆家一筆錢。

「自己的頭髮自己梳，自己的衣服自己縫，自己的生活自己理，自己的苦樂自己享。」這是自梳女對生活的全部注釋，這是辛酸中的自強，誰又能了解她們的內心世界呢？

現在在廣東省肇慶和順德等地仍有「自梳女」的存在。

▌七月初七拜阿婆

夏曆七月初七日，民間稱為「七巧節」、「牛郎織女相會日」，但在潮汕地區人們稱此日為「阿婆生（生日）」，並會祭拜她。

相傳古時潮汕有一位婦女，因愛惜四鄰的孩子們，樂意為街坊看管小孩，且在哺兒育女和調教孩子方面又有一套獨特的本領，深受大家的愛戴，因此美名漸漸遠颺，後來連皇帝也很器重她。據說當時宮中有一皇子出世不久，日夜啼哭，生命危在旦夕，眾大臣及御醫們都想不出好辦法，於是皇帝更張貼皇榜招募民間賢婦進宮調教醫治皇子。但是應者寥寥，且俱不中用。

消息很快就傳到這位潮汕婦女的耳中，她便決定上京一試。因為皇太子也是人，並沒有什麼難調教之理，況且幼兒疾病也並非可怕。說來也是，皇太子在她的悉心護理和調教下，病好了，也不再吵鬧啼哭了。皇帝一時龍顏大悅，便御駕親臨，想加封於她。正在護理皇子的婦女，看見皇帝駕到，一時慌忙亂了手腳，情急之下便一頭躲進皇子的床底下昏了過去。等到皇帝知曉，她已氣絕了。看到此景皇帝深為痛惜，遂嘉封她為少年兒童的保護神，主管人間嬰幼兒的生命和健康，並尊敬地稱

呼她為「阿婆」。相傳阿婆是在七月初七日死的，是日按理應是忌日，但民間卻稱此日為阿婆成為神的生日。這一天，有孩子的家庭，便將阿婆的靈「請」至家中供奉祭拜，一直供奉到孩子虛齡十五歲，於七月初七日舉行冠笄儀式（稱為「出花園」）時為止。出了「花園」也就不用再拜阿婆了。

阿婆的神位一般是供在孩子睡覺的眠床下。神位旁邊放一顆象徵膽子的鵝卵石和一些孩子喜歡的玩具。祭拜時供奉一些飯糰、魚肉、果品，紙錢及紙製「婆衣」。祭品逐年有所增加，至「出花園」時為最豐盛。據說，孩子的「膽子」在這位阿婆的調教和護理下，其膽量便會與日俱增，孩子日後走出在父母撫育下如同草木芳菲的「花園」之後，到外面的廣闊地方去，就不會畏懼膽怯，停滯不前了。因此，阿婆在當地人的心目中並不但是神，而且是一位和藹可親的老婆媽（編按：廣東話指已婚婦女）。

娛樂廣東

　　嶺南人無論在大節日還是小節日，無論在鄉村還是城鎮，無論在家庭還是在族群，都能找到娛樂自己的方式。這裡既有喧雜繁華的鬧市，又有清僻幽靜的所在；既給人強烈的現代衝擊，又保留了悠遠的古代風俗，它是那麼多采多姿。潮汕人快意的觀看「營鑼鼓」，農閒時眾人圍塘看鬥魚；客家民眾對傀儡戲的熱愛；廣府人歷史悠久的形形色色的飄色。還有元宵節人們聚集的舞龍場，在大砲仗的巨響下觀看著的燒龍表演等等。

少女濃妝執彩旗

在逢年過節的日子裡，潮汕最叫人快意的莫過於去觀看「營鑼鼓」了。只要聽到扣人心弦的鑼鼓聲，人們就會傾家而出，當遠遠望見彩旗繽紛時，小孩子們會興奮地叫喊：「來了！來了！」於是各家各戶鞭炮四起，給節日增添了幾分喜慶氣氛。

在隊伍前面，是手執彩旗的少女。少女們濃妝豔抹，嫵媚動人，隨風飄動的五彩錦旗為她們增添了許多英姿。彩旗後面是一隊女孩扛著一面面大標旗。大標旗是一種長約 3 公尺、寬約 1 公尺的長方形旗。長的一邊橫穿一桿五六公尺長的竹竿，竹竿的抹梢留著一點竹葉，並掛有橘子、石榴等象徵吉祥的水果或繡球等其他飾物。大標旗是用絲綢製作的，繡龍描鳳，並繡著「國泰民安」、「普天同慶」等。大標旗三邊是荷葉花邊或彩穗，上端垂著紅燈籠，下端垂著吉祥物。出遊時，杠標人約在大標 1/3 處著肩，一於壓著標竿，使大標上方高下方低，而且不斷晃動，使整幅綢緞隨之顫動，十分好看。緊跟著大標的便是「桃花籃」隊，也是清一色的少女。她們用一根薄且軟的扁擔，挑著兩個小巧玲瓏的花籃。花籃裡放著簇簇鮮花，宛如百花齊放，意味著春天即將來臨。

彩旗、錦標之後，便是鑼鼓團隊。鑼鼓班以大鑼、鬥鑼、深鈸等近十種打擊樂器為主奏，輔以揚琴、柳胡、洞簫等十來二十件絃管樂伴奏。領奏的是一把長桿的嗩吶。樂曲由少而多，由單調變豐富，視不同的活動內容而變化。一般遊行，多演奏抒情的《南正宮》、《小揚州》和活躍的《畫眉跳架》等。後面就是一隊「塗戲」，它往往是眾人圍觀的主要目標。所謂「塗戲」，就是人們化裝成一出出的古裝人物造型，如《水滸傳》的「野豬林」、《三國演義》的「桃園結義」以及《狄青八寶》、《薛

仁貴回窯》等，也有各種各樣的歷史人物，如包公、海瑞等忠臣良將。這些造型，大多用木板車載著，人們觀看著這些造型就如同觀看旋轉舞臺。最後就是各種各樣的動物造型，有駱駝、鼇魚、鵝、獅子等等。當隊伍遊行到一個廣場時，就停下來表演。各種由人扮成的動物就跳起千姿百態的動物舞。

▋眾人圍塘看鬥魚

鬥魚是潮汕人農閒時一項有趣的娛樂活動。用以相鬥的魚稱為「沙斑」魚，體側扁如中指長，背鰭臀鰭寬而長，腹鰭有如絲的綵帶；遍體以褐色為主，上有垂直的紅、藍、青、白各色鮮豔的環節，節數不等，最多有七節；生活在池塘和山間小溪中。鬥魚分圓尾和歧尾。潮州鬥魚以歧尾居多。

捕捉鬥魚，通常是用沙箕在池塘、小溪流和水草中打撈。鬥魚游速快且靈活，很難撈到。但是因為鬥魚在生殖期有吹沫為巢的習性，所以有經驗的捕捉者，能在岸邊辨識哪些是鬥魚吹成的泡沫，用手指一邊輕輕點著泡沫，一邊用嘴發出「篤篤」之聲，雄鬥魚就以為同類前來挑釁，會主動朝抖動的泡沫發起進攻。這時用沙箕打撈，十拿九穩。

鬥魚以生活在山澗間活水之中的為最佳，體形大、凶猛。養鬥魚除了以孑孓為飼料外，還要餵肉和水蚊子。平時每口缸只能放養一條雄魚，加蓋置於陰暗處，還需在水裡放一兩塊鐵渣，可以使鬥魚經常磨練吻部。

雄魚相鬥，一般選擇體形相同，大小相等的兩條。雄魚相遇後，便互相追逐，各自彎著身子張開魚鰭，成順時針或逆時針不斷變化方向，

迂遊對峙。這是兩雄魚相爭之前的「冷戰」階段。若其中一條自忖不是對手，就會夾著尾巴逃跑。若是覺得勢均力敵時，就有一方主動發起進攻。初戰時，總是互相用吻衝擊對方尾鰭或者身軀。這時若有一方自愧弗如，只要收鰭閉鰓，退避三舍，也就沒什麼爭端。若雙方勢不兩立，便吻對吻互相啃咬。酣戰時，吻部咬住吻部左擺右扭，忽浮忽沉，忽進忽退，直到雙方覺得需要換氣時，才各自鬆口。這就是「一蕊」，（即一個回合）。鬥魚大凡能鬥幾蕊或十幾蕊就算佳品。

登臺傀儡似活人

　　客家流傳著這樣的民諺：「簇簇人群看出神，登臺傀儡似活人；長笛鑼鼓緊又密，抬頭東方天已明。」由此可以看出客家地區民眾對傀儡戲的熱愛。客家地區的提線木偶戲，最早於明朝初年由前往浙江杭州拜師學藝的上杭藝人賴發奎、李發佐、李發佑、溫發明等傳入，帶回一套十八個傀儡，俗稱十八羅漢，辦起閩西第一個高腔木偶戲班，此後逐漸擴展到閩西諸縣和梅縣、潮汕等地。木偶戲的偶人形象，後又增加到二十四個，俗稱「二十四諸天」，繼而又發展成三十六個，其行業分為生、旦、淨、末、丑。客家木偶戲中有一個特殊的喜劇角色田公（又稱田公元帥，俗稱王溜大伯），他是善於插科打渾的機智人物，滿面堆笑，隨著藝人指間提線的抖動，其眼睛、口腔和舌頭都能靈活地轉動，著布衣草鞋，袒胸露乳，戲謔詼諧，用客家話說道白，常常逗得觀眾捧腹大笑。客家習俗中，認為民間百戲以木偶為至尊，木偶戲班的師傅能夠壓四方煞氣，其壓煞法力超過法師、道士、民間巫師和泥木匠師傅。民間喬遷、遊神、打醮、祭祀、廟會等場合，常請木偶班演戲。傀儡戲開演

前，藝人必先將田公元帥吊出，淨臺壓煞，先由他驅除臺面的邪氣，演出「出煞」、「搬仙」、「招魂」等套路，以保四方平安。

　　出沒於客家鄉村的木偶戲班多為草臺團隊，常常是由兩至三人組成的「三角班」，農忙時在家耕田種地，農閒時肩挑戲箱，走村串戶。「三角班」演出時，前臺由一人包攬所有角色的提線表演和唱腔道白，後臺由一人包打鑼鼓兼幫腔，另一可有可無的人員多是學徒，常常被安排到前臺打下手。有趣的是，這些戲班多為「父子班」、「夫妻班」和「兄弟班」。演出的場地多是鄉村人家的晒坪和天井，從附近村莊聞風而來的人群擠得密不透風，主人和其鄰居家的條凳都被擺到了場子上，那些站著看戲的人累得雙腳發麻時，總會蹭到條凳前，要求「分座」，於是，難免會有凳子募然倒地的時刻，驚得正在吊著高音的木偶師傅一下子閃了氣，連連地咳嗽。木偶戲，主要有《大名府》、《李旦與胡鳳嬌》、《珍珠塔》、《四進士》、《水漫金山》等傳統劇碼。

龍燈入屋福氣來

　　在客家地區流行的民間表演形式中，能夠入宅表演的都被認為具有某種神祕的法力，可以鎮宅驅邪，興利除弊。客家民諺中有言：「龍燈入屋，買田造屋。」在每年元宵前後，客家人家都喜歡將龍燈迎入廳堂，透過鑼鼓喧天金龍騰飛的表演來養護住宅的「龍脈」。

　　客家民居散落在如海蒼山的谷地中，多呈負陰抱陽、依山臨水之勢。屋後逶迤的山脈為民居遮風擋雨，成為其堅實的「靠山」，如龍游大海的綿延山脈，被稱為「龍脈」。

　　龍燈表演常常是在人們已經入睡的時候，走村串戶的舞龍隊舉著點

燃了蠟燭的龍燈，踩著鑼鼓的節奏，搖頭擺尾地進入村莊。被吵醒的人們打開大門，放一串鞭炮，將龍隊迎進廳堂。在寬敞的廳堂裡，或在門前的空地上，龍珠引導著龍身上下翻舞。最為精采的是纏柱：舞龍頭者凌空躍起，舞龍身和龍尾者呈螺旋形狀地向內捲，一尾盤龍昂首問天。這個趨於定格的結尾以節節攀升的姿態祝願主家興旺發達，而主人也會適時地遞一紅包作為謝禮。

如果舞龍時龍身被燭火燒著，老人們會特別高興，認為這條走過千家萬戶的龍就留在村子裡，今午村裡肯定有大喜了。

關於燒龍習俗，還有這樣的傳說：東海龍王出遊南海時路過蓮花山，吃驚地發現此地地瘦民貧，大發惻隱之心，就派其第二十一個孫子濁龍來掌管風雨。可是矯生慣養的濁龍嫌當地鄉民祈雨的酒肉不夠豐盛，便施展淫威，非旱即潦，弄得民不聊生。龍王派小公主青鳳佩帶屠龍寶劍前任巡查，確定濁龍觸犯了天條，揮淚滅親後勤勤懇懇地行雲布雨。此後，當地人在元宵時紮製火龍，透過燒龍來弘揚天道，祈求人壽年豐。

從正月十四至十六的遊大龍最為壯觀。此習俗相傳始於清乾隆十六年。每條身長 4 公尺，由五名青壯年輪流抬舉。出龍頭的人家要用豬、雞祭拜龍頭，龍珠固定在龍口中。龍頭出行時配有神銃、鑼鼓、十番樂隊開道，盛況空前。每條龍遊一天一夜後，正月十六日，各戶將自製的龍燈送到山上焚燒，搶先者為搶得吉兆，意為占得新年的先機。

潮劇樂舞奉戲神

「田元帥」是福建和粵東講閩語地區民間戲劇、樂舞所共同崇奉的保護神。在粵東，不但被正字戲、潮劇、紙影戲尊為戲神，而且民間鄉社

的英歌舞和關戲童也一樣祀奉它。以前在潮州市有一座田元帥廟，農曆六月廿四日是其誕辰，必演影戲隆重祭拜。各潮劇班社都有專門放置戲神牌位和供具的戲箱，稱為「老爺籠」。每到一處演出，裝臺完畢，便將牌位懸掛在底幕背面的正中處，香火日夜不斷。還有專司祀奉的「香公」，由一名演公末角色的二等老生擔任。

田元帥也是戲樂的祖師爺，戲班也藉著他神聖的權威來管教「子弟腳」（童伶）。有句行話說：「老爺姓雷，戲仔著捶。」「著捶」即必須嚴厲打罵管教。以前童伶入班，必先在戲神牌位前舉行授教儀式。童伶學藝過程倘有犯規或失誤，常被罰到戲神前長跪悔罪。

田元帥的名字和來歷，有神奇的傳說。一說田元帥本是唐明皇宮裡的樂師，由於曾奉旨帶兵出征而稱為元帥；一說他本姓雷，是當年名鼓師雷海青的兄弟雷萬春。後為張巡許遠部將，守睢陽時盡節。閩南一帶則多認為是雷海青，而且出身是個畬族少年。由於姓雷，民俗便把他神化為「玉封九天風火院都元帥」。「九天風火院」是雷神的宅府，這是從雷海青的姓生發而來。另外，由於海青的「海」與「蟹」諧音，因而也傳說戲神是蟹相，睡必流涎。潮州市田元帥的塑像頭部左右各有一巴掌，嘴角還有涎跡。又有一說田元帥是青蛙神，他原為樂師，最後一次譜曲成後便化作青蛙而隱。這又是從海青的「青」字做文章。

頂礜戴碓抛鈸花

在潮汕地區過去有錢人家的老人死了，做起佛事道場，請來齋公、和尚、尼姑和弄雜技的人，進行一番表演。最普遍的是抛斗。在「走五方」的提小旗穿走之後，就是抛斗。把一個圓圓的木製小穀斗，斗梁上

捆上小佛偶和點燃的香，拋上空中，又把它接住。尼姑的拋斗最低，有一丈高就算有本事了；而和尚或道士拋得高些；更高的是這班人的特技者，一拋就有好幾丈高。在人群圍觀中的小場地，斗直上直下，不會拋在人群頭上或人群外。最後還乾脆把小佛偶及香枝去掉，用兩三個指頭撚著斗梁，一拋就如把斗拋上半空，又是穩穩地接住。除拋斗外，還有拋鈸花的，即用銅鈸作各種各樣拋滾雜技。還有拋薯片、蘿蔔片的，一拋就是拋得難以見到的高空中去。

更有錢的人家，做喪事還搭臺請來耍雜技團隊表演頂罍戴碓。在臺上鑼鼓配合下，臺下表演。表演漢子頭紮圍巾，把磨穀的重逾百斤的泥罍頂在頭上，或把很重的舂米用的大碓頂在頭上，上面再坐小孩表演。最使人喝采的是頂長梯，把長長的木梯一隻腳頂在頭上，一個孩子爬在上面，一格一格的爬上去，直到最高處，並以肚子頂在梯柱上，腳手張開，像個橫放的「大字」，下面那個用頭頂梯者，雙手還拿著四片竹板張開門板，只是雙眼向頭上的梯緊緊盯住。四邊都圍滿了觀眾，中間的表演場地只不過二三十平方，既沒安全保護，也沒眾多幫手，就表演了這麼驚險節目。所以迷信的村人說：「這都是神佛的保佑！」現在這種在喪事中表演的民間雜技，變成民間藝術表演了。

● 麻車夜色舞火狗

麻車夜色是增城石灘鎮麻車村民在夜間進行的一項大型民間藝術活動，已有近 600 年的歷史。

傳說麻車村在明朝中葉年間，曾有瘟疫流行，村民束手無策。後聽從一位先生的囑咐，用稻草紮成狗的模型，在草狗身上插香，晚上點燃

香火，用竹竿撐起來四處行走，果然就瘟疫消除、人畜平安，從此麻車村民就常有紮草狗、燃香火以辟邪避凶的活動。後來人們把插著香火的草狗稱為「火狗」，將這項活動稱為「舞火狗」。

現在「麻車火狗」有了新的發展，演變成為一種民間年節活動。「麻車火狗」由九種動物模型參加舞蹈，因粵語「狗」與「九」同音，也恰好麻車是由九個自然村組成，故每村出一隻火獸（禽），有龍、獅、麒麟、象、貔貅、狗、鼇魚、鴨、鳳9種。一律用竹篾紮製，綁上長香，每隻動物由一至十幾個人耍舞。黃昏時分，把香火點燃，然後出舞。由火龍開路，後面跟著各種火獸。接著是用香火砌成的「麻車火色」四個大字牌坊，旁有一副對聯，寫著「風調雨順」、「國泰民安」，也用香火砌成。牌坊後跟著的是青年人組成的煙花隊。押尾的是火鳳凰，跟著的是八音鑼鼓櫃。火色隊伍從中心村廣場出發，一直遊完九個村寨，最後來到一口池塘邊，觀看「寶鴨穿蓮」。寶鴨和蓮花均用竹篾紮成，蓮花置於塘中，點燃香火後，寶鴨由人引渡，穿梭其中。最後人們把所有的火獸火禽統統點燃，在烈火熊熊中投入池塘，整個活動便告結束。

麻車火狗並非年年進行，一般在有災之年舉行，以驅災除難、祈求平安。時間多選在中秋節前後的晚間，一般持續兩夜。

▎ 賽龍奪錦裹蒸粽

廣東的端午龍舟競渡可以說是從古代南越人的傳統習俗沿襲下來的。廣東沿海地區居多，古越人以舟楫為家，善於與水打交道，為避免海上蛟龍的侵害，人們喜歡將船製成龍的式樣。而龍，是越人即嶺南人的祖先的崇拜圖騰。大文學家聞一多先生還考證過，賽龍舟風俗可追溯

到原始時代，端午節是越人為祈求生命得到安全保障所舉行的圖騰祭節日。

端午節最普遍的傳說是為了紀念屈原。端午節這天，家家戶戶門上插上艾條，人們吃著粽子，到江邊湖泊參加龍舟競賽。屈原是兩千多年前的楚國三閭大夫、詩人。他為國家做了很多好事，由於奸臣誹謗，昏庸的楚王不但不採納他聯齊抗秦的主張，反而放逐了他。屈原壯志難酬，含冤負辱。西元前 278 年他聽到秦軍攻破楚國的消息，悲痛交加，於這年農曆五月初五懷石投入汨羅江，以身殉國。當地老百姓划著船從四面八方趕來救他，由於船小湖大，便擂鼓競渡。後來找不到屈原，便把米和食物投入江中給魚蝦吃，免得牠們傷害屈原的大體。以後每年的這一天，人們就用竹筒裝上米，投到江中紀念屈原。據說在東漢末年，屈原託夢給百姓，說「多年來投到江中的米飯都被蛟龍吃了，今後你們要用楝葉把米包好，再用五彩絲纏好，因為蛟龍是害怕楝葉和彩絲的」。後來人們就用楝葉來包飯，還包好多尖角的形狀，使蛟龍不敢吃。這就是傳說中的端午節划龍舟吃粽子的來歷。

古往今來，對端午節的由來有著種種的說法，既有說源於對屈原的紀念，也有說源於吳越民族的龍圖騰崇拜活動，又有說源於夏至的節氣，更有說源於五月初五是惡月惡日。宋代時，朝廷正式把五月初五定為端午節。

廣州有一首端午風俗兒歌：「紅娘喊，荔枝紅；龍舟鼓，響咚咚；家家包裹粽，憑弔屈原公。」至今，廣東人過端午節，還是保留了賽龍舟、包裹粽的傳統風俗。

鹹水歌：水上吉普賽人的情歌

「鹹水歌」，它是一種自古就流傳的白話漁歌。廣東沿海一帶長期同大海的鹹水打交道，想必鹹水歌中的「鹹」字與此有關。很早以前的東晉，珠江上出現了一群與岸上的人群迥然不同的人 —— 蜑民。他們的生活，都是在水上進行；他們的愛情，也在水上發生；他們沒有學識，但卻有著人類所共有的「本領」：創造力。他們創造出了鹹水歌，因為他們的生活需要歡樂，也需要一種酣暢淋漓地發洩憤懣的方式。

蜑民也被現在的人稱作「水上吉卜賽人」。他們居無定所，在水上從事打漁、擺渡、運輸、遊艇等職業，過著「四海漂泊無定處，終年勞累終年愁」的生活。關於廣州一帶水上居民的原始由來，有一種據說為「史實」的傳說。東晉元興二年，農民起義領袖盧循率師浮海南下，攻克廣州城。後來盧循失敗，部族大多蒙難，也有少數乘船漂泊成為水上人家。統治者規定了殘酷的約法三章：不准上岸居住，不准讀書識字，不准與岸上人家通婚。一千多年過去了，這種清規戒律延續下來，水上人家也逐漸演變成為特殊階層，形成獨特的生活方式和習慣。

傳統的鹹水歌內容以情歌為主。作為一種傳統文藝，它的涉及面廣而又泛。因為水上居民們的內心世界，如同所有的人們一樣，都是極其豐富的。於是，鹹水歌的內容令人目不暇接。無論是談情說愛，還是婚喪嫁娶；無論是白天，還是黑夜，都可以唱 —— 甚至於一唱就是幾天幾夜，彷彿擁有使用不盡的精力。

蜑民上岸定居之前，鹹水歌對他們的生活而言，絕不僅僅是「重要」一詞所能概括的，至少要用「不可或缺」來形容。那些生活在河流裡世代飄蕩，瞬間被淹沒的人們，目睹岸上人們的幸福快樂而無法享有的人

們，在面對物質生活，精神生活與感情生活多重缺乏的困境時，也只有大吼兩聲不成調的鹹水歌，以表達自己對於人生際遇的憤怒，或傳遞自己熱愛生活與生命的純真感情——而這些也許便足以支撐他們活出精采，活出幸福，活到老，活到死。

鹹水歌的演唱場地，可以是堤圍，基邊、椿樹下，也可以在河湧的艇上。一群群、一對對被稱作耕仔、耕女、釣魚仔、水草妹的人們，無論老少，不分男女，也不管春夏秋冬、風吹日晒，只要興趣一來，就可以大展歌喉。在鹹水歌所抵達的領域，沒有人會譏笑，只有一群群的聽眾，聽歌或者附和。演唱形式有獨唱、對唱等，而以後者為主。對唱採用男女互答形式，問答雙方的曲式結構是一樣的。男唱前兩句，女唱後兩句。男的結束句多有「姑娘嘿」一語；女的結束句則多有「兄哥」一詞。

龍舟歌：下里巴人的快樂

龍舟歌在民間又稱「唱龍舟」，是流行於廣東珠江三角洲地區的一種曲藝形式。據記載：「珠江三角洲河湧縱橫，人們都喜歡扒龍舟、賽龍舟，而且喜歡聽龍舟歌，過去，一些被稱為『龍舟佬』的賣唱藝人，手持木雕龍舟、胸前掛著小鼓和小鑼，邊唱邊敲，沿門賣唱……唱龍舟最早始於清乾隆年間，一原籍順德龍江鄉的破落子弟首創了這種說唱體的龍舟歌。」其表演形式為一人或兩人自擊小鑼或小鼓作間歇伴奏吟唱，聲腔短促，高昂跌宕，詼諧有趣，富有宣洩效果。腔調簡樸流暢，富有鄉土氣息，宜於敘事抒情。節目內容豐富，從神話故事、民間故事到時事新聞幾乎無所不包。龍舟歌自成一格，與其他說唱形式不同。最初是城

鄉貧苦的男藝人為解決生活困難而唱。沒有女藝人，也很少有盲藝人。演唱藝人多為城鄉下層人民服務，極少沾邊於文人雅士，從而便形成了粗獷、通俗的風格特點。

龍舟歌是一種吟誦式的歌謠，是以順德腔為正宗，演唱者非順德人也必須先學順德口音。一般沒有音樂伴奏，演唱時敲著小鼓和鑼，即「一鑼一鼓」，老藝人通常一個人擊打說唱所需的樂器，這是所謂的「一龍兩鑼三條棍」，「一龍」是指木雕小龍舟，「三條棍」是支撐小龍舟的龍舟棍，竹管及敲鼓小棒。演唱時打的是一長三短鼓，五大一小點鑼，總體要收放自如。唱詞則以七言韻文為基本句式，四句為一組，上句押韻自由，下句必須押韻，有相對固定的曲調，腔調簡樸流暢，富濃郁鄉土味，宜抒情敘事。龍舟藝人自編唱詞，雖然讀書不多，但用心鑽研，悟性頗高。表演時，一般都比較規範和正統，唱出自己的風格和特色。

過去龍舟藝人演唱的內容多為吉利詞、祝頌詞，或根據不同的住戶身分，如經商的、教書的、做官的等等，臨時編唱適合住戶身分的祝頌詞，這種就是所謂的「吉利龍舟」。人們都希望國泰民安，家庭美滿幸福，於是在意識裡，那些吉利詞和祝頌詞就造成趨吉避凶的作用，人們也倍覺心安理得。吉利龍舟喻意著一切大吉大利，藝人為迎合人們美好的景願，專挑選順耳、吉利的話來演唱。特別是春節，人們催吉避凶的願望更加強烈而且心情特別好，自然愛聽吉利的話，於是，吉利龍舟備受青睞。一曲唱畢，住戶滿心歡喜，自然會慷慨解囊，贈予錢、米或煎堆油角等。這無疑是一種行乞的方式，只不過是人家歡喜而心甘情願「施捨」罷了。

● 人間秋色六百年

「秋色」，豐收的景色之意，是指秋季農業豐收之時，民間舉行慶祝豐收遊行，俗稱「秋色賽會」或「秋色提燈會」。佛山秋色歷史更為悠久。相傳起源於兩晉時期，肇端於兒童舞草龍慶豐收的「孩童耍樂」。據說明代永樂年間（西元 1430 ～ 1425 年），秋季豐收後的一個夜晚，一群孩童用茭筍殼紮成龍形，並在龍的身上插上香火，以竹竿舞動火龍，口呼鼓樂，遊舞街巷之中，深夜方休。此舉被人所讚賞，逐漸，舞龍從「孩童耍樂」演變為人們慶祝豐收的必不可少的活動，進而發展成為一種文娛活動，內容日漸豐富，亦成為具為地方色的佛山秋色。至今，還流傳著「無龍不成秋色」的說法。明正統十四年（西元 1449 年）定名為秋色。

明朝時期，為慶賀豐收，每於秋收之餘，佛山人利用手工業的邊角料：如紙、碎布、絲綢、香膠、蠟、陶泥、竹木以及農副產品，以紮作、黏砌、紙撲、雕刻、剪貼、雕塑、灌注等技法，製作成各種仿銅鐵器物、仿陶瓷古玩、仿花鳥蟲魚、瓜果等，達到以假亂真、奇巧鬥勝的藝術效果，流傳下來，成為「佛山秋色」藝術品的獨特製作風格。秋色還包括有綵燈紮作、頭牌花車、化妝造型及各種表演藝術、民間音樂等。每年秋夜，人們在商定的晚上，各自將自製的工藝品及各項節目參加遊行表演，逐漸形成富有地方民間特色的佛山秋色賽會，佛山人稱為「出秋色」，每到賽會舉辦之日，佛山城內萬人空巷，盛況空前。乾隆《佛山忠義鄉志》有如下記載，「會城喜春宵，吾鄉喜秋宵。醉芋酒而清風生，盼嫦娥而逸興發。於是徵聲選色，角勝爭奇；被妙童以霓裳，肖仙子於桂苑；或載以彩架，或步而徐行；鐺鼓輕敲，絲竹按節，此其

最韻者矣。至若健漢尚威，唐軍宋將，兒童博趣，紙馬火龍；狀屠沽之雜陳，挽蓮舟以入畫，種種戲技，無慮數十隊，亦堪娛耳目也。靈應祠前，紀崗街口，行者如海，立者如山，柚燈紗籠，沿途交映，直至五鼓乃罷。」可見當時出秋色之盛況。

佛山秋色作為一種綜合性的藝術表演，以民間生活、愛好、風情為依據，是表演藝術與工藝美術結合的民間文化娛樂活動。主要內容包括「色」：車色、馬色、飄色、水色、地色和燈色。有紮作工藝品、仿古工藝品、花卉工藝品、果品工藝品、鱗蚧工藝品五個門類。出秋色時，各單項的先後次序有嚴格規定，具體有起馬、開路隊、大燈籠、嗩吶、色馬、頭牌旗幡、羅傘、舞龍、燈色、檯面、擔頭、車心、陸地行舟、十番、八音鑼鼓、表演節目、大頭佛、踩高蹺、獅子隊等十九項。佛山市曾於 1982 年、1988 年、1999 年、2004 年舉辦了四次規模較大的秋色巡遊活動。市民間藝術研究社製作的佛山秋色大綵燈，以及 1997 年香港回歸慶典展出的 280 公尺燈色彩龍，分別載入《金氏世界紀錄大全》。紮作彩龍遠飛澳洲、英國等十多個國家，佛山被譽為「彩龍的故鄉」。佛山秋色以其獨特的魅力而名揚海內外，正如郭沫若同志對秋色的評價：憑將秋色千張紙，奪得乾坤萬象春。神似人靈神已廢，而今百姓盡為神。

沙灣三月鬥飄色

廣州地區有很多「色」，例如飄色、蹺色、馬色、秋色，而最著名的色，當然是沙灣飄色了。廣州番禺區沙灣的飄色是南國的一種古老的民間藝術。沙灣飄色源遠流長，據傳是在鄰村員崗飄色的基礎上發展起來的，而員崗飄色又是明代自江西省傳入的。飄色因為最先從沙灣鎮傳播

開來，世代相傳至今已有 300 多年的歷史，所以叫沙灣飄色。據說清朝咸豐年間，廣東各地流浪藝人每逢酬神廟會，便打扮成戲曲人物，造型表演，稱「賽聲」或「彩色」。後來發展成為馬匹上裝扮的「馬色」、水上裝扮的「水色」，而裝扮在托上由多人抬著遊行的稱為「飄色」。

作為戲劇人物造型的一種獨特形式，沙灣飄色集戲劇、雜技、裝飾、力學原理於一體。這項民間文藝活動，每年農曆三月初三在沙灣舉行。

沙灣飄色以「板」為單位，每板由 2～3 個小孩扮演，一板一個故事，多以神話、歷史故事為題材。「飄色」的「飄」，即「飄在空中」，「色」即是「景色」，「飄色」就是「飄起來的景色」。飄色中的「色板」是一個長 153 公分、寬 77 公分、高 64 公分的流動小舞臺，由 4～8 人扛抬。在結構上由三個部分組成：一是色櫃，即活動小舞臺；二是色梗，即支持用的鋼枝；三是扮演「色」的演員，臺上或坐或立的人物造型叫做「屏」，一般由 10～12 歲的小演員扮演，上面凌空而起的人物造型叫「飄」，一般由 3 歲上下的小孩扮演。「屏」與「飄」的表演者都要經過嚴格的挑選：人物要長相俊美和體重適中。「屏」與「飄」由一條經過偽裝的「色梗」連為一體，不逾 3 歲的小孩巧妙地固定在「色梗」上，看似驚險無比，實際安全得很。沙灣飄色傳統有 200 多板，每一板都取材於戲曲、小說、民間故事、古代神話，如「嫦娥奔月」、「蘇武牧羊」、「哪吒鬧海」等。如今還創作出一些現代題材的飄色，如「江山秀色」、「和氣夫妻」、「體育之光」等。遊行時，飄色佇列之前為鮮豔的旗幟、羅傘，後有響亮的吹打樂器渲染，不同板的飄色凌空而來，喧鬧一番而去。

沙灣飄色色彩豔麗，造型大方、裝置奇妙、內容含蓄。在「飄色」

遊行時，每兩板飄色之間配有一臺八音鑼鼓櫃，形成聲、色、藝組合表演的流動立體舞臺。人們看過「飄色」表演之後，盡情聯想，其樂無窮。

▍竹枝詞，拾起殘史一片

竹枝詞（或〈柳枝詞〉）源遠流長，它是古代先民創作的，與音樂、舞蹈相結合的民歌之一，多用來歌詠勞動生產、男女愛情、民風民俗，後經文人採錄、潤色而流傳下來。作為一種民歌，竹枝詞繼承了《詩經》、《樂府》的優良傳統，通俗自然、清新活潑，民歌韻味豐富典型。這一優美的民間文學形式，曾引起一些詩人愛好並仿製。在劉禹錫、白居易之後，文人們紛紛仿寫竹枝詞。

竹枝詞前常冠以某地地名，如〈嶺南竹枝詞〉、〈臺灣竹枝詞〉等。唐宋時期，廣州就出現了竹枝詞，明清兩代是廣州竹枝詞的鼎盛時期，近代以來又出現了歌詠時代生活的新竹枝詞。

廣州的生活，特別適合以竹枝詞來表達，因為有很多基本的元素，被原原本本地繼承下來，比如珠江邊吃海鮮，幾百年都是這樣，以前什麼味，今天還是什麼味。竹枝詞沒什麼機巧，不拘一格，沒有合轍押韻，但勝在情感上的一脈相承，也許這和廣州的地理位置有關係。廣州的文人，離中原文化遠，傳統束縛沒有那麼緊，因此，也適合寫這些。它能簡練的勾勒出城市的面貌，如：雲山珠水、北京路、十三行，冬至魚生夏至狗，荔熟蟬鳴，茉莉白木棉紅，真實又親切。

明末清初的詩人，嶺南三大家之一的屈大均曾在詩中寫道：「洋商爭出是官商，十字門開向二洋。五絲八絲廣緞好，銀錢堆滿十三行。」詩中描寫了廣州的綢緞，經過澳門與各國貿易，十三行經營外貿，獲利頗

豐。時人歐陽子認為，這可能是十三行的最早紀錄。

又比如，明清詩人的廣州竹枝詞中，曾多次提到漱珠橋，《嶺南文學史》一書，還專門收集了幾首相關的竹枝詞：「買棹竹枝橋畔礱，沉龍甘美鱖魚肥」、「消寒最是圍爐好，買盡橋邊百尾魚」，記錄了從乾隆年間開始直到民國時期，漱珠橋畔酒樓臨江而設，騷人墨客常於此飲酒賞月、唱酬吟詠的舊事。漱珠橋原來在海幢寺北面的龍溪二約，據《廣州市地名志》記載，是清乾隆年間福建潘氏到此建村時興建的，橋下為漱珠湧，向北流入珠江。此橋已經無跡可尋，大概位置在海珠區的南華中路和南華西路交界處。

民風民俗是最容易忘記的東西，花木蔬果、飲食習慣、歲時習俗，甚至只是民間的一時風尚，總是難入正史。而竹枝詞以詩證史，展現最為明顯。

清詩中有道「冬至魚生處處同」可見吃海鮮魚生廣州人早已為之，而「只須一味禾花雀，不數珠江馬鱭魚」又記載了廣州人吃禾花雀的傳統。

民國時期，西風東漸，也有一些竹枝詞反映當時的社會情況，比如學習英文，「學堂風氣重英文，風度新充壯士群」；而另外一首詞更反映了時尚女子學英文的熱情：「髻盤委墮鬢如雲，窄袖蠻靴襪布裙。妝束工趨時世樣，女兒還喜演英文。」

竹枝詞就是這樣在隱約間記錄著城市的歷史，也許只是一個碎片，卻足以讓人們享受還原的樂趣。即使竹枝詞不能夠為我們提供足夠的新鮮史料，也足以使我們彷彿在詩中跨過時空，尋到舊友，從而發出會心的一笑，而這笑容，恰恰也是詩歌的魅力。

住宿廣東

　　常言說，一個人的外表可以反映一個人的氣質，那麼，從廣東的民居建築的多樣性，能不能看出廣東人海納百川，相容並包的寬闊胸懷呢？廣東在中國悠久的歷史中一直保持著自己獨特的發展軌跡，反映在民居風格上，嶺南民居由於民系眾多，對外交流頻繁，形成了千姿百態的民居形式。從五邑的碉樓到客家的圍屋，從西關大屋到東山洋房，從嶺南建築的重要標誌騎樓到潮州的九宮格式建築群，還有廣府的三間兩廊式，廣東民居自成套路，廣東的建築大師們也是最早把現代住宅和中國傳統精神結合起來探索的吃蟹一群。

騎樓：風雨無情人有情

商業騎樓建築最早見於 2,000 多年前的古希臘，後來才流行歐洲，近代才傳至廣東。廣州的騎樓是西方古代建築與中國南方傳統文化相結合演變而成的建築形式，可避風雨防日晒，並且符合商業經營的需求，是廣州一種極有特色的建築物之一。

「騎樓」建築在廣州市的第十甫路、上下九路、中山路、解放路、人民南路、一德路等商業街道較為集中。而西濠口一帶的「騎樓」氣魄最大：新亞酒店、南方大廈、愛群大廈等均為廣州初期「騎樓」建築中的佼佼者。

南方天氣潮溼多雨，商業樓宇密集，而廣州有「五月天，孩兒臉，說變就變」之說，因而「騎樓」正好適應這種氣候特點，一時風靡整個廣州城，而逐步地形成廣州街景的主格局。

對於務實的廣州老百姓，騎樓樓下做商舖，樓上住人，還能為行人、商戶遮陽避雨，所以被喻為風雨廊。其跨出街面的騎樓，既擴大了居住面積，又可防雨遮晒，方便顧客自由選購商品。

騎樓一般分為樓頂、樓身、騎樓底三部分。在每座騎樓建築的樓頂，都可以看到山花和女兒牆。山花是立面上一種緩坡的三角形山牆的花飾，有意設計成曲線和半圓形。騎樓建築中的山花，成為屋頂的重點裝飾部分。有些是極具現代感的直線條形，有些加入西方柱飾、帶有歐洲風格，有些則在上面雕塑著各式各樣的圖案。山花兩邊的矮牆便是女兒牆，又稱「壓簷牆」，出現在天臺邊緣以及簷口以上的位置。女兒牆圖案簡單，強調實用性。在廣州騎樓建築中，凹陽臺最為常見，設在騎樓立面中部，它由欄杆或其他胸牆圍起來，欄杆呈直條狀或方塊狀，偏重實用性裝飾。騎樓底空間淨高 4 ～ 6 公尺，有的甚至高達 8 公尺，一系

列連續的騎樓底空間組成貫通的人行道。

　　騎樓建築在商業街道較為集中，多為 2 ～ 4 層：底層前部為騎樓柱廊，後部為店鋪，兩層以上為住宅；臨街立面處理為西式造型或中西結合，稱為「洋式店面」；騎樓建築並肩聯立而建，形成連續的騎樓柱廊和沿街建築立面，也就是騎樓街。

　　廣州騎樓的最大特點就是把門廊擴大、毗聯串通成沿街廊道。廊道上面是騎樓，下面一邊向街敞開，另一邊是店面櫥窗，顧客可以沿騎樓自由選購商品，店鋪後面是工廠、貨倉、生活用房，樓上一般住人。這類建築也可能受「桿欄式」建築的影響。有的樓頂矗立著尖頂塔樓，有的正面牆頂挑出拱形雨篷。這些奇特的造型，為單調、平整的天際線增添了情趣。立面色彩以當地盛產的貝灰白色和調以米黃色為主。牆面具有豐富多彩的藝術效果，牆面浮雕圖案、窗洞形式、線角、陽臺鑄鐵欄杆等，融合了西方的「巴洛克」或「洛可可」建築裝飾風格。附牆柱在層高處以多道線腳與腰線相融，腰線下面以帶形圖案貫通，使得牆面層次清晰，線條曲直富於變化。建築細部的簷口下、鏇洞、窗眉和窗臺下以及門套、山花等部位，都巧妙地裝飾著花飾，其圖案樣式具有中國古典捲草圖案情調。廣州騎樓建築中最具中式建築特色的是滿洲窗，這種在西關大屋中常見的滿洲窗，被設計師們運用到騎樓上，它由五顏六色的玻璃及木格組成窗花，非常特別，很有藝術韻味。

碉樓：夢回中古歐陸風

　　開平碉樓主要是舊時開平地區人們用於防匪、防澇及居住的一種碉堡式的建築，源於明朝後期，鼎盛於 20 世紀初，是融中西建築藝術於

一體的華僑鄉土建築群體，現存一千多座，被譽為「華僑文化的典範之作」、「令人震撼的建築文藝長廊」。

開平地勢低窪，河網密布，常有洪澇之憂，其所轄新會、臺山、恩平、新興四縣邊遠交界之地，向來有「四不管」之稱，社會秩序較為混亂。明朝後幾百年不斷受到沿海海盜、土匪襲擊，加上每年颱風多次登陸、洪水氾濫，這種社會不寧、生態欠佳的情況，使明朝後期就有鄉民建築碉樓，作為防澇防匪之用。

清末，開平地區大批的人漂洋過海，旅居世界各地。「衣錦還鄉」、「落葉歸根」情結使他們中的大多數人賺到錢後首先想到的就是匯錢回家或親自回國操辦「三件事」：買地、建房、娶老婆。於是在 1920～1930 年代形成了僑房建設的高峰期。樓主在海外的見聞為建造碉樓提供了原始素材，所以碉樓建築風格又別具一格，且吸取的建築形式也各不相同。碉樓建造巔峰期全市多達 3,000 多幢。

晚清建成的碉樓，由於技術水準的進步，跨度更大且更為堅固，單體碉樓單體不僅有防禦功能，還滿足了其時對居住的要求，因而又產生了碉樓的幾種變體，如廬、方樓等民居形式。

開平碉樓的建築占地普遍不大，人們追求的是高度，這樣可以眺望，晚上便於射擊。碉樓的結構一般是用生土材料，也有全部用鋼筋水泥牆體的，但這種樓造價太貴，所以極少見到。

碉樓內部空間普遍不大，所以，一旦發生情況全族人或全村人都躲入碉樓，一到天亮，大家再回平房休息。在賊匪猖獗的年代，一般碉樓上有年輕人守駐，看管上面的火炮、銅鐘、警報器、探照燈等防範裝置。

碉樓的造型有許多種，但絕大多數的形式為正方形或長方形的高塔型建築，建築的最上層出挑一圈環廊或一圈陽臺、幾個挑斗。在出挑的

頂層四邊都設有槍眼，出挑的部分樓板上也有長條形的槍眼，以便向下射擊，使匪徒無法接近碉樓。

各層都有小窗，小窗內有豎向的鐵條，外面是用超過三公分厚的進口鋼板做的鋼窗。小窗的目的是平日用來通風和照明，一旦有匪情，關上鋼板做的窗扇，外面是一個平面，槍彈無法射入。碉樓的底層設一鋼板小門，上面還有槍可以射擊。

碉樓的下部形式都大致相同，只有大小、高低的區別。大的碉樓，每層相當於三開間，或更大；小碉樓，每層只相當於半開間。

碉樓的造型變化主要在於塔樓頂部。從開平現存的 1,400 多座樓來看，樓頂建築的造型可以歸納為 100 種，但比較美觀的有中國式屋頂、中西混合式屋頂、古羅馬式山花頂、穹頂、美國城堡式屋頂、歐美別墅式房頂、庭院式陽臺頂等形式。

▌情迷粉黛西關屋

西關大屋是清末豪門富商在廣州城西「西關角」（今廣州市荔灣區）一帶興建的極具嶺南特色的廣州傳統民間住宅形式，俗稱「古老大屋」。

西關在明朝已成為廣州城區的商業中心，十八甫在明代已逐漸形成。而西關角形成於清代同治、光緒年間，範圍包括文昌橋、大觀橋、泮塘、昌華園周圍一帶。西關大屋集中在寶華路、多寶路、寶源路、逢源路。後來又擴展到西關的其他地區，多為名門望族、官僚巨賈所建。

這些住宅高大明亮，廳園結合，裝飾精美。基本布局是三間兩廊，左右對稱，中間為主要廳堂。中軸線由前而後，依次為門廊、門廳（門官廳）、轎廳（茶廳）、正廳（大廳或神廳）、頭房（長輩房）、二廳（飯

廳）、二房（尾房）。每廳為一進。廳與廳間以天井相隔，天井上加小屋蓋，靠高側窗（水窗）或天窗通風採光。正間兩旁主要有書房、偏廳、臥室和樓梯間等。最後為廚房。門廳右邊一般設有庭院小品，栽種花木，布置山石魚池以供遊憩觀賞。庭院後部為書房。大屋兩側各有一條青雲巷（取「平步青雲」意），又稱「冷巷」、「火巷」、「水巷」等，有通風、防火、排水、採光、晒晾、交通、栽花木等多種功用。西關大屋的門廊裝修，設矮腳吊扇門（又叫腳門）、趟櫳、硬木大門三重門扇。趟櫳是一個活動的欄柵，用 13 或 15 條堅硬的圓木條（一般為紅木或硬木）構成，橫向開合故稱趟櫳。腳門和趟櫳有通風和保安的功能，是適應嶺南炎熱多雨的氣候而特製的建築構件。西關大屋的大門是用紅木或樟木等高級木材製造，門鈕銅環，門腳藏石臼中，門後用橫閂扣門，以防盜賊。

室內裝修講究，陳設家具、燈具、條幅、對聯、書籍、古董、字畫、瓶花、盆栽、籠鳥、鏡臺及各種藝術品。名貴的紅木家具，精巧的木雕花飾，富有地方特色的滿洲窗和檻窗其獨特的布局形式具有濃郁的嶺南韻味。

需要指出的是廣州民諺「西關小姐，東山少爺」裡的西關小姐，過去是指住在這種豪宅裡的大富人家的千金小姐，而不是指當時一般人家的女孩。

紅樓一夢伴書香

紅樓，即清代廣州貢院內的明遠樓。因樓漆為紅色，俗稱紅樓。位於今越秀中路 125 號內。「明遠」二字，取自於《大學》中「慎終追遠，明德歸厚矣」的含意。

明遠樓是貢院所在。貢院就是古代的考試機構，原貢院建築規模宏大，中軸線有大門、儀門、明遠樓、至公堂、戒慎堂、聚奎堂及後門，東西兩側有號房 7,000 餘間。現僅存明遠樓。樓坐北朝南，占地約 220 坪。樓為木結構兩層樓閣式建築，歇山頂，面闊進深均 5 間，抬梁與穿斗混合式結構，上下層均置圍廊周匝。首層外簷柱施插拱一跳承托出頭梁挑出腰簷。現外簷角柱及部分柱已改為混凝土柱，或用混凝土加固。右側迴廊設木樓梯上二樓。二層外簷柱施插拱承拱挑梁出簷。樓雖多次修繕，材料多已更換，但仍保留不少南方早期建築特點。

古代的監考官就在這裡辦公，張之洞任清代第七十八任兩廣總督期間（西元 1886 年前後），特地將貢院前面闢作了大廣場，又建起了號舍數千間。所謂號舍，就是給前來應試的學子住宿飲食的處所。

清咸豐七年（西元 1857 年），第二次鴉片戰爭爆發，附近建築皆毀於兵燹，唯明遠樓巋然獨存，成為羊城碩果僅存的古代教育史蹟。一幕幕古代文士悲歌便於此處頻頻上演。

洪秀全與紅樓亦有小關聯。據野史所載，洪於清道光二十年前後曾來此應試，不中，屢敗屢試，憤而退思，復進西湖路龍藏街某書院再讀以期躋身仕途。又不中，即自言：仕，非考之一途也，陳勝吳廣，寧由考乎？於是舉旗作反，首發地也在紅樓附近。史學家就此道之：故事未足取信，但考試僅是方式，沒有經過嚴格有序的治學，則其敗也速。

紅樓作為古代的考試機關，各地的童生考完秀才之後才能到這裡來考舉人，即鄉試、省試直至上京考進士的殿試 —— 古代讀書人成功的獨木橋。康有為、梁啟超、黃遵憲都曾在這裡熬白過少年頭。書家商承祚先生的父親商衍鎏亦與紅樓有緣，古代殿試的前三甲叫做狀元、榜眼和探花，而商衍鎏就是有名的「最後一個探花」。商的先人是遼寧鐵嶺人，

隨清軍入粵而駐防八旗二馬路。商家後來在紙行路買下蓮花巷的一處宅地開始耕讀生涯，那是舊社會晉身上流的唯一路徑。光緒二十九年（西元 1904 年），慈禧太后為慶祝七十壽辰增開一科，商衍鎏如有神助，中一甲第三名探花。這是中國最後一次科舉考試，因為此後科舉在中國被廢除，未幾，清王朝亦告崩潰，紅樓成為這段歷史的見證。

紅樓的後面原立有許多碑刻，經過歲月的摧殘，現在片瓦無存矣，飽閱滄桑的木柱木梁油漆斑駁似鐫刻了無數的人間風霜。

潮州大厝皇宮起

文題是潮州一句民間俗語，其中提到「大厝」，在潮州即指民居，而「起」乃潮州方言，即建的意思。這句話的意思是潮州的民居是按照皇宮的模式建造。這句俗語在潮州有一段歷史傳說：古時潮州的民居多為草屋或一般的泥磚屋，明朝嘉靖年間潮人陳北科進京，看好了京城的四合院，在拜見皇帝時，忽聞雷雨而大驚失色，即裝欲鑽入桌下之狀。帝驚問其故，陳答道潮州民居是草和泥所造，天下雨須躲於桌下避雨，方免淋溼衣衫。於是皇帝恩准陳繪圖回潮，按北京城的四合院形式建民居，從此潮州才有類似四合院模式的民居式樣。

傳說畢竟是傳說，潮州的傳統民居並不是嘉靖年間才得到發展的，它是從唐至清歷代潮州先民在生產活動和區域交流中受到中原建築文化的影響，同時較多地受到八閩、江西建築文化的浸潤和江南、廣府建築文化的影響，加上自身地域的自然、經濟、人文和工藝特徵，使之成為既是中華建築文化之一脈相承，又有別於中原和北方民居建築的凝重、鮮豔，還區別於江南民居的俊逸、清純，逐漸形成自身的民居風格。「潮

州大厝皇宮起」這句俗語是形容潮州的民居無論在建築序列格局還是裝飾工藝等方面都可以與皇宮相媲美。潮州民居的主要特色是將傳統的建築文化與潮州特有的傳統工藝美術如金漆木雕、工藝石雕、嵌瓷藝術、金屬工藝以及書法、繪畫藝術等最大限度的整合，使民居建築金碧而不庸俗、淡雅而有韻味，具有濃郁的文化底蘊和豪華氣派，故自古就有「潮州大厝皇宮起」、「京華帝王府，潮汕百姓家」之說。

不論在聞名遐邇的潮州古城，還是各縣城、村鎮以至遠處僻壤的山村聚落，現在都能看到這些古舊的院子，這些古舊的院子並不是展示歷史的道具，至今仍然居住著眾多的居民，他們大部是世代祖居，成為了傳承潮州歷史文化的一種生動載體。

鍾靈毓秀廣府居

廣東建築大體上可以分為廣府建築、客家建築和潮汕建築三種風格，而我們通常所認識的嶺南建築，其實就是廣府建築，主要包括廣州、南海、順德地區的建築。嶺南建築的特點有二。第一，就是依據自然條件包括地理條件、氣候特點，展現出的防潮、防晒的特點；第二，就是大量吸取西方建築精髓，展現了相容並蓄的風格。

廣府人主要由百越族與早期小部分漢人雜處同化而成。廣府文化特徵以珠江三角洲最為突出，既有古南越遺傳，受中原漢文化輻射，又受西方文化及殖民地畸形經濟因素影響，具有多元的層次和構成因素。

廣府民居風格在南宋以後逐步建立起來，至清中葉已經相當成熟。主要代表形式是布局整齊的梳式布局村落和三間兩廊式的合院。村前有風水池塘，中軸線前端布置大祠堂，成為整個村落的構圖中心。整齊通

暢的巷道發揮著交通、通風和防火的作用。鍋耳式的山牆此起彼伏，形成蔚為壯觀的廣府民居特色。嶺南園林獨樹一幟，可游可居，在擁擠中求疏朗，在流動中求靜觀，在樸實中求輕巧，在繁麗中求淡雅。在五邑僑鄉，則產生了多層的廬式民居和碉樓建築，在平面展開的傳統村落中特別突出，其多樣性的西洋建築風格和裝飾題材洋溢著濃厚的異國風情，成為中國鄉土建築中的一支奇葩。

符合通風與陰涼的要求是嶺南建築的共同特點，廣府鄉村建築也是如此，一般來講，建築的一般材料是花崗岩（廣州人叫麻石）和紅砂岩（就是南越王墓博物館所用的石材），兩種石料分別呈紅色和青色，這也是老百姓常說的青磚和紅磚。

廣府建築的大部分村落都是梳式布局，或者稱平面網格布局，也就是指整個村落的形式，是以一個巷子為中軸，民宅在巷子兩側，一個院落套一個院落，與北方的四合院相比，廣府建築的房子都是三合院。宗祠是整個村落的精神核心，同時，村前有水塘是所有村落的共同特點，水池邊種上大榕樹也是慣例，榕樹之下的空地想來是僅次於宗祠的重要的民間文化傳播場所，榕樹下有講不完的故事。

天人合一的嶺南圍屋

中國人自古以來崇尚自然，認為人是天地萬物之靈，但人又是天地萬物之一分子，沒有了天地就沒有了人，人與天地共存。嶺南圍屋就是天人合一，追求人與自然和諧的一種典型的建築風格。

嶺南圍屋是客家人的傳統居所，主要分布於粵東、粵北、東江流域和環珠江口的深圳、香港等地，其內涵豐富，形式多采多姿，是珍貴的

歷史文化遺產。粵港地區的客家圍屋，大致可以分為十幾種類型，其中尤以圍龍式圍屋、城堡式圍樓和四角樓最具地方特色。

客家先祖從秦始皇時期開始，為了躲避戰亂，歷經千辛萬苦從中原南遷，前後經歷了兩千多年。閩西、廣東北部、東北部、江西南部等地是現在客家人居住的中心地帶，圍屋建築也比較普遍。

客家圍屋的建築格局從唐宋朝時期就開始形成了。到明清時期，客家人把中原漢族建築工藝中的臺梁式和沖斗式相互結合的工藝，引入到圍屋的建造之中，並且根據當地的氣候條件和地形地貌建起了方形和圓形等不同風格的樓宇。

其主要特點有：一是圍屋皆用板築法建造，先挖牆溝，砌築牆基，然後在牆基上用木板相夾，填入搗碎篩淨的紅土和石子、石灰，舉杵舂實為牆；二是「防禦性」，有完善的防禦體系、固若金湯的結構。外牆厚一般為1公尺左右，高二至四層。四角構築有朝外和往上凸出的碉樓，牆上設置一排排的槍眼炮門，有威懾力；三是以堂屋或宗祠作為圍屋的核心，一般有三堂兩橫，堂屋縱向布置，分下堂、中堂和上堂，上堂是祖堂，供奉祖宗牌位。橫屋建於堂屋的兩側，用於居住；四是雕刻、壁畫、彩繪等這類裝飾藝術在建築中越來越得到重視，凡舉瓦簷、梁棟、屏門、窗匾、廊牆均有工匠巧奪天工的賦形，令人嘆為觀止；五是在選址上，既講究天人合一，又兼顧風水，客家圍屋都在圍屋前面興建一個風水塘，這是客家圍屋的重要象徵。

客家建築大觀園 —— 大埔民居

有人說，建築是凝固的音樂。那麼，大埔的客家民居建築群便是一曲音色優美瑰麗的田園交響樂章。土圍樓、方石樓、圍龍屋、走馬樓、

中西合璧屋、鎖頭屋……形式多種的民居建築，就像一顆顆亮麗的音符，點綴在風光旖旎的田園之上。

大埔，民居建築形式多樣、種類齊全，堪稱「客家建築大觀園」，大埔比較出名的有土圓樓、方石樓、圍龍屋、走馬樓、中西合璧屋、鎖頭屋等，其代表性建築有大東鎮的花萼樓（土圓樓）、湖寮鎮的泰安樓（方石樓）、豐溪的衍翼樓（走馬樓）、西河的張弼士故居「光祿第」（圍龍屋）、百侯的「肇慶堂」和「海源樓」（中西合璧屋）等。

花萼樓設計精巧、結構獨特，顯示了客家人圓滿、團結、平均、平等的生活理念，是目前廣東土圍樓中規模最大、設計最精美、保存最完整的民居古建築，是很有特色的一種嶺南風格的民居建築。在大埔還有「泰安樓」、「光祿第」、「太守第」、「通議大夫第」、「海源樓」、「肇慶堂」、「蘭臺書室」、「火船屋」等這些形式多樣、別具一格的客家民居建築，也很有特色。

一座花園四點金，夫妻相伴坐花蔭

「一座花園四點金，夫妻相伴坐花蔭。眠起看花花含蕊，夜昏看花花同心。」這首歌謠描寫的是恩愛夫妻朝夕相伴的甜蜜生活。其中歌中所唱的「四點金」，就是潮汕傳統民居形式的一種。「四點金」即是以前廳、天井、後廳為中軸線，前後廳東西兩旁各一房，占據整座大房的四角，故稱「四點金」。「四點金」整體結構類似北方的四合院，是明朝京都的建築風格。

「四點金」是一種多層次、對稱、平衡、結構完整的平房式宅第。舊時只有殷富顯達的家庭才能建造。「四點金」建築周邊一般有圍牆，圍牆

內打陽埕，鑿水井；大門左右兩側有「壁肚」；一進門就是前廳，兩邊的房間叫前房；進而是空曠的天井，兩邊各有一房間，一間作為廚房，稱為「八尺房」；另一間作為柴草房，一般稱為「厝手房」；天井後面為大廳，兩邊各有一個大房。「四點金」的構築還有多種：只有前後四個正房，沒有厝手房及八尺房，而四廳齊向天井的，稱「四廳會」；前後房都帶八尺房和厝手房的，則化八房為十室的稱為「四噴水」。如果在「四點金」周邊建一圈房屋，則謂之「四點金加厝包」。

「四點金」有一個突出的特點就是極其注重裝飾，故有「京華帝王府，潮汕百姓家」之說。清乾隆《潮州府志》就提到過「鳥革翬飛」、「雕梁畫棟，綴以池臺竹樹」，就是對潮汕民居華美裝飾的讚嘆。潮汕民居裝飾的重點是門樓、屋面和廳堂。屋內的檀木都漆成紅色，椽子則漆成藍色，稱為「紅楹藍桷」。內部裝飾建築有木雕和石雕等，雕工精細、別緻配以漆畫和嵌瓷等，金碧輝煌，美輪美奐。飛簷畫棟上則繪製花鳥蟲魚和飛禽走獸、歷史人物故事等，造型栩栩如生，十分生動形象。

● 歇馬舉人村 —— 男巷寬女巷窄

明清古村落歇馬舉人村位於廣東省恩平市中部的聖堂鎮。古村規模較大，整體格局、風貌保存相當完整，文物遺跡豐富。歇馬村創建於明代初年，最初的居民是從粵北南雄珠璣巷輾轉遷徙而來的。該村在明清時期曾出過多達 430 餘位各級官吏，成為有名的「舉人村」。

在歇馬舉人村內至今保留的「男巷」、「女巷」，其中男巷寬闊，女巷相對狹窄。這種建築格局具有明顯的禮教色彩，呈現出獨特的景觀。整個村落呈扇形布局，上寬下窄，中間高兩邊低，各種明清風格的古建

築布局有序、錯落有致，遠看相當整齊美觀。古村內的小街小巷也有「男女之別」，13 條大巷稱為男巷，古時是專供男性出入的，這些街巷一般不容女性出入；而另 14 條稱為女巷的小巷，則專供女性出入或乘涼聊天。男巷可容兩人並排行走和馬匹通過，而女巷則十分狹窄，僅能容一人通過。

歇馬村還曾有 20 餘間祠堂，至今仍保留 6 間，是恩平市古祠最多的村莊。古祠裡抬梁穿斗等木雕工藝，具有濃郁的嶺南古建築特色。

重視教育的風氣讓歇馬村在歷史上獲得功名爵祿的人相當多。據統計，明代立村之初至清末幾百年間，歇馬村一共出過舉人、進士及九品以上官吏 430 餘人，是遠近聞名的「舉人村」。官吏功名和官階最高的為梁元桂，他是清咸豐年間進士，歷任戶部主政、臺灣知府和臺澎兵備道兼理提督學政。歇馬村也出過武解元。清乾隆三十六年（西元 1771年），村中子弟梁開第鄉試中武舉第一名，後被乾隆皇帝欽點為武解元，一時名震恩州（恩平古建制）。

● 一日看盡羊城花 ── 廣州睇樓

坐地日行八萬里，一日看盡羊城花。偌大的廣州城，任你怎樣長相廝守，也難盡睹其妙看盡其真。那麼，用一天的時間，檢閱一下廣州的樓盤建築也令人趣味盎然，別有一番收穫。

看傳統民居建築，當然不能不去西關。西關位於廣州城西，這裡的西關大屋民居是非常有特色的。而西關大屋中連片保留較為完整的當屬耀華大街，這裡已被劃為民居保護片區。青石的路面，青灰的磚牆襯著深褐色的趟櫳整潔有序，清清爽爽的。建築的外立面均是典型的西關大

屋風格，角門、趟櫳、大門一樣都不少，麻石牆角和寬大的石門洞也是那麼原汁原味。如果還想看更原生態的西關傳統民居，那麼到寶華路，多寶路一帶，你會看到更有生活氣息的傳統民居。某種意義上說，這些古老的房子才真正凝聚了老廣州的一種生活方式。

在廣州，素有「有錢住西關，有權住東山」的說法。原東山區的小別墅被稱為「東山花園洋房」，與西關大屋相比，是另一種氣派、體面的風格。以東山恤孤院路、新河浦路為主要集中地段，建築於 1920 ～ 1930 年代。在新河浦、龜崗一帶，這些高高低低的複式小別墅就有 600 多棟，是廣州現存最大的中西合璧低層院落式傳統民居群。這裡曾經是民國初年的顯貴居住的地區，沿著現在斑駁的外牆，走在寧靜優美的小巷中，在一片暗紅色調的別墅群裡，依然能感受到過去那種顯赫與大氣。

如今，廣州經濟高速發展，人民的生活水準不斷提高，廣州市民的居住條件也發生了很大的變化，其中一個顯著的特點是大型的居住社區數量不斷增加，居住品質得到很大的提升。海珠區的樓市發展就是一個很明顯的例子。在工業大道沿線，直到南州路一帶，一個接一個的大型樓盤陸續落成，改變了這一帶過去以工廠為主的格局，形成一個商住新區域。不斷矗立的新樓房營造出新都市的風貌。房地產的發展又帶來城市配套建設的增加，道路更加的寬敞，交通更加的便利，人們生活條件不斷得到改善。

如果要看高端的建築，那就不能不去天河區，這是廣州著名的商貿區，這裡是現代化建築的集中地，其中又以珠江新城最為突出。珠江新城可以說是廣州新的中心所在，是繼東山以後成為廣州現在有財有勢人士的首選居住地及辦公地。但對於珠江新城的建築而言，辦公的摩天大樓更是搶盡了人們的目光。穿梭在高聳如雲的辦公大樓群中或匆匆而過

的都會男女中，你會感到廣州都市的活力和能量，除了讚美那現代化的建築的精美，還會感嘆廣州的發展一日千里。

近代以來，廣州房地產迅速發展，出現了一道任何城市都無法見到的亮麗景觀，那就是「睇樓巴士」（睇，粵語發音「抬」）觀光遊。在市中心的宏城廣場，幾百輛豪華的「睇樓巴士」分行一字排開，等著人們上車去參觀樓盤。這裡總是人頭躦動，熱鬧得像廟會，「睇樓巴士」魚貫出入，車上乘客個個笑顏逐開，因為乘車是免費的，「睇樓」是受人尊敬的。而如雨後春筍般冒出來的新樓盤（居民社區），名字都帶點洋味，建築多是西歐風情，環境追求中西結合，既高雅大氣，又具有嶺南特色，真是一個比一個漂亮，個個都比公園漂亮。無論你是真正的買家還是純粹的參觀者，售樓小姐都會滿面春風地迎接你，這樣的觀光遊不亦悅乎？

獨占鰲頭的鑊耳牆

嶺南傳統建築的民居和祠堂多以鑊耳風火山牆為獨特的造型特徵，即像鑊（鍋）的兩耳，稱「鑊（鍋）耳大屋」。鑊耳造型於明代中葉，被解釋成象徵明代官帽兩耳造型，規定要有科舉功名的人才有資格修建這樣的房子；清代中後期，隨著商品經濟的發展，宗族的平民化，鑊耳風火山牆造型被民間泛化使用，並且與社會經濟文化的發展緊密連繫，成為了嶺南建築常用的山牆造型。

鑊耳山牆邊的裝飾，常是黑色為底的水草、草龍圖紋，俗謂之「掃烏煙畫草尾」，這與水網縱橫、濱臨江海的嶺南生活環境有關。山牆上的草尾裝飾線條優美，在黑底的襯托下，白色的草尾生機煥發，如魚得

水，是廣府民系傳統民居山牆上不可缺少的裝飾圖案；鑊耳大屋又稱「鼇魚屋」。即大屋的正脊頂喜用中間雙龍戲珠，兩端鼇魚相對的裝飾，鼇魚為珠江三角洲流域建築常用的脊飾。據說鼇魚是西江流域族群的一種親水圖騰，而後又轉化為龍母信仰、龍圖騰崇拜，相傳鼇魚好吞火降雨而為人們偏愛。鼇（鑊）耳山牆、鼇魚脊飾同樣可以視為一種親水特徵的建築。傳統建築的屋脊還裝飾夔紋，俗稱為「博古」，據說是從商周的夔龍紋抽象變化而來的。這也是五行之中南方尚水的一種建築語彙，並賦予深遠的文化淵源。

此外，龍船脊、風俗彩畫、陶塑、灰雕以及神龕四周的磚雕、木雕，祠堂墀頭上的精緻磚雕，橫梁上的斗拱木刻等形象無不寓意吉祥長壽，如意富裕等鄉土樸素的情感主旨。

鍋耳牆不但大量用在祠堂廟宇的山牆上，一般百姓的住宅也常運用，廣州綿綸會館等建築就是典型的鍋耳形山牆。

蠔牆千載憑誰問

蠔牆是用指用生蠔的殼做的牆壁和住宅，在現代人眼中，古人用蠔殼為牆十分稀奇。但據考證，在明代以前，用蠔殼建牆是珠江三角洲地區常見的建築方式。現在留存的蠔殼建築物數量很少，廣州市郊的小洲和深圳的沙井、順德區北滘等地至今仍有一些遺存。

蠔牆的主要特點和顯著優點是蠔殼屋牆身厚重，冬暖夏涼，經久耐用，防火防盜防颱風等。其建築形制不離嶺南風格，不同者壘牆材料並非磚石土木，而是蠔殼而已。蠔殼內牆抹灰平滑，外牆則裸露蠔殼，更顯得「蠔」氣十足。

古時的廣東人用蠔殼做為建築材料的主要原因是：兩廣地區靠海吃海，吃蠔跟養蠔都比較普遍，養蠔業自古以來就是支柱型產業，而蠔殼是一種經濟低廉的建築材料。據《新會縣志》記載「蠔蠣房也，民取之海，砌牆環諸，十室而九」。番禺茭塘大嶺村的兩塘公祠，牆高五丈餘，耗殼十多萬個，歷 600 年風雨依然屹立，堪稱「大蠔宅」。清屈大均《廣東新語》記：「蠔，鹹水所結……以其殼壘牆，高至五六丈不僕……番禺茭塘村多蠔。今掘地至二三尺，即得蠔殼，多不可窮，居人牆屋率以蠔殼為之，一望皓然。」

蠔牆具體的建造方法是用泥土混合蠔殼，蠔殼一半嵌在泥裡，一半露在外面堆砌，遠看煞是整齊美觀。

蠔牆多半出現在祠堂，或是有錢人家的宅院裡。之所以被大戶人家特別青睞，是因為它不僅使建築冬暖夏涼，而且還具有行之有效的防盜功能。若有蟊賊黑夜之中貿然翻牆企圖入院，非割得他「損手爛腳」不可。

大氣天成的珠江新城

珠江新城是廣州市近年來重點開發建設的大廈林立、充滿現代都市氣息的城區。它總占地面積 6.6 平方公里，規劃建築面積約 1,300 萬平方公尺。廣州市政府將它定位為廣州 21 世紀中央商務區的硬核，是集金融、貿易、商業、娛樂、外交、行政、居住和文化旅遊等城市一級功能於一體的新城市中心。

珠江新城西接五羊新城，北靠天河商住區，南臨珠江，與赤崗外事區、琶洲會展中心隔江相望，東面嵌入廣州高新技術產業圈內。珠江新城共分為 15 個功能區，402 個地塊。主體部分為中央商務區和中西部

核心區。中央商務區由東西兩個區組成。西區以商業辦公為主要功能，與天河區的商業辦公區一同成為廣州市的商務中心區，目前已有一批國際化豪宅亮相珠江新城，如名門大廈、南天廣場、遠洋明珠、星匯園、麗晶華庭、漾晴居等。東區則以居住和康樂為主要功能。中西部核心區由資訊中心區、金融中心區、商貿中心區、管理中心區及文化中心區組成。文化中心區將建設廣州歌劇院、廣州博物館、海心沙市民廣場及珠江兩岸 400 公尺高的觀光塔等，現已落成的有珠江公園、紅線女藝術中心、臨江大道等。

　　珠江新城是廣州城區一顆璀璨的明珠。它擁有完善的公共配套設施，為城區的商業活動提供了最現代服務。交通四通八達，128 公尺寬、南北向的林陰大道 —— 珠江大道構成廣州新城市中軸線的主要組成部分，主幹道全為 60 公尺寬的優質路，25 條公車線路貫穿其中，地鐵直通城區。

　　珠江新城的設計和建設追求自然、環境與人的和諧統一，宣導人性化的生活空間，要求享受都市繁華的同時又有郊野的環境品質。樓盤內部的綠化，相鄰樓盤間的組團綠化，道路的帶狀綠化，以及作為區域綠化的珠江公園等構成了全方位、多層次的綠化系統，再加上江畔的綠化帶，使整個珠江新城與珠江一衣帶水，綠樹成蔭，花團錦簇，成為城市生態建設的一個樣板。

▌西關大屋的精品 —— 小畫舫齋

　　小畫舫齋位於荔枝灣上，建成於 1902 年（清光緒壬寅年），是一座環形園林式的西關大屋，四周為樓房，中間是花園，樓房精緻典雅，花園花木茂盛，整體結構別具濃郁的嶺南建築韻味。正門在三連直街，南向；後

門在逢源大街，北向。口額石刻清末書法家蘇若湖所書「小畫舫齋」四字。小畫舫齋整座建築為白花崗石腳、水磨「東莞青磚」精砌牆壁，平滑潔亮。

正門進門是一座玲瓏剔透的木雕通花套石刻紅花玻璃大屏風。屏風後面是門廳，前面有一條東西走向的長廊，長廊中建有一座名叫「詩境亭」的半邊亭。西邊是「船廳」，呈畫舫形，小畫舫齋因此得名。還有阮元題書的「白塘紅荔泮塘西」木刻橫額。朝荔灣湧一側全部是蝕刻藍玻璃滿洲窗。北面有供奉黃家先祖的坐北向南的「家廟」（祖先廟）。

水磨青磚高牆、矮腳吊扇門、趟櫳門、硬木大門，白石門框臺階、西關大屋，是屬於那種可以珍藏、值得珍藏的房屋。大屋以石腳水磨青磚砌牆，正門有短腳吊扇門、趟櫳、硬木大門一套的三扇門又稱為「三件頭」，入內三間兩廊，中間是主廳堂並設後花園的結構而別具特色。傳聞西關大屋的興建十分誇張，青磚牆鋪砌所用的不是水泥，而是以糯米飯拌灰漿，所以砌出來的牆沒有一絲縫隙。砌好磚牆之後還須在外面再貼一層水磨青磚，這種面磚貼上去之前就要先用人工打磨，所以西關大屋的青磚牆永遠是平滑的。

恩寧路上的李小龍祖居

李小龍祖居位於廣州市荔灣區恩寧路永慶一巷 13 號，建於民國時期。房屋寬 7 公尺，長約 21 公尺，占地面積 140 多平方公尺，建築面積約 400 平方公尺。坐南朝北，兩開間，西關大屋建築風格，磚木結構，硬山頂，石牆腳。三進深，屋內有雕花大梁，用彩色雕花玻璃屏風間隔，房屋主體保留較好，屋內裝飾構件基本不存。該房屋後門正對著恩寧路馬路。

李小龍的父親 —— 著名的粵劇醜生李海泉（西元 1902～1965 年）曾在此居住。李海泉，原籍廣東順德均安鎮上村，是一代紅伶、香港粵劇「四大名丑」之一；李小龍的母親何愛榆（英文名 Grace Lee），原籍上海，是文學家、收藏家、富商何甘棠之女，具有歐亞混血血統。

李海泉、何愛榆夫婦共有子女五人。依次為：長女李秋源、次女李秋鳳、長子李忠琛、次子李振藩（李小龍）和三子李振輝。

有部分文史專家考證，李小龍少年時曾短暫棲居祖居，後隨父移居香港。也有專家指出，沒有任何證據表明李小龍曾經在恩寧路住過，他們稱李小龍（本名李振藩，英文名 Bruce-Lee）於西元 1940 年 11 月 27 日早上龍時（辰時，上午 7 點到 9 點）出生於美國加州舊金山（San-Francisco，又譯「舊金山」）唐人街的傑克森街東華醫院。其後一直在香港和美國生活，幼年並未在在恩寧路住過。究竟真相如何，還有待專家們繼續研究，不過，在恩寧路的李小龍祖居是典型的西關大屋民居，有興趣的朋友還是可以親自走訪一下。

鎮宅神獸兼招財

民間習俗獅子是鎮宅神獸。也有避邪的作用，而且獅子的嘴一個張開一個閉合，兩者代表吐納之意，有些放麒麟，麒麟也是神獸，而且有助於風水，特別對那些門對水（河、江）的，有馱水的作用。銀行前面的獅子嘴巴一張一閉，張是招財，閉是守財，錢財只吃不吐的意思。

在廣東，無論是舊時大戶人家，還是現在股票交易所、銀行、賽馬、期貨等行業的機構都喜歡在門口擺放貔貅。據說除了有鎮宅神威外還能趨財旺財，貔貅為什麼有這功能呢？據古書記載，貔貅是一種猛獸，為古代

五大瑞獸之一（龍、鳳、龜、麒麟、貔貅），稱為招財神獸。還說貔貅曾幫助炎黃二帝作戰有功，被賜封為「天祿獸」即天賜福祿之意。牠專為帝王守護財寶，也是皇室象徵，稱為「帝寶」。又因貔貅專食猛獸邪靈，故又稱「辟邪」，中國古代風水學者認為貔貅是轉禍為祥的吉瑞之獸。貔貅有 26 種造型，七七四十九個化身，其口大，腹大，無肛門，只吃不拉，象徵攬八方之財，只進不出，同時可以鎮宅辟邪，專為主人聚財掌權。古賢認為，命是注定的，但運程可以改變，故民間有「一摸貔貅運程旺盛，再摸貔貅財運滾滾，三摸貔貅平步青雲」的美好祝願。

還有一種說法，貔貅是龍王的九太子，牠的主食竟然是金銀珠寶，自然渾身寶氣，跟其他也是吉祥獸的三腳蟾蜍等比起來抑頭多了，因此深得玉皇大帝與龍王的寵愛，不過，吃多了總會拉肚子，所以有一天可能因為忍不住而隨地便溺，惹玉皇大帝生氣了，一巴掌打下去，結果打到屁股，肛門就被封了起來，從此，金銀珠寶只能進不能出。這個典故傳開來之後，貔貅就被視為招財進寶的祥獸了。

貔貅也有公母之分，民間傳說公的貔貅代表財運，而母的貔貅則代表財庫，有財要有庫才能守得住，因此貔貅都是一對，才能夠真正的招財進寶。

▍汕尾建房要「擇日」、「興工」

（一）擇日

在汕尾以前要建造房屋，民間風俗習慣首先是選擇時日，叫日課，也是造屋工程程序，它包括興工日、開工日、上梁日、安門日、入夥日等，基建時，就按日課課程的時間順序進行建造。

厝主擇日後，把所選擇日課交給泥水（建築）師傅，要求他按照日課時間完成造房工作。以前建房是非常艱難之事，建築材料靠肩挑背扛，一切都是手工操作，為免拖延工期，聰明的汕尾人會說：「好時好日難得，千萬不要誤時誤日。」建築師傅也明白，延誤時日是賠不起的，不敢怠慢，按所擇日課的要求，依期完成造房工作。俗語說「官有政條，民有私約」，汕尾人聰明之處就是借用「擇日」的時間表，作為雙方合約的具體時間，達到順利建房的目的，可以視為現代民間合約的原始雛形。

（二）興工

泥水師父需用鐵鑿或灰匙在欲造房屋四周的東西南北的角頭鑿一鑿、挖一挖，當做興工儀式。「興工要吃菜（素）」，汕尾民俗興工前幾天叫鄰里吃菜，而鄰里吃不吃菜都可以，其目的是明確讓人知道某時某日欲在該空地建房，到開工日，鄰里會出來看一看，所造新屋位置是否會阻礙行人通道，或對該地使用權有異議者可以即時提出意見，如沒異議，就可建造了。「興工」是前人深思熟慮之處，它把爭議設在建房前解決，房屋造好後再有爭議，麻煩就大了。民俗興工與現在房地產公告一樣，但比公告還早 2 個世紀。

宗教廣東

　　禪宗五祖說：「嶺南人無悟性」，六祖回答：「人有南北，佛性無南北」；一群和尚大腕在爭論「風動」還是「幡動」，亡命隱身的六祖又說話了：哪裡是什麼風動、幡動，是心在動。驚人之語，禪宗從此重心南移。可見，廣東人信宗教是有「根本」的。然而，廣東人並不痴迷宗教，倒是繼承了古代嶺南「信鬼神，好淫祀」遺風，哪怕是「大樹土堆與頑石，也教消受一支香」。因之，魯迅評價廣東人：「迷信得認真，有魄力。」

羊城信善幾多人

廣州的宗教，主要有佛教、道教、伊斯蘭教、天主教和基督教。1950 年代前後，廣州全市共有寺觀教堂 132 間，其中佛教寺庵 55 間，道教宮觀 3 間，伊斯蘭教清真寺 4 間，天主教堂 8 間，基督教堂 62 間。有宗教職業者 680 餘人，教徒共約 3 萬餘人。至 1990 年，全市寺觀教堂共 21 間，其中：佛教寺庵 6 間，道教宮觀 2 間，伊斯蘭教清真寺 2 間，天主教堂 3 間，基督教堂 8 間，另有一批簡易的宗教活動點。有宗教職業者 270 人，教徒共約 9 萬人。

1950 年代後，廣州各教會的發展進入一個新階段，發生了深刻的變化。1980 年代，到寺觀、教堂朝拜參觀的中外信徒和參觀者逐年增多。如六榕寺 1982 年前往禮佛、參觀的人數有 51 萬人，1990 年上升至 81 萬人。伊斯蘭教過去每週「主麻」聚禮和重大的宗教節日活動，基本上是本市的穆斯林參加；1980 年代以後，大批新疆等地來穗從事工商等職業的穆斯林也參與宗教活動，其數量占總人數的一半以上。2000 年後，隨著時代的發展，人們對宗教的認識不斷深化，信善的人士數量迅速增加，民間信仰也得到了長足的發展。

大佛寺裡名人的足跡

大佛寺始建於南漢（西元 917 ～ 971 年）年間，最初名新藏寺，位列「南漢二十八寺」中的「北七寺」之一。新藏寺興盛了數百年，至宋代曾一度荒廢。元朝入主後，在原寺舊址重建殿宇，易名曰福田庵。明

代再度大規模擴建，東起北京路，西至龍藏街，南接惠福東，北達西湖路，寺院名稱，也改為龍藏寺，從此奠定了廣州「五大叢林」之一的地位。明末戰亂頻起，復毀於兵燹。清康熙二年（西元 1663 年）鎮守廣州的平南王尚可喜自捐王俸重修，大佛寺名稱正式啟用。

寺中樹木蔥茂，文物薈萃，歷史上留下了不少名人的足跡。

道光十九年（西元 1839 年）湖廣總督林則徐受命以欽差大臣的身分赴粵主持禁煙，在廣州大佛寺設立「收繳煙土煙槍總局」，正式樹起了禁煙的大旗。在這裡，林則徐主持制定了《禁煙章程》、《曉諭粵省士商軍民等速戒鴉片告示》、《劄各學教官嚴查生員有無吸煙造冊互保》、《查禁營兵吸食鴉片條規》等一系列法規，頒發全省實行。林則徐領導的禁煙運動，歷時雖短，但對中國近代史的影響十分深遠。大佛寺作為當時的禁煙指揮中心，也見證了這段歷史。

大佛寺與孫中山先生也有因緣。民國初年，大佛寺發起成立了廣州佛教閱經社。閱經社本著「闡揚佛理，期化薄俗」的宗旨，廣泛蒐集三藏經典，供信眾借閱。這一善舉，獲得了孫先生的嘉許，為表支持，先生親筆書寫了「闡揚三密」四個大字送給閱經社。這一珍貴手跡，被製成匾額，至今懸掛在殿門上，成了大佛寺的一件鎮寺之寶。

革命家與佛教徒

在中國近代革命先行者中，譚嗣同是非常特殊的一位，他是佛教徒。譚嗣同（西元 1865 ～ 1898 年），近代著名的民主革命家，年少之時即「倜儻有大志，淹通群籍，能文章，好任俠，善劍術」。甲午戰爭後，譚嗣同像許多仁人志士一樣，憂國憂民，致力於國家民族的進步，發憤

提倡新學，有一種強烈的社會批判意識。最後因參與戊戌變法而慷慨就
義，年僅 33 歲。梁啟超稱他為「中國為國流血第一士」，並說「然真學
佛而真能赴以積極精神者，譚嗣同外，殆未易一二見焉」。

　　譚嗣同在京期間，會見了許多佛教學者，對佛學有了認同。這時，
他覺得「平日所學，茫無可倚」、「徒具深悲」。他開始對佛教思想進行
系統的研究，並且還進行學佛的實踐：「於是重發大願，晝夜精持佛咒，
少不間斷」、「漸漸自能入定，能歷一二點鐘始出定。」1896 年夏，譚嗣
同到南京，結識了近代著名的佛學家楊仁山居士，從楊仁山受學佛學一
年。在學術上，譚嗣同認為佛學廣大，「六經未有不與佛經合」，「故言
佛教，則地球三教，可合而一」。在譚嗣同看來，佛教積極入世、普渡眾
生的精神與「孔孟救世之深心」是一致的。「渡眾生外無佛法」，《仁學》
一書，正展現出以佛法求世法、經世致用，積極入世的經世佛學思想。

　　孫中山先生是中國近代革命的先行者、辛亥革命的領導人、偉大的
政治家和思想家，他認為：「國民不可無宗教思想，蓋教有輔政之功，政
有護教之力，政以治身，教以治心，相得益彰，並行不悖。」又說：「佛
教是造成民族和維護民族一種最雄大的自然力。」還說：「佛教乃救世之
仁，佛教是哲學之母，研究佛學可佐科學之偏。」孫中山對佛教傳播和發
展的歷史、佛教的教義、佛教的功用等有相當的了解，他從佛教中獲得
了一些有助於國民革命的啟發，孫中山在處理有關佛教事務時，採取了
較為謹慎的態度，不僅在法律上確立佛教的平等地位，而且積極支持佛
教的革新和佛教團體的建立，對蒙藏活佛、寺產等佛教事務的處理，提
出了較為穩妥的辦法。孫中山對佛教的認同和對佛教事務的妥善處理，
贏得了廣大佛教徒的尊敬和愛戴。

　　陳獨秀是中國新文化運動的主要思想領袖，他說：「佛法之廣大精

深，余所素信不疑者也。」

章太炎是中國近代史上的著名人物、早期革命家，他說：「佛法……與其稱為宗教，不如稱為哲學的實證者。」「佛教的理論，使上智人不能不信，佛教的戒律，使下愚不能不信，通徹上下，這是最可貴的。」

六榕無樹記東坡

六榕寺位於廣州市的六榕路，是一座歷史悠久、海內外聞名的古剎。六榕寺因蘇東坡當年為寺廟題字而得名。它與光孝、華林、海幢寺並稱廣州佛教四大叢林。同時，六榕寺和寺中的花塔一樣，歷來為人們所稱頌，加之歷史地位與光孝寺齊名，素有「光孝以樹傳，淨慧以塔顯」之稱。淨慧是六榕寺的別稱。

六榕寺始建於南朝梁武帝大同三年（西元 537 年），初名寶莊嚴寺。六榕寺興建的原因是梁武帝的母舅曇裕法師，當年從南京攜帶來自柬埔寨的佛舍利到廣州。當時廣州刺史蕭裕為了迎接這一佛寶，特意修建了這個寺院 —— 寶莊嚴寺，還修建了一座塔來供奉佛舍利。

南漢時寶莊嚴寺改名為長壽寺、宋初寺。寺塔均毀於火，北宋端拱二年（西元 989 年）重修寺院，更名淨慧寺。北宋紹聖四年（西元 1097 年）重修寶塔，下瘞佛牙舍利，龕藏賢劫千佛像，故更名為千佛塔。

北宋元符三年（西元 1100 年），大文學家蘇東坡由海南貶所北歸，路經廣州到該寺遊玩時，應寺中僧人道琮之請為寺題字，他見寺內六株榕樹綠蔭如蓋，盤根錯節，氣勢不凡，即欣然書下「六榕」二字，後人敬重蘇東坡遺墨，將「六榕」刻字造一木匾懸掛於寺門之上，又於永樂九年（西元 1411 年）將淨慧寺改稱六榕寺，舍利塔稱六榕塔，又名花塔。

六榕寺山門前門楣上懸掛的「六榕」二字牌匾，是蘇東坡所書。門兩邊的楹聯是「一塔有碑留博士，六榕無樹記東坡」，是民國初年順德文人岑學侶撰寫的。這裡有一段典故：西元 675 年，初唐四傑之一的王勃剛剛在南昌滕王閣寫下「落霞與孤鶩齊飛，秋水共長天一色」這膾炙人口的千古絕句之後，曾南下省親來到廣州，受寺內和尚邀請，參觀並寫下了〈寶莊嚴寺舍利塔碑〉。所以「一塔有碑留博士」中的「博士」是指王勃；而「六榕無樹記東坡」指的是岑學侶來的時候，六株榕樹已經沒有，只有蘇東坡當年題寫的匾額依然風采依舊。

▌懷聖寺與光塔的傳說

廣州懷聖寺又名獅子寺，俗稱光塔寺，是中國四大古代清真寺之一，也是中國現存最古老的清真寺建築。被列為廣東省省級重點文物保護單位。唐、來以來，廣州為中國海外貿易的主要港口，那時廣州的阿拉伯富商最多，他們在當地政府的支援下，修建了一座規德宏大的清真寺，即今日的懷聖寺，寺的命名表達了中外教民對聖人穆罕默德的尊從和懷念。

該寺禮拜大殿置於院庭的正面，它是 3 間帶周圍廊、歇山重檐綠琉璃、帶斗拱的古典式建築，巍然聳立在帶雕石欄杆的大平臺上，充分顯示了大殿的高貴威嚴。石欄杆板上的雕刻各異，有葫蘆、扇子、傘蓋、花卉、獅子、游魚等物，極為活潑生動。大殿內部潔白明亮，用木地板及三面拉門，殿內裝飾雖少，但很整潔大方。大殿梁下題字為：「唐貞觀元年歲次丁亥鼎建，民國十四年歲次乙亥三月二十一日辛未第三次重建」「大清康熙三十四年歲次乙亥臘月十七日乙己再重建」。除大殿之外，尚

有望月樓、東西長廊、藏經室、碑亭、光塔（宣禮塔）等建築。全寺占地面積 4.5 畝，建築總面積 1,553 平方公尺，其中大殿建築面積 400 平方公尺。懷聖寺的光塔馳名中外，是極具價值的建築古蹟。

光塔：中國伊斯蘭教古蹟。在懷聖寺院西南隅，與寺並立。原名呼禮塔，波斯語音讀作「邦克塔」，據說因「邦」與「光」在粵語中音近，遂誤稱為「光塔」。傳說古代光塔是一座導航的燈塔，其時珠江離懷聖寺不遠，光塔白天懸旗，在夜間常懸燈於塔頂，通宵達旦，通往海上絲綢之路和海外歸來的貨船見到塔，便知廣州到了。始建時間約為唐末或南宋初年。塔高 36.6 公尺，用磚石砌成，建築平面為圓形，中為實柱體。有梯兩條各自連通前後塔門，沿螺旋形梯級而上可登塔頂露天平臺。在平臺正中又有一段圓形小塔，塔頂原有金雞一具，可隨風旋轉以測風向，明洪武和清康熙八年（西元 1669 年）兩次為颶風所墜，後遂改為今狀的葫蘆形寶頂。據《羊城古鈔》載，古代「每歲五、六月，番人望海舶至，以鼓登頂呼號，以祈風信」。該塔是中國伊斯蘭教最大的清真寺之一，與新疆吐魯番的蘇公塔大小相彷彿。光塔形體獨特，為中國塔林所罕見。雖屢經修建，仍具阿拉伯伊斯蘭的建築風格。

▌未有羊城先有光孝

中國重點文物保護單位光孝寺坐落在光孝路北端，是嶺南地區最古老、規模最大一座名剎。光孝寺見證了廣州的歷史。民諺說：未有羊城，先有光孝。西元前二世紀，這裡原本是西漢南越王趙氏宅地。三國時，吳國貴族 —— 後來的經學家虞翻居此講學長達 30 年之久，所以又稱虞苑。虞翻死後，家人贈宅為寺，這裡開始成為寺廟。光孝寺歷史上

曾經多次易名，光孝寺之名得於宋高宗年間，沿用至今已有 800 多年。

在佛教歷史上，光孝寺地位特殊，西元 676 年的一天，光孝寺印宗法師正在傳授經文，一個外來的和尚悄悄進去恭聽，突然吹來一陣大風，懸掛在大殿的佛幡被吹得左右飄動，僧侶們議論紛紛，一個和尚說：「幡是無情物，是風在動。」另一個和尚堅持說：「明明是幡動，哪裡是風動？」一時間雙方各執一詞，那個旁聽的外來和尚便說：「不是風動，不是幡動，而是人的心在動。」在座的人一聽，無不感到震驚，印宗法師見來者出語不凡，邀請他入室詢問，才知道眼前的便是人們追尋了 16 年的六祖惠能。傳承了五祖衣缽的惠能為了逃避神秀等人追殺，回到故鄉新興長期隱居。於是惠能在光孝寺接受削髮受戒，成為中國佛教禪宗第六代宗師。從此，光孝寺更加名聲大噪。

光孝寺裡文物和遺跡眾多，有始建於東晉的大雄寶殿，唐朝的六祖髮塔，南漢的千佛鐵塔，宋明時期的六祖殿等，它們對於研究中國佛教歷史以及廣東歷史都具有相當價值。

為紀念六祖慧能，始建於北宋大中祥符年間（西元 1008 ～ 1016 年）的六祖殿（初名祖堂，現為清康熙年間重建），此殿寬 5 間，長 3 間，為單簷歇山頂式。裡面供奉的就是慧能坐像，高達 2.5 公尺。在大殿後面菩提樹下所建的瘞髮塔，是光孝寺的重要建築，更是光孝寺獨有的紀念塔。此塔就是當年慧能在這裡剃髮受戒後，寺住持法才將他剃落的頭髮埋在那棵菩提樹下所建的磚石塔。該塔為高 7.8 公尺的七級八角形塔，每層各面均刻有佛像。由於此塔極具紀念意義，所以，雖然歷經風霜千餘年，但也歷代募修不絕，保存完好。遊人們到此駐足，當年慧能落髮的歷史性場面也就很自然地浮現在人們面前。

光孝寺的建築現存還有大雄寶殿、伽藍殿、天王殿、門樓、東西鐵

塔、法幢、大悲幢、達摩井、齋僧大鑊、石籤筒等古蹟文物。其中大雄寶殿最為雄偉，是廣東最大的佛寺大殿。鼓樓始建於宋朝空山住持，明萬曆三十九年（西元 1611 年）復修，後廢。1990 年經考古發掘在原位置上住持僧本煥復建。鼓樓上懸放法鼓，與鐘相對，跟鐘聲相和應。遇隆重法會時，鐘鼓齊鳴，其莊嚴氣象令人虔誠之心，油然而生。本樓以古代寺廟中的鼓樓為藍本復建，用混合結構，包括斗拱為混泥土重製，創古建新工藝，效果良好，鼓樓內供奉護法關雲長神像。

建於五代時期的東西鐵塔，是目前中國現存的最古老的鐵塔。西鐵塔四角七層，層層刻有佛像和蓮花，是南漢王劉鋹的太監龔澄樞和鄧三十三娘所捐造，後因塔殿倒塌，今只存下面三層。東鐵塔是劉鋹所捐造，形制與西鐵塔相同。層層刻有盤龍和佛像，佛像約有千尊，以金塗飾，故東鐵塔又有「塗金千佛塔」之稱，雕刻和冶煉技術都很高超。至今保存完好。

▊ 南華禪寺和六祖惠能

南華禪寺位於廣東省韶關市曲江縣城東南的曹溪北岸，是禪宗（南宗）的主要道場，中國佛教著名的寺院之一，向來有「嶺南禪林之冠」和「嶺南第一山」之稱。

南華禪寺始建於南朝梁武帝天監元年（西元 502 年），至今已有1,500 多年的歷史。據載，時有梵僧智藥三藏率徒來中國五臺山禮拜文殊菩薩，初到廣州，再沿江北上，路過曹溪口時，掬水飲之，覺此水十分甘美，於是朔源至曹溪。四顧山川奇秀，流水潺潺，於是謂徒曰：此山可建梵剎，吾去後 170 年，將有無上法寶於此弘化。後韶州牧侯敬中將

此事奏於朝廷，上可其請，並敕額「寶林寺」。天監三年建成。

南華寺殿宇歷經多代修建。現寺內所存的建築物，除靈照塔外，其餘殿宇，乃是 1934 年虛雲和尚重修，以後陸續作過修繕。

六祖俗姓盧，名惠能，原籍河北範陽（今北京郊區）。惠能之父原有官職，後被降於新州（今廣東新興縣），永作新州百姓。其母李氏，本地人，唐貞觀十二年（西元 638 年）二月初八生惠能。惠能三歲喪父，母親孤遺，家境貧寒，長大後靠砍柴供養其母。一日惠能賣柴於市，聽一客誦經，惠能一聽即能領悟，於是問所誦何經？客曰：金剛經。惠能又問經從何得來？客曰：得於黃梅寺弘忍大師。惠能歸家告其母，矢志出家，幾經周折，母從其志。惠能安置母親後，於龍朔二年（西元 662 年）直達湖北黃梅寺，拜弘忍和尚為師。弘忍略問其意，便知惠能聰慧過人。為避他人之嫌，弘忍故命惠能踏碓舂米，經八月有餘。

五祖弘忍挑選繼承人，一日聚集眾僧，告取自本心般若之性，令其徒各作一偈，若悟大意，可付衣缽為第六代祖。時有上座僧神秀，學識淵博，思作一偈，寫於廊壁間。偈曰：

> 身是菩提樹，心如明鏡臺。
> 時時勤佛試，勿使惹塵埃。

惠能聞誦後，問是何人章句，有人告之，惠能聽後則說，「美則美矣，了則未了。」眾徒聽了笑其庸流淺智。惠能亦無怪意，說吾亦有一偈，於是夜間請人代書於神秀偈旁。偈曰：

> 菩提本無樹，明鏡亦非臺。
> 本來無一物，何處惹塵埃。

眾見偈驚異，各相謂言，奇哉不可以貌看人。五祖見眾驚，恐人加害惠能，於是用鞋抹去惠能之偈，故意曰「亦未見性」，眾以為然。此日五祖到碓場，見惠能在腰間綁著石頭舂米，心有感嘆。五祖問話之後故意以杖擊碓三下，默然而去。惠能會其意，三更時入祖室，五祖授於衣法，命其為第六代祖。令即南歸，並囑惠能不可立即說法；又曰：「衣缽乃爭端之物，至汝止傳。」六祖辭師南歸，渡九江，行至大庾嶺，發現有人追逐，知為衣缽而來。中有一僧慧明，原是四品將軍，捷足先登，追及六祖。六祖為其說善惡正法，惠明悟，拜六祖為師。明辭回，對後追逐來的人說，前路崎嶇，行人絕跡，到別處尋去，六祖於是免遭於難。惠能行至韶州，初往曹溪，約九月餘。又有惡徒追尋，六祖急逃廣東四會，隱於山區獵人之列，達 15 年之久。

　　唐儀鳳元年（西元 676 年），六祖出山到廣州法性寺（即光孝寺）。時有主持印宗法師，知惠能得黃梅真傳，遂拜為師，並為之落髮。過了兩年，六祖復歸南華寺主持，傳法 36 載，得法弟子 43 人，傳播中國各地，後來形成河北臨濟、湖南溈仰、江西曹洞、廣東雲門、南京法眼五宗，即所謂「一花五葉」。法眼宗遠傳於泰國、朝鮮；曹洞、臨濟盛行於日本；雲門及臨濟更遠播於歐美，故南華寺有「祖庭」之稱。唐先天二年（西元 713 年）七月，惠能歸新州，八月三日坐化於新州國恩寺，享壽 76 歲。後其徒廣集六祖語錄，撰成《六祖壇經》。惠能真身於 1981 年農曆十月開座於修建煥然一新的六祖殿中，以供參拜。千百年來，南華寺與六祖名字連在一起，著稱於世。

祖廟：佛山的象徵

佛山祖廟坐落在佛山市祖廟路的鬧市中。它是供奉道教崇信的北方玄天大帝的神廟，始建於北宋元豐年間（西元 1078～1085 年），原名北帝廟，明代改稱靈應祠。因為宋元以後這裡一直是佛山各宗祠公眾議事的地方，成為聯結各姓的關鍵，所以佛山人習稱它為祖廟。

祖廟坐北朝南，占地面積約 3,500 平方公尺。原建築已於元末焚毀，明洪武五年（西元 1372 年）重建，以後經過二十多次重修、擴建，終於形成一座規模宏大、製作精美、具有獨特民族風格和濃厚地方特色的古建築群。祖廟由排列在南北向中軸線上的萬福臺、靈應牌坊、錦香池、鐘鼓樓、三門、前殿、正殿、慶真樓等建築組成，結構嚴謹、體系完整。

佛山人對祖廟充滿感情，特別是一些老佛山，對祖廟的一草一木瞭若指掌，如果哪天看到祖廟裡的一些東西和以前見到的不一樣，他們就會很快指出來，就像保護自己的家一樣保護祖廟。從淺裡說就是單純意識上的文物保護，是從深裡說就是對祖廟文化的認同感。祖廟已經成為佛山的一個象徵，是佛山人認同的精神連繫。

祖廟的核心文化是真武文化。當初修建時，這種文化的內涵還比較簡單，只是由於佛山當時的水鄉環境，人們害怕水災，而對水神 —— 真武大帝的美好訴求，後來由於佛山冶鐵業的發展，為了防止火災，也把它當做防火神崇拜。

宋元以來，隨著中原人的南遷，這種情況逐步發生了變化。當時，由於南遷來佛山的各個宗族都是聚族而居，各宗族之間很容易產生矛盾，為了協調各宗族之間的關係，就在祖廟成立了專門的「廟議」機

構，管理鄉事。「這是祖廟作為一個民間議事機構的開始。」而且一直到清代它都是行使神權、族權、政權的重要場所。祖廟（大魁堂）作為處辦社區事務、主持慈善公益活動、協調民間糾紛的機構職能已經深入人心，而且與佛山居民的日常生活連繫密切。

明正統十四年（西元 1449 年），黃蕭養發動起義，圍攻廣州和佛山。起義軍圍攻佛山時，佛山人奮力抗擊，大敗黃蕭養義軍。當時，有很多關於祖廟顯靈幫助佛山勝利的傳說。因此，這也促使祖廟的地位陡升，並正式列入官祀。從此之後，祖廟在佛山人的心目中贏得了保民安鄉的美譽，其地位也超出了一般社區廟宇所能達到的高度，成為一個唯我獨尊的廟宇。

祖廟在佛山人心目中的特殊地位逐步確立起來。同時隨著崇拜儀式的確立發展，祖廟在社區整合、區域認同、規範行為等功能上都產生了重大作用。比如說：北帝出巡這個儀式，就是把北帝神像抬到佛山各宗族的祠堂或廟宇進行巡遊的儀式，出巡的範圍隨著佛山地域的擴展而不斷擴大，這種儀式不僅是社區整合的需要，也可以造成增強佛山人認同感的作用。

歷史上，祖廟還擔負起一定的教育責任。明代設嘉會堂教育子弟，清代的大魁堂更是注重教育。在辦學堂之餘，還利用學費創辦了一些義學。佛山祖廟宣導的這種重教傳統，曾使佛山「衣冠文物之盛幾甲全粵」。

祖廟不是單獨的一個廟宇，它還是當時佛山全鎮的一個大宗祠，具有「亦廟亦祠」的功能，是佛山社區整合的精神連繫。它的這種特點也使佛山人對其懷有特殊情感。

廣府古村落的風水意識

廣府地區地理環境複雜多樣，人與環境感應的整合，形成了廣府地區文化的多樣性，這種文化多樣性反映在精神層面上，形成了古村落多神崇拜並存的現象。在廣府古村落裡比較突出的表現是追求和諧的人居環境以及趨吉避邪的精神信仰，在古村落的選址、布局以及民居的建築過程中，講求風水常常是最重要的。

典型的廣府地區古村的風水格局模式是古村落坐西向東，西面背依山岡，東面為湧環繞，之間為平整的田疇。村落依山面水，這些山岡在冬季一定程度上減緩了西北風對村落影響。在古代，河湧水勢比現在大得多，一方面可以透過東南風調節村落的局地小氣候，另一方面河湧是重要水路，這為古村落帶來了舟楫之利。民居建築風水格局是古建築群將地勢墊高，並自西向東傾斜，東面開挖半月形水塘，古建築群的雨水可以透過地下排水系統，依靠傾斜的地勢，匯入到水塘中，取「四水歸塘」之意。古建築群的梳式格局，面向水塘筆直的巷道形成通風、避暑等調節氣候作用，西面封住，對減輕冬季西北風影響有著一定作用。村口水塘邊通常有文塔、風水樹（榕樹）、木棉樹和果園等，古建築群前有晒坪和廣場，文塔左右的榕樹和木棉代表出將入相，果園代表精打細算，文塔代表筆，與塔下的兩方石、晒坪和廣場、水塘共同組成了筆墨紙硯寓意，也構成古村落村民主要的活動空間場所。此外，位於古村落祠堂巷的風水格局也具有代表性，沿祠堂巷有各家姓氏的祠堂，祠堂前一般為半月形水塘，自巷口沿水塘會種有一排榕樹，水塘、風水樹（榕樹）和廣場構成北向村民活動的空間場所。

廣東客家敬伯公

廣東客家地區普遍流行敬祀「伯公」之俗。「伯公」神位處處皆有：在住屋內有鎮宅土地龍神伯公、灶頭伯公、床頭伯公；在室外田野則有塘頭伯公、田頭伯公、水口伯公、路口伯公、橋頭伯公、大樹伯公、石頭伯公等等；在祖墳旁還要專門建造一個后土伯公神位。對一些轄地較廣的水口或村口伯公則尊稱為「公王」或叫「社官老爺」。

每年農曆六月初六日是「伯公生日」。虔誠的人家要給各處伯公上香、敬茶，辦三勝、果品敬祀「公王」、「社官」。有些地方還舉行春秋兩次盛大的「作福」祭典，在春季的「作福」祭典中，人們向「伯公」祈福、許願，到了秋季則要向「伯公」完福、還願。

所有的「伯公」都沒有高大的寺廟和神像，一般只有一個矮小的土神龕，立一塊石碑或木牌，有些只貼一張紅紙或設置一塊石頭，代表伯公神位。

目前，在省內有三處最富盛名的伯公神位：一處是梅州城區較場背的「社官」，另兩處是梅縣城郊的「泮坑公王」和揭西縣的「三山國王」。這三處伯公終年煙火不斷、香客如雲，海外歸僑更是虔誠之至。所謂「社官」原是梅州城郊的一方土地神，「泮坑公王」跟「三山國王」同是粵東地區的三處山神土地的封號。據傳，在唐代，唐太宗征太原，攻城不下，這三位山神顯聖，立了戰功，被敕封為「清比盛德報國王」、「助歧明肅寧國王」、「惠威宏應豐國王」。

人人家裡處處神

　　走進廣東人家，就像走進一個神的世界。廣東人對各路神仙均喜愛有加，比如：大門上有門神，屏門後有天神，堂屋裡有大神，桌底下有阿婆神，灶頭上有灶神，井有井神，牆角邊有三界尊神，廁所有紫姑神等等，反正家裡家外都是神。

　　廣東人在新春時節，在門上必貼些用紅紙印的手持大刀的武官，稱門神，以鎮宅驅邪。在大門外左牆角，有一個鎮守大門的神，據說，你有錢給他，他就為你鎮守大門不讓鬼進來騷擾，否則家宅不寧。所以天黑的時候，很多人在門邊燒紙錢，稱為放鈔。在大門內的右牆角，要恭拜門官神，在牆上面挖一寶，設有香爐燭臺，進行奉拜。

　　到了院子，左邊或右邊的牆角懸掛著「天地三界尊神」的紅牌位。上日：「朔望三叩首，晨昏一炷香。」底下設一香爐，恭奉天神。堂屋的中央有一座神龕，占的位置大小不等，從一尺多到兩三尺不等。龕上分三部分，中間所供的為大神，上邊畫有許多神像。第一位是觀音，其次是白帝、天后、華光、關帝、金花、馬王等九位神。兩邊聯日：「香煙篆出平安字，燭蕊生成富貴花。」右邊供的是財神，聯日：「但教福德如文王，豈願崇奢學季倫。」左邊是祖先，即有一個神牌，好像金字塔樣的。上面填上祖先的名字。聯日：「祀宗祖天長地久，佑人孫日盛月新」，如果是幼輩的人死了，則於旁邊用紙寫一名位配祭，據查，這是廣東獨有的祭奠方式。

　　進入了住房，若是有小孩，在桌底下必供奉一阿婆神。神牌寫「王父母之神位」六個字，設有香爐一個，油燈一盞。每逢初二、十六和小孩過生日時，就燒香點燈，但不能點蠟燭，叫小孩向阿婆神叩頭。

屋外的水井供有井神，祀神外其形如廟在井旁。每年除夕時候便封井，來年初二才能打水。

灶君供在灶頭，每年十二月二十三關灶。灶神農曆二十四上天，奏一年內所司的事情。除夕即下界，然後燃香放炮，叫做接灶。聯曰：「上天奏好事，下界保平安。」

廁所亦有神，即紫姑神。十二月二十三日亦要燒香叩頭。紫姑神的神位，六朝已有，唐宋時盛。據說西漢戚夫人死於廁，化為神，後俗稱七姑，紫即戚之音訛。每年歲末，與門神、灶君同進黏貼，這為家神的末流。可以說，廣東家神是名目繁多，無奇不有。

潮汕老太最信神

在潮汕，誰最迷信？人們回答曰：農村的老太太。因為人們可處處看到，潮汕老太太擔著竹藍奔波在各種寺廟之間。到了目的地，不管上面供的是佛、是道、是神、是鬼，一律虔誠地擺上供品，禱告如儀。完成儀式後，再把供品收起，趕往下一個寺廟，路上碰到石頭、大碑、古井、老樹，也不敢空過，往往也要表示一番。

由此可見，潮汕老人對神明的虔敬，可謂是世界之楷模，但他們對神信而不迷。例如自家孫兒發燒生病，老太們是先請醫生後燒香，很少有愚昧到不看醫生，只到廟裡抓吞香灰的。可見，潮汕老太太對神明並不是「迷」，而是將其當做「保險」的手段。這可能是海上作業危險性大而養成的心理平衡之法，舊社會漁船出海，無異於生離死別，面對颱風和海匪，陸地上的家屬（多是老人婦女）幫不上忙，只有求神保佑，以安慰自己忐忑不安的心靈。既然是「投保」，自然是「保家」愈多愈好，

反正「投資」不多：一籃祭品仍可拿回家吃，只搭些香紙燈油。微小的支出換取了諸神保佑的回報，是划得來的。

潮州人的風雨使者

「風雨使者」又稱雨仙、大聖爺、仙爺等。據清乾隆本《揭陽縣志》載，「風雨聖者」是桃山都人（今揭東縣登崗鎮孫畔人），宋乾道九年（西元 1165 年）生，父名乙，早喪，鞠於兄；9 歲能喚雨，能以腳代柴燒；12 歲入郡，代官禱雨，城中降雨積水三尺；後牧牛寶峰山頂，忽不見，傳說成仙了，皇帝敕封「靈感風雨聖者」，立廟專祀，鄉人遇旱，詣寶峰山頂焚香致祝，即降雨。近千年間，潮汕各地多祀「風雨聖者」，神像都是牧童。據不完全統計，現在潮汕各地尚有雨仙廟 20 多座。

潮州各地的神廟供奉的風雨使者只是個農家小孩，頭不戴冠，身不穿袍，腳不著靴，頭上只蓋著一頂潮州農民的尖頭竹笠，光著腳丫，赤著身子，綁著一片紅肚兜。既是農家小孩子，百姓為什麼還信他服他，稱他為「風雨使者」、「雨仙爺」，還到處建廟供奉他呢？這可就有個來歷。

宋朝某年夏天，雨仙爺村裡的人一邊忙著在田裡割稻子，一邊忙著在晒穀場晒穀子。午後，太陽掛在天上，雨仙卻丟下鐮刀，一口氣跑回家裡，對嫂嫂說：「快收穀子，天就要下雨啦！」嫂嫂不聽他的，還罵他。

雨仙急了，又跑到鄰居家裡說：「快去收穀子，天就要下雨啦！」鄰居說：「連你嫂嫂都不信你，誰肯相信你！」

雨仙見大家都不理他，慌忙再往家裡跑，他知道收穀子已來不及

了，就摸了四隻捉蝦籠子趕到晒穀場，把它們塞在埕子四角的出水口。一會兒，果然烏雲飛來，「嘩啦」一聲響，大雨狂倒啦。

雨過天晴，村裡好多人的穀子都被沖到溪溝裡去了。嫂嫂慌慌張張跑到晒穀埕一看：全完了，埕子上洗刷得乾乾淨淨，一粒穀子也看不見了。嫂嫂嗚嗚的哭起來，雨仙拉著嫂嫂到埕子角說：「免哭免哭，穀子沒有流走，都被蝦籠堵在這裡啦！」嫂嫂不好意思地笑了。

雨仙觀天測雨的事，很快在鄉里傳開了，但鄉親看他是個小孩，還是沒有把他放在眼裡。有一年天大旱，江涸池枯，田裡沒水不能插秧，潮州府太爺設壇在開元寺求雨。那天，雨仙跟他哥哥進城買米，路過開元寺，見裡面人山人海，想跑進去看熱鬧，可是把門的差役不讓進。他便鑽人縫往裡瞧，只見院子裡搭著個大竹棚，府太爺正領著好多和尚又燒香、又誦經、又磕頭。雨仙看著看著，「嘻」地笑出聲來。差役叱他嘲笑太爺、侮辱佛祖，求不來雨，要拿他治罪。他不服，和差役吵了起來。府太爺聞報叫差役把他綁起來打四十大板。可是雨仙並不痛，倒是太爺覺得棒子打在自己屁股上，痛得很難受，只好喊停。太爺想：看樣子這小孩不像平常人，就問他：

「你笑我沒本事求雨，難道你能？」

「天聽我的，我能叫天下雨。」

「要是不下呢？」

「你們把我燒死好了。」

府太爺半信半疑，一面叫人給他鬆綁，一面叫人砌起柴堆，限時限刻要他求得雨下。他跳上案臺，躺下去，順手把尖頭竹笠蓋在臉上，還翹起二郎腿，美美睡了一覺呢。眼看時限將到，天空還沒有半絲雨意，太爺命人準備點火，圍觀的人暗暗為他捏把汗。忽然，他一骨碌爬起

來，舉起竹笠，朝天上搧。搧一下，烏雲滿天飛；搧兩下，電閃又雷鳴；搧三下，大雨嘩啦啦地下。

府太爺這才驚服，要來找雨仙，可是雨仙趁大家正在避雨已跳下案臺拔腿跑了。府太爺為了獎賞他，便令差役追趕。一追追到他的家鄉揭陽縣桃都孫畔村附近，雨仙以為是要抓他，眼看快被追著了，忽見路旁有棵空心老樟樹，便急忙鑽進樹洞裡去，從此再也沒出來。村裡人就把樟樹幹鋸下來，塑成雨仙模樣，建了座廟把他供奉起來。府太爺還奏請朝廷，封他為「風雨使者」。

▍三山國王：潮州地方神

三山國王是廣東潮州及臺灣潮州籍民所奉的地方守護神。指潮州獨山、巾山、明山三位山神。據稱，宋太宗封此三山神為國王，故有此稱。祖廟址設在揭西縣河婆鎮西陲（稱三山田王廟、霖田祖廟、大廟）。它肇建於隋，比開元寺早 200 年，為潮汕最古老的寺廟之一，目前其子廟約有 500 餘座。

據清同治三年的《廣東通志》稱：「有神三人出巾山之石穴，自稱昆季，受命於天鎮三山，托靈於王峰之界石，廟食一方。鄉民遂於巾山之麓置祠合祭，水旱疾疫，有禱必應。宋太祖趙匡胤開基以後，劉鋹拒命，王師南討，潮守侍監王某訴於神，天果然雷電以風，助王師之討伐，劉鋹兵敗，南海以平。宋太宗征太原時，在城下見金甲神三人，操戈馳馬，衝鋒在前。凱旋後，觀三金甲神在城上。人以潮州三山神奏告太宗。宋太宗即詔封明山神為清化盛德報國王，巾山神為助政明肅寧國王，獨山神為惠威宏應豐國王。歲時合祭。」

另據《潮州府志》，三山國王之事蹟略異。府志稱，宋代末年，恭帝被北擄去。文天祥立端帝於福州，改元景炎。元兵壓境時，張世傑奉帝南奔潮州，至揭陽縣境，又被圍。情勢危急之中，忽見天氣驟變，風雷晝晦，有兵馬三支，從三面山中，由三位將軍率領，衝殺而出，驅退元兵，斯圍即解。帝與眾臣正欲向三支兵馬致謝，兵馬迅速按原路退去，頃刻間不見蹤影。風雷過後，細視周圍，三面環山，一為綠樹蒼蒼，一為白石峨峨，一為土色赭赭。於是封三山為三山國王。邑人立廟祀王，所塑神像則一為青面，一為白臉，一為赭顏。此三山即為獨山、巾山和明山。

三山國王，在民間傳說很多，屢有顯靈，都是以協助地方除害禳疾，化解水旱和刀兵之災為最。因此，三山國王是保護廣東潮州地區民眾的神明。三山國王之三王，各有神誕之日。獨山三王惠威弘應豐國王是農曆九月廿五日；明山二王助政明肅寧國王是農曆六月廿五日；巾山大王清化威德報國王是農曆二月廿五日。而在臺灣則將三山國王誕辰定在每年的二月廿五。每逢三山國王神誕之日，福建潮州地區以及臺灣和東南亞國家的潮州人士多進廟奉祀三山國王。

南海神：海上絲綢之路的護衛神

南海神是海上交通護衛神，與廣州海上絲綢之路的發展有著不可分割的關係。無論官方還是民間，祈禱還是答謝，南海神都成為南海航行中不可缺少的神靈，供奉南海神的南海廟成為維繫海上絲綢之路延續的紐帶，隨著南海市舶貿易的發展，南海廟亦更加氣勢恢弘。

南海神作為四海神之一，其有護衛一方平安的地方神職能。有涉

水、風、潮、雨等南海自然諸事，甚至刀劍之災、剿寇護城等人文之事，南海神都法力無邊，救民於水火。兩宋南海神崇拜走向高峰，主要是南海神更加貼近民眾，真正成為保佑國家和地方安定的神靈。地方風調雨順、五穀豐登，民眾安樂，亦對官員政績的好壞和升遷造成很大作用。官民皆認為這一切都要基於南海神的庇佑，於是從上至下形成對南海神的崇敬和祈禱。

南海神保佑上至國家社稷，下及平民百姓，當然也包括官民士商在內。因為南海神護衛海上交通，中外商人答謝和祈禱，都要去南海廟燒香膜拜，商人成為南海廟香客中不可或缺的一部分。從歷次修建南海廟的官員所屬的部門亦能反映出南海廟與海上絲綢之路有千絲萬縷的連繫。修廟的官紳中，其中多與外貿稅收有關，而修廟的官員多是與市舶貿易有關。官民修廟中商人特別是外商是主要捐資者之一。

港口是廣州海上絲綢之路的載體，南海神廟在一定程度上可以說是港口附屬的宗教文化建築，有著文化上、心理上的慰籍作用。海上航行是一個漫長的過程，人們在此期間，抗擊颶風、海浪、暗礁等自然災難，又面臨著食物和水的短缺，出現海上崇拜是自然而然的事情。而港口是他們經過長期海上生活後踏上陸岸的所在，期間一路上的平安自然寄託在保佑海上安全的神身上，南海神廟自然而然成為水手們必需朝拜的場所。不管是廣州南海東廟，還是南海西廟，都是在他們登岸的附近。南海東廟雖然距他們居住的琵琶洲有一定的距離，但因其為正祠，殿宇高大雄偉，自然比西廟有更大的感召力。南海東廟的「扶胥浴日」在宋代已經成為「羊城八景」的首景。而「海山曉霧」亦為南海西廟附近一景，並列為「羊城八景」之一，東西廟皆成為一方名勝。除逢年過節祈求好運外，從農曆十月至次年六月間，是水手們在購買貨物準備回

程的閒暇時，於是也將這兩地當做遊覽光顧的場所。當然，祈風遠航等
儀式也應與南海航行有關。

信宜空亡，有的忙有的不忙

「空亡」是舊時信宜地區一種占卜術中的一種時間的表述，以左手食
指、中指、無名指的第一指節共六個部位按日月時辰掐算吉凶、休咎、
成敗、利鈍的方法：食指的第一、二節為大安、流年；中指的第一、二
節為速起、空亡；無名指的第一、二節為赤口、小吉。

在信宜地區，不論建房、嫁娶、出行一般都忌諱空亡時（最不吉的
時辰），人們都會避開這樣的時間做一些重要的事情，這就是「不忙」，
而唯獨店鋪開張發市，卻偏偏叫地理先生擇個空亡時，說是空亡時開市
生意才興隆，即貨物完售的意思。這個時候那些商人們都很「忙」，生怕
誤了時辰。

媽祖誕辰吃什麼

媽祖是福建、浙江、廣東等沿海地區以及臺灣共同信奉的海神。後
來，由於華僑漂洋過海，又將這種信仰習俗帶到東南亞各國乃至世界
各地。

元《鑄鼎餘聞》引《臨安志》云：「神為五代時閩王統軍兵馬使林
願第六女，能乘席渡海，人呼龍女。宋太宗雍熙四年，升化湄洲，常衣
朱良，飛翻海上，土人祀之。」據說媽祖在生之時，精研醫理，為人治
病，又性情和順，熱心助人。同時，由於生活在海邊，熟悉水性，拯救

海難，又能預測天氣，指導航海。當時，人們稱她為「神女」、「龍女」。在她逝世之後，由於民間多次傳說她顯聖拯救遭遇海難、海盜的商船、漁舟，故被人尊稱為媽祖。

廣東潮汕地區每逢媽祖聖誕（農曆三月二十三日），要進行隆重祭祀。平素最吝嗇的船主，這一天也要以「五牲」或「三牲」祭祀媽祖，然後盛宴招待全船員工。上游來的船隻臨近潮州城時，要燒香祭拜媽祖，保佑平安過湘子橋。每當船隻順利通過橋孔時，則對江鳴放鞭炮，答謝媽祖。

在媽祖聖誕當天，各地的「迎媽祖」活動均十分隆重（迎，即遊的意思）。各鄉村挑選數批青年作為抬媽祖轎的「轎夫」。「轎夫」都是些健壯有力者，而且挑選多是結婚多年而未有子嗣者或剛剛結婚的青年男子。「迎媽祖」時，先到媽祖廟請了神像，安放在轎裡之後，由馬頭鑼鳴鑼開道，接著是一抬大香爐，隨後才是媽祖大轎，然後是諸路神仙，再後是扮成各種故事的人物和錦標、錦旗等。沿街沿巷的群眾圍觀如潮，家庭中主婦必設香案於路邊祭拜，而且各家各戶點燃長長的鞭炮以示歡迎，等媽祖鑾駕經過時，祭拜者便取三根燃著的香，插在隊伍前面的爐裡。圍觀的人，假如是結婚多年而未有子嗣、而又輪不到抬轎的，必爭擠到前邊去摸一摸神像或轎頂，摸得著的話，則象徵今年必生貴子。遊完媽祖後將神像送回廟時，要看哪一臺轎的神跑得快，快者新年更吉祥如意。故此，當快接近神廟時，抬轎者總是發足狂奔。這時老弱者就算把木屐脫掉、提在手中也難以趕得上他們，故潮汕俗語云：「摜屐綴不著走庵」（用來比喻能力差，跟不上別人）。

聖心教堂的榮耀

聖心教堂位於廣州市越秀區一德路的清末兩廣總督衙門舊址上。始建於同治四年（西元 1863 年），於陽曆 12 月 28 日聖心瞻禮日奠基興建，故取名「聖心堂」，因整個建築都用花崗石砌成，又名石室，於光緒二十五年（西元 1888 年）落成。聖心教堂是東南亞最大的石結構天主教建築，也是全球四座全石結構哥德式教堂建築之一。

教堂屬哥德式建築，總建築面積為 2,754 平方公尺，東西寬 35 公尺，南北長 78.69 公尺，由地面到塔尖高 58.5 公尺。正面為雙尖石塔，石塔中間西側是一座大時鐘，東側是一座大鐘樓，內有四具從法國運來的大銅鐘；堂內是尖形肋骨高叉的拱形穹窿；正面大門上面和四周牆壁分布的花窗櫺，都是合掌式，所有門窗都以法國製造的較深的紅、黃、藍、綠等七彩玻璃鑲嵌。這玻璃可避免室外強光射入，使室內光線終年保持著柔和，形成慈祥、肅穆的宗教氣氛。

第二次鴉片戰爭後，法國政府依據不平等條約《天津條約》，藉口清朝廷在教禁期間沒收過天主教在廣州的教堂，威脅清廷賠償損失，強迫官府出租原兩廣總督行署地，興建此教堂。由法國傳教士稽明章（Philippe-François-Zéphirin Guillemin）仿照科隆大教堂的哥德式風格設計。在西元 1863 年 12 月 8 日正式舉行奠基典禮。全部石頭採鑿於香港九龍，建築工程浩大，歷時 25 年，光緒十四年（西元 1888 年）竣工。負責施工的總管為廣東揭陽人蔡孝。工程耗資 40 萬法郎。至今有 130 多年的歷史。

石室的平面為「十」字形。這是有其十分明顯的象徵意義的。「十」字在世界各地的遠古時代，是太陽和火的象徵，也即「光明」之意。但

十字又是古代一種極其殘酷的刑具，它用橫直二木交叉而成。行刑時，將受刑者的兩手分別釘於橫木的兩端，雙足合在一起重疊釘於直木的下方，然後將木架豎起，使受刑者高懸，距地面 3 公尺。受刑者最終由於體力或心力衰竭而死去。當年耶穌就是被釘死在這樣的十字架上的。後來這種十字架刑具因耶穌受難而成為基督教信仰的標記。它又與古代的「十」字為太陽、火、光明的意義相吻合，符合基督教對上帝之光的追求，因而成為西歐基督教堂正院的平面形式。

聖心大教堂現僅存教堂、主教府和東面頤鐸堂。教堂建築可分為前後兩個部分：前半部分是兩座尖頂石塔，這種哥德式建築藝術有著濃厚的宗教色彩與含義，象徵著向天昇華、皈依上帝的宗教思想。後半部分是大禮拜堂，這禮拜大堂又高又圓又大。其頂部原為木桁桷結構，1929年由法國人巍暢茂改為現在的鋼筋混凝土結構。基石位於堂前東西兩側：東側刻有拉丁文「耶路撒冷」，西側刻有「羅馬」字樣。其意思十分明顯，意為天主教創立於東方的耶路撒冷，而盛興於西方的羅馬。基石下面除藏有清代流通的銀幣以及宗教用品外，還有建堂人稽明章和中國青年「亞海」分別取自耶路撒冷和羅馬的泥塊，各 1 公斤。

▌先賢祠：伊斯蘭教徒的聖地

廣州先賢祠是伊斯蘭古墓，位於解放北路蘭圃西側。元代以來，中國境內的穆斯林被稱為「回回」，因而這裡亦叫回回墳。明清中國學者稱伊斯蘭教義為「至清至真」，因而伊斯蘭教又被稱為「清真教」，其墓地理所當然地被稱為清真先賢古墓了。

清真先賢古墓是以賽義德‧本‧阿比‧瓦卡斯為首的 40 多位阿拉

伯著名伊斯蘭教傳教士的墓地。相傳瓦卡斯於唐貞觀初年到廣州傳教並建清真寺供僑民禮拜。他歸真後，教徒為其營葬於此。墓建於貞觀三年（西元 629 年），至今已逾 1,300 多年，是一座名正言順的古墓。

古墓是一座園林式的墓園，四周繞有牆垣，內有拜殿、方亭、廂房，穿過一座懸有「高風仰止」大牌樓而入，沿著一條兩側設有石欄杆的石路，便可步入先賢古墓內。墓室中空外圓，形如懸鐘，先賢的墳墓就設在裡面。因為墓室內呈拱形，教徒或遊人在此憑弔先賢，誦經祈禱或講話時，聲音特別的響亮，且有迴響，故這墓又有「響墳」之稱。墓園內現存的殿堂及其他建築，均為明代風格。

先賢古墓旁，除葬有一些歷代有威望的教長以外，還另有「四十一賢者墳墓」。此墓有這麼一段神話式的傳說：故事發生在唐代，按當時伊斯蘭教律規定，凡在禮拜祈禱時，絕不能做別的動作，即使刀斧加身也巍然不動。一次，前來傳教的 40 位先賢正在做禮拜，有一強盜要搶他們的財物。強盜手執利刃，趁他們做禮拜時逐一殺掉。當殺完第 40 個時，強盜忽生悔念，也自刎死去了。後人殮拾 40 人遺賅時，亦一併將強盜屍首葬於墓邊。至今這裡還豎有一清代碑刻記述此事。

▌恩國寺 —— 嶺南千年古剎

恩國寺，位於廣東省新興縣，始建於唐高宗弘道元年（西元 706 年），原稱報恩寺，因其位於龍山，寺後山峰蜿蜒起伏，狀若游龍，故又稱「龍山寺」，唐中宗神龍三年（西元 707 年）賜名「國恩寺」。是中國佛教禪宗六祖惠能大師的故居和圓寂之所。

1,300 多年前惠能大師憑佛偈：「菩提本無樹，明鏡亦非臺。本來無

一物，何處惹塵埃。」得五祖弘忍真傳衣缽，成為佛教禪宗第六代宗師。六祖創「頓悟」學說，把源於印度的佛教改革成為具有華人特色的佛教，其留下的《六祖法寶壇經》更是研究中國佛學史的名作之一。

寺院依山而築，布局合理，古樸典雅，由半山亭、山門牌坊、金剛殿、大雄寶殿、六祖殿、報恩塔、方丈室、諸天佛殿、觀音殿、六祖紀念堂等建築組成，建築面積一萬多平方公尺。寺內有六祖手植千年荔枝樹、武則天手書的「敕賜國恩寺」牌匾、六祖父母墳、龍山碑林、卓錫泉、浴身池等文物古蹟點綴其間，更添生色。自唐至今，國恩寺在佛教界被視為「嶺南第一聖域」，與六祖祝發道場廣州光孝寺、布道伽藍韶關曲江南華寺齊名，並稱禪宗三大祖庭。

飛來、白雲 —— 洞天福地

飛來寺位於廣東清遠市飛來峽北岸，靠近飛來峽出口處。飛來寺為嶺南著名古剎，始建於梁武帝普通元年，距今已有 1,400 多年歷史。古寺在北禺半山中。宋大觀後，為方便老弱善信進香禮佛，於江邊另創殿宇，最初的殿宇很小，建在今方丈樓的地方。

到元代天曆二年重修時大規模擴建，因而成為嶺南巨剎。時人稱梁代建在半山的為「舊寺」，也叫「飛來禪寺」；稱元代在江邊擴建的為「新寺」，也叫「飛來寺」，總稱為「清遠峽山寺」。兩寺原出於一僧座主管，不分門戶，遊寺者輪流參拜，香火同樣鼎盛，歷代重修，新舊兼顧。飛來寺除江邊寺廟與半山的舊寺外，還有多處引人入勝的景觀，從而構成飛來峽風景區中一片自成體系和相對獨立的風景名勝區。飛來寺內的主要風景點有：江邊寺廟、臨江臺石（秦將釣鯉臺石、東坡釣磯

石、中宿分潮石、葛壇煉丹石、達摩談經石）、九級瀑布、慈雲殿、峽山亭臺與奇徑、第十九福地、歸猿洞等。

　　白雲寺原名龍興寺，又叫鼎湖古寺，在廣東鼎湖山的西南隅，東距慶雲寺 5 公里許。為唐代佛教禪宗六祖慧能的弟子智常創建。當時屬下有招提三十，遍布山中。後歷宋迄元，興廢失稽，至明萬曆年間（西元1573 ～ 1620 年）重建，清咸豐和光緒年間兩次重修。盛時，寺前空地為僧徒集市之處，謂之羅漢市。「文革」期間遭受較大的破壞，1979 年重修，恢復原有魚珠脊頂，琉璃瓦面。白雲古寺二進五開間，雖不大，但它的設置與名山大剎相配，大雄寶殿莊嚴肅穆，供奉著釋迦牟尼像，兩邊有十八羅漢、伽藍殿、祖師殿、施主殿等。

▌犯太歲與拜斗姥

　　太歲又稱太歲星君，太歲就是天上的木星，因為木星每十二個月運行一次，所以古人稱木星為歲星或太歲；太歲又稱太歲星君，或者歲君，它既是星辰，也是民間奉祀的神。一般人的年庚，若與值年太歲相同，民間稱為犯太歲，年庚對沖者，則叫沖太歲；詩曰：「太歲當頭坐，無喜恐有禍。」因此，無論是那一種，在那一年裡必定百事不順，事業多困厄，身體多病變，廣東人因此常拜奉斗姥以保平安。

　　斗姥又稱斗母、斗姆，是北眾星之母。她相貌奇特，面現慈容。傳說她有九個兒子，除玉皇大帝、紫微北極大帝外，其餘七個是北七星。由於她統領著這麼多的神，所以每年凡犯了太歲的人，拜了斗姥以後都能化解罪孽。道教尊稱為「圓明道母無尊」，簡稱「先天道姥」，謂之「象道之母」。

對斗姆的崇拜起源於古代人們對星宿的一種信仰。道教經典中記載了一個關於斗姆的故事：在遙遠的年代，有個古老的國家，該國的國王有一位非常賢慧的夫人，她一心希望為丈夫生下幾個傑出的兒子。一天，她到花園去遊玩，並在那裡的一個湖裡洗澡，回來後就懷孕了。不久，她生下了九個兒子，這些兒子後來都成為了天上的星宿，其中就包括北七星。這樣，她就作為眾星之母有著神聖的地位。

廣州西關的斗姥宮位於金花街光復北路斗姥前和蘆荻西的交會處，為供奉斗姥的道教建築。斗姥宮屬道教宮觀，據《廣州城坊志》記載：「斗姥即摩支利神，明兩廣總督熊文燦平海寇，於空中見之，遂立廟以祀。」這是關於廣州金花街斗姥宮始建年代的最早紀錄。據說熊文燦當時花費十多萬兩銀。斗姥宮內供奉六十星宿神像，又稱六十元辰或六十太歲。清代斗姥宮香火鼎盛，廟內有 60 多個約半公尺高的泥菩薩。每年農曆九月初一至初九日是斗姥宮開壇祭拜日，附近居民紛紛前來，紀念斗姥化生九皇，祈求消災解厄，延祥集福。

仁威廟北帝誕

北帝，又稱為真武帝君或玄武大帝，北帝誕又叫做「真武會」。廣州西關泮塘的仁威廟就是一座供奉北帝的道教廟宇，舊俗每年農曆三月三日為北帝誕。在農曆三月初一至三月初三期間村民都會舉辦廟會、遊神等慶祝活動。

在廟會期間，仁威廟門前廣場上舉辦擺花山、放爆竹、演戲酬神、醒獅表演等活動，並有八音鑼鼓、民間武術、民間雜耍表演等節目助興。廣場上商販們擺設各種攤販，有吃的，玩的，還有人專門幫人改衣

服，據說這天改的衣服，人穿上會更吉利，孩子穿了能健康長大。整個廟會人山人海，場面十分熱鬧。

農曆三月初三，自子夜起，泮塘鄉民和信眾們絡繹不絕前往仁威廟參拜北帝、祈求降福。上午，泮塘地區的醒獅隊一早就集中到仁威廟磕拜北帝像，祈求風調雨順、五穀豐收，然後恭敬地倒退出廟門。接著請出北帝行官，泮塘鄉民抬著北帝神像，在醒獅隊伍的開道下，一路敲打鑼鼓、繞著泮塘村一帶進行遊行慶祝活動。北帝誕期間，信眾們都燒香秉燭虔誠拜祭北帝祈求降福。泮塘地區鄉民透過舉辦隆重熱鬧的北帝誕慶祝活動，表達他們祈求風調雨順、五穀豐收、國泰民安的良好願望。

五仙觀與羊城的傳說

廣州五仙觀位於廣州越秀區惠福西路，南漢唐時為府尹祭祀五仙（五穀）的穀神祠，南宋始具觀之規模，建於藥洲旁，又稱奉真觀。明洪武十年（西元 1377 年）布政使趙嗣堅將觀遷至坡山處。明、清時，五仙觀宏大壯麗，殿堂十多處。今五仙觀受自然和人為損壞，觀址被占，已縮至深巷之內，建築僅存儀門、仙跡池、後殿和嶺南第一樓。

相傳周夷王時，有五位仙人騎著口含穀穗的五頭羊飛臨廣州，把穀穗贈給廣州人，祝願廣州永無饑荒，言畢仙人騰空而去，羊化為石，故廣州又叫羊城、穗城。人們為了紀念五位仙人，建造了五仙觀，塑五仙騎羊像，奉祀觀內。

沿深巷拾階而上便到儀門，石門額刻有「五仙古觀」四個大字，為清同治十年（西元 1871 年）兩廣總督瑞麟所書。儀門之東一小學內有環砌磚欄之池，池內有塊縱橫約 4 公尺的天然紅砂岩石，即「穗石洞天」

之「穗石」。石面有一凹處，形似大足印。池內石刻「仙人姆跡」四字。印下有一泉眼，名為伭泉，為廣州古城內僅存兩泉之一，故印內一泓清水，終年不竭。池連濃蔭覆蓋，清風徐來。

過儀門穿中殿遺址，便到後殿。後殿是明代宮殿式建築，殿長 10 公尺，寬 12 公尺，高 5 公尺，為綠琉璃瓦重檐歇山頂，正桁上刻有「大明嘉靖十六年十一月拾貳」等字。內簷施 6 鋪作 3 杪斗拱玲瓏精巧，四壁作間隔用，原為方格門窗，靈巧通透，富具嶺南特色，這是廣州現存最完整的明代建築。

殿後坡山之頂有座「嶺南第一樓」。明洪武七年（西元 1374 年）始建，現建築是明萬曆年間重建。該樓高 17 公尺，分上下兩層，下層樓基以紅砂岩砌築成一高大方臺，臺寬 14 公尺，長 12 公尺，高 7 公尺，中間為拱券洞門，前後貫通：上層為本面開放式木結構，呈長方形，寬 11.8 公尺，長 9.7 公尺，13 架，4 柱，柱金礎石，簡潔渾厚，重檐歇山頂，正脊飾寶珠鼇魚。桁梁刻著「乾隆五十三年重建」等字。樓上懸銅鐘一口，鐘高 3 公尺，徑 2 公尺，重萬斤，為廣東現存最大的古代銅鐘，鐘體鑄銘篆文「大明國興武十一年歲次戊午圻孟春十八日辛卯廣東等處承宣布政使司鑄造」。鐘口之下，正對樓基中心方形大井口，與券形洞六相通，形成一巨大「共鳴器」，鐘鳴遠播，十里相聞。傳說因災方擊鐘，故有「禁鐘」之稱。

此外，五仙觀現存文物近 20 件，明代的紅米石麒麟 2 頭、紅米石旗杆架 2 座、青石華表（柱）2 根，以及宋至清有關五仙觀古碑刻 13 塊，書法或風骨神秀，或瀟灑飄逸，很具鑑賞價值。

滿天神佛：廣東人的多神信仰

廣東人相信祖先，祈求祖先保佑，每逢初一、十五，家家戶戶燒香祭祖，清明時節更是全家出動；廣東人又信鬼神，且篤信程度，在中國數一數二。基本上是見廟就拜。而且，廣東人所拜的神，幾乎無所不有，凡想得出來的都要拜上一拜，好像生怕少拜一個，就會因不敬虔而被上天怪罪一樣。從如來佛祖、彌勒佛、玉皇大帝、觀世音菩薩、天后元君聖母娘娘，到關聖帝君、南海神、冼夫人、金花娘娘、康公主帥、黃大仙、三山國王、太上老君、呂祖、城隍公、天官、藥王、福祿壽三星、床腳婆、招財貓、上帝、孔子、盤古、龍神伯公……

從表面上看，好像廣東人都過於迷信，其實，這是一種傳統的遺留，對大自然的敬畏，對人生無常的無奈和對未來的不確定性，都使得廣東人透過民間信仰得到心靈的安慰。在落後生產力的情況下，在自然主宰命運的時候，廣東人只能寄託於信仰，交付給鬼神。在廣東靠海的地方，以前人們多在海上謀生。大海風雲萬變，危機重重，生死未卜。母親妻子往往每天都要擔心出海謀生的親人的安危。她們透過向神靈祈禱，減低心理的憂慮。久而久之形成習慣，變成風俗。

還有可能也與南方的氣候與地理環境有關的。廣東潮溼溫熱，山區瘴氣瀰漫，容易滋生各種奇難雜症，藥石不能見效，人們只好求諸鬼神。在古書上，類似的記載，屢見不鮮。《雙槐歲抄》一書寫道：「南人凡病，皆謂之瘴。率不服藥，唯事祭鬼。」而《輿地紀勝》則寫道：「士人遇疾，唯祭鬼以祈福。」在《金志》中亦有記載：嶺南人「疾病輒飲水，重巫輕醫藥」。流行疾病也是容易導致人們尊鬼拜神、相信命運的重要原因。

　　廣東人的多神信仰很多的時候都是很實際的,廣東人在拜神佛的時候,多是祈求發財,保平安,並且許願在心願得成後奉上香油多少之類。他們可以完全不了解佛教教義,但非常虔誠地參加每月的水陸大會;非常虔誠地在大雄寶殿上焚香跪拜祈禱。廣東人把拜祖先也列入了拜神的範疇,許多家庭都有每月初一、十五燒香拜神的習慣。拜神祇為求個心安。所謂「禮多人不怪」,菩薩亦然。總之入廟燒香,見佛叩頭,就不會有錯。廣東人常說:「拜得神多自有神庇佑。」這或許是廣東人一種平和恬淡的生活哲學吧!

美食廣東

　　有人說，天下美食數中華，中華美食數廣東。此話一點也不算誇張。廣東美食，素以取材廣博，味道鮮美，健康營養，富於創新而享譽海內外。「食在廣州」是廣東美食的一個縮影。當你品嘗粵菜時，面對那五花八門的用料，那獨特的烹調手法，或許你會感到詫異、疑惑，或許你還會問：怎麼廣東人這麼個吃法？飲食是一個國家或一個民族歷史的積澱，是文化的載體。道道廣東美食，無不展現了廣東飲食文化的深厚底蘊，蘊涵著嶺南人民特有的生活方式、生存理念和價值觀念。當你看了下面的介紹，你將不再困惑。當你再一次去品嘗廣東美食時，你品味到的不僅僅是美食，也品味到了嶺南的文化。

粵菜煮三國

粵菜，是中國四大菜系之一，它與其他菜系一樣，歷史悠久，源遠流長，但獨具嶺南特色，是嶺南飲食文化代表。近百年以來，一直以「食在廣州」享譽海內外。

初來廣州的外地人弄不明白潮州菜、客家菜與粵菜的關係，其實粵菜有三部分組成，它們是廣州菜（也稱廣府菜）、潮州菜（也叫潮汕菜）和客家菜（也叫東江菜），其中以廣州菜為代表。三個地方菜的風味互相關聯又各具特色，形成粵菜選料廣博奇雜精細，口感講究爽脆嫩滑，調味偏重清鮮鑊氣，以鮮為最高境界的風味特色。

（一）廣州菜

又稱廣府菜，是指原來廣州府所轄的地方菜。現在凡講廣州話的地方菜都包括在內。所以廣州菜涵蓋的範圍最廣，包括順德、中山、南海、東莞、清遠、韶關、湛江等地。這片區域地處廣東中、西部，珠江橫貫其間，河網縱橫，良田萬頃，蔬果繁茂，形成富饒的珠江三角洲平原，被稱之為「魚米之鄉」。

廣州菜歷史悠久，源遠流長，它起源於古代嶺南地區的越人，形成於秦漢至隋唐時代的「漢越融合」，發展於明清時期，既受到中原飲食文化的影響，又融會了西方飲食文化的長處，可謂博採眾家之長。

由於保持了古代越人的雜食之風，所以用料廣博奇特，選料精美，品項眾多成為廣州菜的鮮明特色之一。嶺南夏長冬短，天氣偏於炎熱，故廣州菜重清淡，口味講究清鮮、爽脆、嫩滑。廣州菜製作考究，善於

變化，擅長炒、泡、焗、炸、烤、燴、煲、浸等技法，注重火候，追求鑊氣。廣州菜較早成名的菜式有「紅燒大裙翅」、「紅燒網鮑」、「麻皮乳豬」、「龍虎鬥」、「八寶冬瓜盅」、「薑茸白切雞」、「白雲豬腳」、「脆皮燒鵝」等等。

（二）潮州菜

發源於潮汕平原，覆蓋潮州、汕頭、潮陽、普寧、揭陽、饒平、南澳、惠來以及海豐、陸豐等地，還包括所有講潮汕話的地方在內。因潮州是歷史名鎮，故以潮州菜稱之。清代後期，隨著新興城市汕頭的崛起，潮州菜又稱為潮汕菜，簡稱潮菜。潮州菜的特色可以概括為三多：

一是海鮮品種多，以烹製海鮮見長。潮汕地區盛產海鮮，廣州有「無雞不成宴」之說，而潮汕則稱「無海鮮不成宴」。近年出版的《中國潮州名菜譜》收錄了潮州水產品菜 113 個，占全書菜系的 44.2%。其特色菜品有「生炊龍蝦」、「鴛鴦膏蟹」、「明爐燒響螺」、「堂灼鮑片」、「生淋草魚」、「龍蝦伊麵」等等。

二是素菜品種多。《中國潮州名菜譜》列有素菜 27 個，占全書菜數的 9.1%。這些素菜製作精巧，風味獨特。尤其是「素菜葷做」之品令人稱奇；它是用菜塊與肉料一起燜燒而成的。透過燜燒，「有味使之出，無味使之入」，肉味和營養成分大都為菜塊所汲，裝盤時去肉，上席時，見菜不見肉，品嘗時，飽含肉味，鮮美可口，素而不齋。名品有厚菇芥菜、玻璃白菜、護國菜等，是廣東素菜之代表。

其三是甜品多。《中國潮州名菜》中列有 33 個，占全書菜數的 11% 多，潮汕地區歷史上是蔗糖的主產區之一，為製作甜菜品提供了基本原料。製作甜品的主要原料是植物類，比如地瓜、芋頭、南瓜、銀杏、荸薺、蓮

子，柑橙、鳳梨、豆類等為常用原料，而豬肥肉、五花肉等葷料也可做成上等甜食。代表名品有金瓜芋泥，羔燒白果、清甜蓮子、皺紗甜肉等。

（三）客家菜

又稱東江菜。是廣東境內東江地區客家人特有的風味菜餚。

客家，是古代從中原南遷而來的漢人，並非少數民族。據史書記載，客家人是從中原經過五次南徙最後定居在東江流域。

在客家人南遷時期，中原的飲食文化已相當發達，客家先民把中原的烹調技術也隨之帶來，包含了明顯的中原飲食文化。在特定的環境中，客家廚師除保留中原飲食文化外，還根據地理環境、風俗習慣，使突出主料、重油、主鹹、偏香四大特色的客家菜逐步形成，並被當地客人所接受。

客家菜的用料以肉類為主，故東江廚壇有「無雞不清，無肉不鮮，無鴨不香，無鵝不濃」之說。海鮮品極少用。菜品主料突出，講求酥軟香濃，原汁原味；製法以燉、燒、煲著稱，尤以砂鍋菜見長，造型古樸，具有古色古香的鄉土特色。其特色名菜有東江鹽焗雞、爽口牛丸、東江釀豆腐、東江爽口扣、糟汁牛雙舷、東江炸春捲等等。

在長期發展的過程中；廣州菜、潮州菜、客家菜，都各領風騷但又互相促進，共同提高，為弘揚廣東飲食文化做出了自己的貢獻。

生猛海鮮 —— 粵菜的最佳代表

廣東人愛吃海鮮，海鮮不但要新鮮，還要生猛。當今，「生猛海鮮」這粵菜名詞已經傳遍中國大江南北。廣東不少酒樓餐廳，未裝修好廳

房，先要設計門口的海鮮池。當顧客進入酒家，首先看到的是幾十種海鮮陳列一旁。幾乎所有的粵菜餐廳都提供海鮮菜式，越是高級的粵菜餐廳，越缺少不了海鮮。如果說「生猛海鮮」是粵菜的最佳代表，相信會得到不少人的認同。

廣東人與海鮮有緣有客觀上的原因。廣東省南臨南海，島嶼之多、海岸線之長，為中國沿海各省之冠。自古以來，這裡就有許多天然港灣和漁場，以水產資源豐富著稱。所以廣東人早已喜食河海鮮。

唐代大文學家韓愈因上疏諫迎佛骨，觸怒唐憲宗，被貶為潮州刺史。初到潮州，看見許多陌生的海鮮，使他大為驚奇。雖然剛開始時，他覺得有些腥臊氣味，不很習慣，甚至吃得汗涔涔下，但他吃了幾次，終於調以鹹酸，佐以椒、橙，嘗到了粵菜的風味。他吃的海鮮有：鱟（東方鱟、中國鱟）、蠔（牡蠣）、蒲魚、章舉（章魚）、馬甲柱（江瑤柱、干貝）等等。

清代學者屈大均（西元 1630 ～ 1696 年）是廣東番禺人。他在《廣東新語》介紹廣東的水產品有幾十種之多。至民國時，廣東菜中的海鮮菜式已名揚海內外，不少酒樓均以這些菜式作招徠，更促進這類菜式的發展。

海鮮中的精品鮑、參、翅、肚（多以乾貨入菜，因為乾貨味道更美），是海鮮乾品中的最珍貴食品，廣州人稱之為海味。由於這些海味營養價值高，故為追求食補健身的廣州人所喜歡，廚師在烹製上亦嘔心瀝血，使廣州菜中的海味菜獨具一格。紅燒大裙翅是粵菜海味的代表菜式。魚翅是鯊魚鰭的乾製品。大裙翅取自大鯊魚的全鰭，是魚翅中的上品。民國初年，廣州大三元酒家推出售價 60 元白銀的紅燒大裙翅，一時震動廣州。當時酒樓售紅燒大魚翅最高售價不過 30 元白銀。

對大多數魚、蝦、蟹、貝類海鮮產品，廣東人則極力追求新鮮，用廣東話說就是要「生猛」。所謂「生猛」，即生龍活虎的意思，是指水產品非常新鮮。

廣東人吃東西最講究新鮮。買麵包要買新鮮出爐的，吃水果更是要求新鮮，甚至到樹上摘下來即吃才最好。一到荔枝、龍眼收成季節，許多果農就以果樹招標。一些公司或家庭，就競投某株果樹的收成權，一旦中標，這株果樹結的果子就會是中標者的了。於是就集體前往，爬樹摘果，現摘現吃。

吃新鮮的東西，從衛生的觀點看，是很衛生的，不會有細菌汙染。從營養的觀點看，新鮮的東西，營養成分完整，沒有遭到破壞。鮮吃也符合美食觀點，烹飪出來的菜餚可口，味道正宗。

吃海鮮當然越新鮮越好。現在廣東餐廳流行即點、即殺、即烹、即食的「四即」食風。即廣東人到餐廳點了海鮮後，服務員會把魚、蝦、蟹之類拿到食客桌前，讓客人看清牠們是活蹦亂跳的，才拿去廚房烹飪。

儘管廣東人很會吃海鮮，廣東餐廳充斥生猛海鮮，不過粵菜並不完全等同於海鮮。粵菜中的名菜烤乳豬、白切雞、脆皮燒鵝、蠔油牛肉等等也同樣受顧客的歡迎。

「龍虎鬥」與「三叫宴」

在中國的名菜譜中，最享盛名的要數廣東的「龍虎鬥」。

「龍虎鬥」，不僅名字新鮮有趣，而且烹調技術高超，造型優美，味道獨特。它以蛇為「龍」，以貓為「虎」，以雞為「鳳」，經過精心烹

製，置於盤中，其形狀如龍蟠、虎躍、鳳舞，好似一件珍貴的藝術佳品。食用時，如能配上蛇膽酒，邊飲邊嘗，那簡直就是一種美的享受。因而最受港澳人的歡迎。凡回國觀光的華僑，都要慕名到「廣州蛇餐廳」去品嘗一下著名的「龍虎鬥」。

「龍虎鬥」的由來有一個故事。據說在清朝同治年間，有個名叫江孔殷的人，做了多年京官，晚年才辭官回歸原籍廣東韶關。江孔殷是個美食家，吃過各種名菜佳餚。他對烹調技術也極有興趣，常常親自動手，研究試驗，做出一些別有風味的好菜，成為眾所公認的烹飪專家。每年他的生日，自己都要親自下廚，做一道新菜式，請前來賀壽的親友品嘗，以顯示他高超的烹飪技藝。

有一年，他過七十大壽，準備做出拿手好菜來給親戚好友嘗嘗。可是，做什麼菜最好呢？想了好幾天，不得要領。突然，一陣陣貓叫聲打斷了他的沉思，循聲望去，只見那隻家貓正對著關在蛇籠裡的蛇張牙舞爪，籠內的蛇也不甘示弱，牠昂首吐舌，擺出一番要和貓決鬥的姿勢。江孔殷不覺靈機一動，何不就用蛇和貓合做一道菜式，就叫「龍虎鬥」！於是一盤新式菜餚端上了客人的面前。客人們個個大為稱奇，讚揚聲不絕於耳。

酒過數巡，一位客人意味深長地笑著對江孔殷說：「江兄，恕我直言。這龍虎相鬥，龍勝於虎。依愚弟之見，何不請『鳳』來相助呢？」

這位客人的弦外之音，江孔殷當即省悟。是呀！貓肉不及雞肉的味鮮，如能加上雞肉相配，豈不錦上添花？江孔殷聽取了客人的建議，經過精心烹製，終於製成了美味可口的叫「龍虎鳳燴」的「龍虎鬥」。但見：金龍盤纏，猛虎吼叫，鳳凰展翅，再加上紅紅綠綠的作料點綴其間，恰似一件活生生的藝術欣賞品，叫人驚嘆不已。從此，「龍虎鬥」便

流傳開來。

後來廣州蛇餐廳在此基礎上，配上冬菇、木耳、薑絲和菊花，人們品嘗蛇饌時還嘗到菊花清香，十分美味滋補，「菊花龍虎鳳」成了蛇餐廳的招牌菜。

不知從何時起，在許多外省人中間流傳著廣東人愛吃「三叫宴」的故事。但是，如果你去粵菜酒家詢問「三叫宴」的情況，大多數的回答是「不知道」。所謂「三叫宴」，即「鼠宴」，為什麼稱鼠為「三叫」呢？是說把一窩剛出生的小鼠擺在桌上，雖然眼睛還沒睜開，但是活生生的，用筷子夾起一隻，叫了一聲；然後放入火鍋熱水中，又叫了一聲；再送到嘴裡一咬，叫出最後的第三聲。三聲呼叫，就把小鼠吃到肚子裡了，聽起來令人毛骨悚然。然而，經反覆調查了解，人們均說沒有這樣吃過，連看都沒看過。所以這實在是以訛傳訛，只是外省人認定廣東人吃得怪就是了。

其實廣東人吃鼠，多是乾燒，將鼠皮、內臟去掉，洗淨，塗生抽、胡椒粉，以一鐵網將鼠肉攤開，成一片狀，微火慢燒，至熟透變紅，上桌謂之乾燒田鼠。更多廣東人是將鼠肉塗以醬油，臘成老鼠乾，秋涼時臘製，冬天以此臘鼠乾與米同煮，為鼠乾飯，其味甚香，令人垂涎。粵北地區喜吃紅燒芒鼠，亦是當地一道名菜。鼠肉，雖菜譜中較少著述，但確為民間美食。《順德縣志》云：「鼠脯，順德縣佳品也……大者為脯，以侍客。筵中無此，不為敬禮。」雖然說鼠脯為筵席必須，可能有些誇張，但起碼可以說明，鼠脯不僅可以入饌，而且可登大雅之堂。

廣東人吃老鼠，並非什麼鼠都吃，家鼠是絕對不吃的，吃的都是田鼠、山鼠。田鼠，在水田打洞為生，以稻穀為食。食物單一，所以廣東人吃之。田鼠是一種害鼠，使禾田減產，所以抓來吃之，實是應該。又

因其活動範圍只在稻田，沒有家鼠那麼骯髒，廣東人選吃這種鼠是有道理的。山鼠，顧名思義就是以山為洞的老鼠，這些老鼠專門吃食樹上熟透並掉到地上的果子，所以又叫果鼠。

鼠外形醜陋，令人生厭，故有「過街老鼠，人人喊打」的說法。見到都要消滅，誰還願意吃之。其實鼠皮剝後，內臟去掉，經過清洗，鼠肉雪白晶瑩，由於鼠肉纖維甚短，所以吃之顯得鮮嫩可口，有「天龍」肉之稱。與其他動物一樣，鼠肉亦是富含蛋白質的營養品。中醫醫學認為，鼠肉性甘溫，有滋陰補腎的作用。

▌廣州請客「無雞不成宴」

廣州人說「無雞不成宴」，可知雞在粵菜中的地位。在酒樓宴客，一定少不了「雞」的菜式；在家請客，也必有雞招待；就是家常便飯，也幾乎餐餐有雞。廣州人親切地稱雞為「鳳」，金鳳呈祥乃吉祥之兆，宴席上有「鳳」出現，寓意吉祥富貴，難怪廣州人這麼喜愛雞。

其實，自古以來美食家都重視雞饌。清代著名美食家袁枚在《隨園食單》中說：「雞功最巨，諸菜賴之。」法國美食文學《味覺生理學》（*The Physiology of Taste*）的作者薩維林（Jean Anthelme Brillat-Savarin）也有句名言：「雞對廚師來說，正如油畫家的油布。」因此，中國的名廚從來都注重雞饌的製作。而中國廚房的高湯也是用雞熬製的。

不過，粵菜廚師所製著名雞饌特別多式樣，什麼白切雞、文昌雞、太爺雞、鹽焗雞、清遠雞、脆皮雞、醬油雞、路邊雞、茶香雞、蔥油雞、蒜香雞、芝麻雞等等，每個酒家都有自己的招牌雞。如廣州酒家的文昌雞、大同酒家的脆皮雞、泮溪酒家的香液雞、北園酒家的花雕雞、

大三元酒家的茶香雞、東江飯店的鹽焗雞、陶陶居的蓮花雞、惠如樓的汾香碧綠雞、利口福的口福雞、周生記的太爺雞、華北飯店的貴妃雞，此外，還有佛山的柱侯雞、湛江的衣記雞、潮州味美鹹香而有安神益腎之功的的豆醬雞等等，光是製作雞的菜式有好幾百種呢。

外省人到廣東來，最難接受的第一道菜是白切雞。白切雞又稱作白斬雞，白切雞雖然皮脆肉嫩，色、香、味、形可謂一應俱全，但是當外省人看到雞骨髓裡還是鮮血斑斑時，都不禁霍然止筷，不敢再吃。可是，白切雞是廣東人招待客人的傳統必備菜餚。白切雞之所以好吃，就在於皮爽肉滑，保持雞的鮮味和營養，製法也最簡單：沒有經過大火、長時的烹製，也沒加任何佐料（連鹽也沒加一點）就在煮沸的開水中浸泡一會後取出，在皮上抹上麻油待冷斬件上盤。再捶些薑蔥做蘸料，就可以進食。可以說簡單得不能再簡單了。廣州人認為在雞的百多種烹製方法中，唯此最得雞之真味，百吃不厭。白切雞被公認為是廣東的一道名菜。

《中國烹飪百科全書》上記載的廣東名雞饌有 3 類，除了剛剛介紹的以「澄黃油亮、皮爽、肉滑、骨軟、原汁原味、鮮美甘香」見長的「白切雞」外，還有味美鹹香而有安神益腎之功的「東江鹽焗雞」和醬香四溢的「潮州豆醬雞」。其中東江鹽焗雞流傳最廣。

傳統的鹽焗雞起源於廣東東江一帶，統稱為東江鹽焗雞。它採用清遠雞作原料，用淮鹽、味精、沙薑粉、芝麻油等佐料塗在雞腔內，然後用塗上生油的紗紙把雞包封，再包一層素淨紗紙。將粗鹽（一隻雞約用 4 公斤鹽）炒至淡紅色，將雞放入沙鍋用鹽封蓋，焗上 15 分鐘，待鹽的溫度降低後，再把鹽炒熱，將雞反轉，再焗 7 分鐘。製成後的鹽焗雞皮色油潤，保持雞的原汁和營養，鮮嫩爽口，味道甘美。一些老中醫考究

過它的烹製方法，認為用粗鹽焗雞，蒸氣透過鹽層向雞輸送熱能，讓鹽味慢慢向雞滲透，這樣烹製出來的雞，對人體起「固腎、滋補、養顏」的作用。從此東江鹽焗雞大受人們歡迎，前來品嘗的人絡繹不絕。

●「燒乳豬」的由來

廣州有一道膾炙人口的佳餚，名叫「燒乳豬」，又稱「明爐燒乳豬」。燒與烤同義，是一種最古老而又富有特色的烹調技法，屬火烹法。在北方稱為烤，廣東地區則稱為燒，即所謂「南燒北烤」，又可並用為「燒烤」。

關於這道菜，還有一個傳說故事呢。相傳在很久以前，一天，一莊戶人家院子突然起火，火勢凶猛，頃刻把院子燒個精光。這時，宅院的主人匆匆趕回家，只見一片廢墟，他驚得目瞪口呆。忽然，一陣香味撲鼻而來。他循香找去，發現此香是從一隻燒焦的豬仔身上發出，再看豬仔的另一面，皮色被烤得紅紅的，他嘗後覺得味道鮮美。院子燒掉了，雖令他傷心，但卻為發現了豬肉的烹飪新方法而欣慰。

其實，早在西周時代「烤乳豬」已被列為「八珍」之一，那時稱為「炮豚」。賈思勰的《齊民要術》曾對烤乳豬的色、香、味至為誇讚，曰：「色同琥珀，又類真金，入口則消，狀若凌雪，含漿膏潤，特異凡常。」該書還詳細記載了烤乳豬的烹製方法。至清代烤乳豬已傳遍大江南北，《隨園食單》的作者袁枚也作了詳細的記述。清康熙時，「烤乳豬」曾為宮廷名菜，成為「滿漢全席」中的一道主要菜餚。直到民國以後，山東還經營此菜。後在廣州和上海盛行，成為最著名的廣東名菜。現在烤乳豬成為省港澳地區許多著名菜館的首席名菜，深受中外食客歡迎。

狗肉滾幾滾、神仙站不穩

（編按：臺灣自 2017 年始，《動物保護法》明令禁食貓肉、狗肉或其內臟等，違法者將處新臺幣 5 萬元至 25 萬元以下罰鍰。以下僅針對中國情形作介紹。）

狗肉是廣州人最為喜愛的冬令美食之一，有所謂「狗肉滾幾滾，神仙站不穩」的民間說法。這是因為狗肉細膩、鮮嫩，食之別有風味，再加上煮熟的狗肉，有種濃烈的誘人的香味。也正如此，廣東人稱狗肉為香肉。

中國人吃狗肉的歷史久遠。早在商周時期，狗肉就是筵席上不可缺少的重要食品，西漢時，狗肉的身價高於豬肉，富者吃狗肉，貧者吃豬肉和雞肉。據說，漢高祖劉邦特別愛吃狗肉，他常騎著一隻大龜過河到對岸屠夫樊噲家去吃狗肉。但劉邦久吃不給錢，樊噲一氣之下，把劉邦騎的烏龜給殺了，與狗肉同煨。誰知狗肉與龜肉同燉，味道特別鮮美。所以，他們的家鄉沛縣至今乃有「龜汁狗肉」的著名佳餚。不知什麼時候，因為什麼原因，人們的飲食習俗發生了變化。在宴會上，狗肉製品逐漸退位，有了「狗肉不上席位」的說法。不過近年來，人們食肉，講究要蛋白質含量高、脂肪含量低的，所以狗肉的信譽又有所回升。但珠江三角洲一帶食狗肉之風歷久不衰。

寒冬臘月，是吃狗肉的最好季節。中國人講究冬令進補，除羊肉外，以狗肉為佳。民間稱狗肉為犬肉，地羊肉。中醫醫學認為其性甘、溫。歸脾、胃、腎經。能溫補脾胃，益氣血，溫腎助陽。據《本經逢源》載：「犬肉，下元虛人，食之最宜。」《普濟方》說狗肉：「久病大虛者，服之輕身，益氣力。」《羅氏會約醫鏡》還記載狗肉「補虛寒，長陽氣」。《滇南本草》記載：狗肉味鹹酸、性溫、無毒、微燥。常吃狗肉，可安五

臟、補純陽、輕身益氣，補腰膝、益氣力；補五勞七傷和補血脈等。

狗肉的吃法很多，大體分為兩大流派，一是起骨狗肉烹調法，另一是連骨帶肉炮製法。廣州人所說的開煲狗肉就是指後一種，這種做法在烹製時要用廣東三件寶──陳皮、老薑、禾稈草。先用點燃的禾稈草將宰好的狗原只烤至金黃色，燒去汗毛，燒出肉香味；然後斬成塊在鐵鍋裡炒，加老薑、陳皮（既去腥味，又幫助消化）、柱侯醬、糖、酒、鹽、味精等作料攪拌後，轉入瓦鍋用文火煮；最後放上生菜邊開鍋邊吃，其味無窮。此外，廣東人更愛吃乳狗，連皮燒製，香味誘人。一到冬季，大街小巷的食肆均以賣香肉招徠顧客，掛上幾隻燒過的乳狗在顯眼處，旁邊放些生菜、辣椒之類，實是不進去也得進去，擋不住香肉的色、香、味、形的誘惑。

粵語方言稱狗為「三六」，隱語是「九」。「九」與「狗」同音。也有人直稱「三六九」。廣東人還有一套吃狗的「三六經」，是「一黃、二黑、三花、四白」，也就是說黃狗的肉最香。但實際上人們最喜歡吃的是黑狗，因為黑狗是土狗，肉味最好。因廣東人會吃狗，因此便有「狗怕老廣」這樣一句俗語。

廣東還有句俗話，叫做「夏至狗，沒處走」。因為在盛暑天時，吃狗肉能夠「除蠱解瘴」。現代人開著冷氣吃狗肉，又確是一件樂事。

白雲豬腳，白雲深處人家菜

白雲豬腳為廣州菜名餚之一。把肥膩的豬蹄烹製成酸甜而爽滑的可口菜式，真是別出心裁。溯其來源，卻令人意想不到：此乃白雲山上小和尚所創！

　　南朝梁武帝是個虔誠的佛教徒，他不僅自己吃素，而且號召全天下的和尚都吃素，自那以後，漸漸地形成了和尚食素不食葷的習慣。老和尚自然習慣，但新出家的小和尚卻需頗大的定力了。清初，白雲山有個寺廟，寺廟後有一股清泉，那泉水甘甜，長流不息。寺廟中，一個在廚房中打雜的小和尚，生性頑皮而且嘴饞。他出家前酷愛吃豬肉，卻因家貧少有機會品嘗。出家後，趁下山買菜的機會，私撈一些菜錢，偷偷買些便宜的豬腳（前蹄）豬腳（後蹄），回山後趁無人之時煮熟解饞。

　　一次，和尚們下山做幾天法事，只留小和尚看寺。小和尚心中大喜，待和尚們走後立即下山買了幾斤豬腳回寺，放到大鍋中煮熟，準備美美地吃幾天。豈料豬腳剛熟，卻聽寺外傳來師兄的叫聲，嚇得小和尚慌忙將豬腳扔到寺廟後的清泉坑裡。原來，一位師兄因患感冒風寒回寺，叫小和尚速速煲藥療病。小和尚扶師兄上床後，接著連忙為師兄煲藥，小心服侍。第二天，師兄精神好轉，又下山做法事去了。小和尚捨不得那些豬腳，轉頭便去撈了起來。看到豬腳並未變壞，便又拿回廚房，加入白糖與白醋同煲。這些經白雲山泉水泡過的豬腳不肥不膩，又爽又甜，大為可口。小和尚又驚又喜，此後一有機會，就如法炮製。

　　後來，小和尚挨不得清苦，終於還俗去餐廳工作。他做了這道菜請老闆品嘗，老闆讚不絕口，便問他菜名，他說叫白雲豬腳，漸漸，白雲豬腳便流傳開來。如今，白雲豬腳除了酒家餐廳必備外，熟食店中也有售，一些廠商還製成罐頭出售。

　　白雲豬腳肥而不膩，皮質爽脆，食而不厭，在廣州一般的飯館裡都能吃到，但在白雲山頂的餐廳可以吃到味道很好的白雲豬腳，因為最美味的「白雲豬腳」是用白雲山九龍泉水泡浸的。

秋風起，三蛇肥

對於蛇，有人懼而遠之，有人卻喜而食之。喜者讚其肉色白，味極鮮美，且營養豐富。「秋風起，三蛇肥」，秋冬季節是食蛇進補的大好時機。蛇餚菜式五花八門，不斷創新，令人目不暇接。

吃蛇吃出名氣來的，莫過廣東人了。廣東人吃蛇歷史悠久，《山海經》中《海內南經》載：南方人吃巴蛇。漢朝人劉安的《淮南子》又載：「越人（指廣東）得蚺蛇（音「南蛇」）以為上餚。」

廣東人喜食蛇肉，不僅追求其味道鮮美，而且看重其能驅病健體。中醫醫學認為：蛇膽，具有極好的清熱、明目、祛風化痰的功能；蛇血則有活血、祛風鎮痛之作用；蛇油可治凍瘡或燙傷；蛇骨灰能治療赤痢。用蛇製成的各種藥酒更是備受推崇，名聞遐邇。現代醫學還發現，蛇毒具有許多神奇的作用，如鎮痛，溶解血栓，破壞腫瘤細胞等，由於來源稀少，純淨的蛇毒結晶比同量的黃金還貴。

蛇有藥用價值的觀點很早也得到西方人的認同，他們把蛇看做「醫神之伴」。所以在倫敦、巴黎、羅馬、雅典等歐洲城市的街頭建築物上，常可見到這樣一個奇特的標記：一條蛇纏繞在一支高腳杯上。知情者無需打聽，這裡便是賣藥的店鋪。醫學學術團體、醫學期刊等許多與醫學有關的機構、書刊，都是以蛇纏繞在一支杖上為象徵。

在中國的自然界中，生存著 160 多種蛇。雖然無論是無毒蛇還是有毒蛇都可以吃，但是廣東人常吃的，而且已經形成定式的是「三蛇」和「五蛇」。所謂「三蛇」，指的是眼鏡蛇（又名飯鏟頭）、過樹榕、金環蛇；所謂「五蛇」則外加上三索線和白花蛇。也有的將銀環蛇、烏梢蛇列入「五蛇」之內。

據說廣州人每年要吃掉幾十萬條蛇，僅廣州蛇餐廳一店每年就需蛇貨 30 多噸。廣州蛇餐廳是廣州專營蛇饌的最著名的餐廳，於西元 1885 年由捕蛇能手吳滿所創，當時的店名叫蛇王滿。廣州蛇餐廳的廚師們，能做出百多款蛇菜式。其中最負盛名的有「菊花龍虎鳳」、「煎釀鮮蛇脯」、「燒鳳肝蛇片」、「四珍炒蛇柳」、「五彩蛇絲」，至於「三蛇龍鳳大會」、「五蛇龍鳳大會」更是蛇宴上的一道名貴至極的佳餚。精通烹調藝術的廚師們亦可根據食客要求，實行「顯形」或「隱形」上菜。「顯形」的菜式如「二龍戲珠」，兩條熟蛇栩栩如生；「隱形」的如蛇絲、蛇丁類，讓人看不出是蛇肉。廣州蛇餐廳吸引了眾多的客人，許多外國客人、港澳居民，還沒有動身來廣州，便早早打電報來預訂座位。

時至今日，「蛇宴」已不再是廣東人的「專利」了，大江南北的人都以品蛇為樂。各省市都有蛇餐廳，門口還擺上裝滿毒蛇的籠子，招徠顧客。然而，大肆捕食蛇類已影響了生態平衡，野生動物專家們指出，應當在沿海特別是廣東、廣西地區進行廣泛的宣傳教育，使人們改變食蛇的習慣，從而從根本上堵住蛇的消費市場，才能煞住捕蛇販蛇之風。不過，地方當局則認為：無計畫地濫捕野生蛇類固然不利於環保和農業，但是一味堵截的辦法來「防民之口」並不現實。因此，一批蛇類人工養殖基地已相繼有計畫地大量養殖藥用及食用蛇類，既避免了對野生蛇類的亂捕濫殺，也滿足了食客的需求。

潮汕名菜「來不及」與「護國菜」

西餐裡有一道菜叫「炸香蕉」，是把香蕉掛糊蛋清後，放油鍋裡炸，炸好了再撒些白糖，入口清香、甘甜，是一道頗受歐美人喜愛的美食。

潮州菜裡也有這麼一道相似的美食，名字卻叫「來不及」，說起來還有一段故事呢！

相傳很久以前，有一年，潮州府臺大人六十壽辰，他的大女婿從福建專程趕來慶賀，除帶來豐厚的賀禮外，還帶來一名閩菜廚師，想讓岳丈大人嘗嘗正宗的福建菜。誰知府臺大人知道後，反而尋思道：「你這不是欺我潮州無名廚嘛！我偏要找一潮州菜廚師與你較量一番。」於是協定：自壽辰之日起，雙方廚師接連比試三天，看誰「多、好、奇」。多，指品種花樣多；「好」，指技術純熟；「奇」，指罕見少有。

前兩天的比試不分上下，今天已是最後一天了！廚場上的競爭異常激烈：閩菜來個「飛燕迎春」，潮菜應個「玉彩燕窩」；閩菜來個「佛跳牆」，潮菜來個「金錢蟹」；閩菜來個「龍舟草魚」，潮州即應盤「八寶酥鴨」……

餐桌上，客人們大飽口福讚聲連連；廚房內，兩位對手技藝將盡，費腦傷神……潮廚想：「我必須烹製一份前所未有的佳餚來，才能最終打敗對手！」他苦苦地望著窗外思索著。從廚房的窗口向外望去，是府臺大人的後花園。圍牆下，幾株香蕉闖入他的眼簾 —— 有了！他馬上摘來幾個香蕉，去皮後加上配料，進行煎製……片刻，一份前所未有的食品便上桌了。「好香啊，這叫什麼？」客人們嘗到從來未有嘗過的美味，不約而同地脫口而問，潮廚一時無法替這道菜命名，便說：「這是來不及，我才……」未等潮廚的話講完，客人們以為「來不及」就是這菜的名字，都齊聲稱讚說：「這道『來不及』算最好吃了。」

自此，這道菜便稱為「來不及」了，且一直沿用至今。

「護國菜」是又一道潮州名菜，是用地瓜葉配以北菇、火腿茸和上湯煨製，可說是粗料精製、平中見奇的佳餚。它是廣東潮州湯菜之上

品，常常出現在高級宴會上，與熊掌、燕窩為伍。此菜為什麼名「護國」呢？這裡也有一段掌故。

話說宋代後期，元軍大舉南侵，年僅6歲的南宋皇帝趙昺逃到廣東潮州。一天君臣來到山中一座古廟之內，廟中和尚慌忙迎接。可是，這古廟平時香客甚少，和尚生活清苦，此時不但沒有羅漢齋招待，連一般青菜也找不到。住持見皇帝還是個孩子，可憐兮兮的，沒菜招待他可說不過去。於是叫小和尚到田裡摘些地瓜葉回來，用水氽過除去苦澀味，再剁碎製成湯餚奉上給皇帝。那時候，小皇帝已是飢腸轆轆，一見湯餚便捧起而食，還食得津津有味。食畢，他問住持湯餚的名稱。住持答道：「阿彌陀佛，貧僧不知此菜何名。但願能解皇上之困，重振軍威，以保大宋江山安然無恙，貧僧於願足矣。」

小皇帝一聽此言，萬分感動，於是「金口」一開，封此菜為「護國菜」。後來，此菜的製法傳開，加入上好精料，竟成了潮州名菜。

食在廣州，廚出鳳城

「食在廣州，廚出鳳城」說的是廣州美食天下聞名，粵菜廚師多出自鳳城。前一句已為海內外人士所熟悉和認同，自不多說，但後一句恐怕只有少部分人知道了。大概是因為人們更關注擺在面前的美味佳餚，至於在廚房中忙碌的廚師出自何處則不重要的緣故吧！

鳳城指的就是順德大良。順德自古以來就是廣東的魚米之鄉，盛產淡水塘魚、禽畜、蔬果，人們在勞作之餘注重飲食烹調，並互相揣摩，以色香味美為榮，稍有創新就廣為流傳，從廚藝不俗的家庭主婦、鄉村廚師到美食家，人人都能「炒幾味」，不少人還有幾手絕活。久而久之，

形成濃郁的飲食文化氛圍，也培養了大批優秀的廚師。

上世紀初，廣州西關的大戶人家就很喜歡請順德廚師作家廚，中國各地的很多達官貴人也紛紛到鳳城聘請掌廚的名家巧手。從清代中期起，有不少鳳城廚師還挾技出外闖世界，他們前往廣州、香港、澳門，以及新加坡、馬來西亞、法國、美國和非洲諸國開設餐廳，把鳳城菜式作為粵菜的代表推向全世界，以至於不少鳳城菜式，成了「唐菜」（指中國菜）的代表。

此外，20世紀初，部分順德「自梳女」到穗（廣州）、港、澳、東南亞等地大戶人家當女傭（稱「媽姐」），這些媽姐個個精於烹飪，把鳳城名菜帶到所在地，她們烹製的菜被專稱為「媽姐菜」，深受海內外各界人士的歡迎，著名的廣州西關美食不少是她們的遺製。有史料記載的「小鳳餅」（即廣東四大名餅之一的「雞仔餅」）即為「媽姐」的小鳳姑娘所創作。

在順德的廚師中出現一大批大師級頂尖高手。前廣州北園酒家特一級廚師黎和是順德人氏。這位粵菜大師能烹製3,000多款餚饌，早在1950年代就進入了廣州十大名廚之列。前上海錦江飯店主廚蕭良初師傅和北京飯店特一級廚師康輝師傅都是順德人。蕭良初創製的「荷葉鹽鴨」，以奇特的方法，獨到的口味特色，得到了海內外許多知名人士的交口稱讚，他曾獲萊比錫世界烹調表演金獎。康輝師傅則被法國名廚協會授予「烹飪大師」稱號，被日本報刊譽為「中國料理第一人」。順德籍廣東迎賓館廚師長潘同被義大利同行譽為「東方烹飪魔術師」。順德籍廣州大三元酒店特一級點心師麥錫師傅會烹製三四千種美點。

如今，順德更是人才輩出，一批烹飪大師、名師以他們高超的技藝、高品味的佳餚，向世人展示了粵菜的魅力，鳳城廚師中也出現了不

少為人熟知的烹界高手。如：中國烹飪協會副會長中就有三位是順德籍的，類似這種同一地點出了三位副會長的現象實屬罕見。

2004 年 10 月 1 日，中國烹飪協會在大良順峰山莊舉行隆重的授牌儀式，正式授予順德「中國廚師之鄉」稱號。從此「廚出鳳城」的美譽得到了中國烹飪界最高層的認可。相信「廚出鳳城」也將為越來越多的人了解和認同。

「老火靚湯」 靚在哪

廣東人愛煲湯和飲湯是出了名的，無論是去酒樓吃飯、赴宴，或到朋友家作客，或日常吃飯時候，都要飲上一小碗湯水，否則，這餐飯吃的就不舒服。這正驗了廣東人常說的一句話：「寧可食無菜，不可食無湯。」

廣東地處副熱帶地區，天氣比較炎熱，人們流汗較多，需要多補充水分，所以，常飲湯水受到廣東人的重視。他們認為湯品有補充人體缺失的水分和對身體有較好的滋養作用。

廣東湯水品種眾多，有長達 2 ～ 4 小時「煲湯」，也有十多分鐘的「滾湯」，廣東人最愛喝的是煲製的湯水，他們親切地稱之為「老火靚湯」。較長時間熬製的「老火靚湯」，原為廣州民間家庭多用，從 1980 年代開始亦被酒家、茶樓採用，成為眾食肆日常供應的湯品。

1990 年代，「老火靚湯」在廣州地區曾經十分火爆，據說番禺某店曾以必須提前 4 小時預訂、數百元人民幣一煲的高級老火湯而聞名。

老火靚湯，要慢慢地煎煮，把肉中蛋白質所含的胺基酸不斷地溶進湯汁裡，所以不用加什麼雞精、味精，湯味亦十分鮮甜，這種老火煎

煮，亦使藥材中的有效成分溶進湯內，喝起來才發揮其食療作用。有專家說老火湯煲三四小時會產生有害物質，經科學研究證明，查無此事。但一般煲老火湯也只煲兩小時左右。

「老火靚湯」用的材料十分廣泛，主料除了雞、魚、肉、鴨之外，還有各式各樣的海產品、蛇等。加的配料多為青菜、菜乾或藥材，除了調味、吸油之外，更主要是發揮食療的作用。

人們往往根據季節、氣候及個人身體情況選擇不同的湯，如秋冬進補的則煲「花旗參燉雞」、「蟲草煲水鴨」等；滋潤的則煲「西洋萊蜜棗煲豬肉」、「清補涼煲瘦豬肉」等。夏天消暑清熱的則煲「白菜豬骨湯」、「荷葉冬瓜薏米湯」等。因此，除了營養之外，還有養身健體之功效。

所以廣東人病了要喝湯，平常天天都要喝湯。它既是一種飲食，也是一種保健品。老人看到後輩精神欠佳，就認為是湯水不足。很多時候，廣州人都將「湯水」充足與否來作為衡量飲食調理好壞的標準。朋友見面，常說句「紅光滿面、精神爽利，近來哽係（意為「定是」）湯水足了」。做得一手靚湯，是廣東婦女引以為豪的事，她們潛心鑽研煲湯技術，將對家人的愛都融在那濃濃的「老火靚湯」裡了。許多「少小離家老大回，鄉音無改鬢毛衰」的老廣回到家鄉，第一件事就是要喝一碗家人做的靚湯。

廣東人喜歡飯前喝湯，說：「飯前一碗湯，身體最健康。」這話有道理，飯前少量喝湯，是一種良性刺激，可以使食道滋潤、通暢，增進人的食慾。法國一位著名廚師曾讚美道：「飯前的一碗湯如同一束使人心醉的鮮花，是對生活的一種安慰，能消除人們由於緊張或不愉快帶來的疲勞和憂愁。」

「湯是人類低成本的健康保險。」願廣東的老火靚湯，讓人們強身健體，疾病消除，延年益壽。

嶺南粥香最迷人

中國有悠久的吃粥歷史，史書記載，黃帝「烹穀為粥」，千百年來，粥便同人們的日常生活結下了不解之緣，成為很多家庭中一年四季不可缺少的食品。它不僅是充飢之品，早在先秦時期，就被用來治療疾病。漢代馬王堆出土的醫書中就有用青粱米粥治蛇傷等的經驗記載。醫聖張仲景，其用藥治病之外，也很重視粥的運用。明清時期就出現了粥的專著。所以粥在中國的飲食史上綻放出燦爛的光芒。

中國地域廣闊，粥品的風味也南北有異。在廣東，粥的品種更是五花八門，在多采多姿的廣東飲食文化中大放異彩。

廣東粥的正宗做法大致分為兩種：一種是把煮好的白粥，加熱到相當程度，然後加入事先準備好的各種切薄的原料（雞片、肉片、魚片等）、配料（蔥、薑等），待粥再滾起後，立即起鍋，這就是所謂「生滾粥」。「生滾粥」因用料不同而名稱多樣，有魚片粥、牛肉粥、田雞粥、豬紅粥、及第粥、艇仔粥等。北方人把這種製法概括為「稀飯和肉混一塊」，視之為「食在廣州八大怪」中之「一怪」。另一種是把原料（如白果、陳皮等）和米放入鍋內慢慢熬煮，熬至相當時間，然後起鍋，叫做「煲粥」。

廣東人喜好吃粥，以粥調養胃口。大概是由於氣候炎熱的緣故，常常喝上一碗清香可口易於消化的粥品，不僅可以裹腹，而且可以增加營養的吸收、清熱消暑祛淫，確是一舉兩得的事。廣東人更是將吃粥與養生相結合，以粥作為調理養生之道，流傳甚廣的民謠〈粥療歌〉裡就總結了許多吃粥調理身體的方法，如「若要不失眠，煮粥添白蓮」、「頭昏

多汗症，粥裡加薏仁」、「烏髮又補腎，粥加核桃仁」。廣東人對粥事非常講究，如早上一般吃白粥、及第粥、豬紅粥；中午吃雞粥、魚粥；晚上吃糖粥。早粥要稀，午晚粥要稠……。

廣東粥品數以百計，最有代表性、最令人難忘、最令廣東人思鄉的莫過於艇仔粥了。許多海外遊子，一提起艇仔粥都眉飛色舞。

艇仔粥起源於廣州荔枝灣。從前荔枝灣有「一灣江水綠，兩岸荔枝紅」之景，「荔灣漁唱」乃明代羊城八景之一。夏秋兩季，天氣炎熱，當時沒有風扇，更沒有冷氣，人們經常晚飯後走上街頭河畔乘涼、散步，以享受晚風的吹拂，消除日間勞作的疲勞。酉時過後，人們漸覺肚子餓了，忽聞河面上響起「鐺！鐺！鐺！」的銅鑼響聲，傳來「賣艇仔粥喲」的叫賣聲，隨即一艘小艇翩然靠岸，船頭掛著一盞風燈。哦，賣艇仔粥的來了！人們紛紛湧到河埠頭，買碗艇仔粥作夜宵。只見艇主先抓一把蔥花、生菜絲放在碗底，再加入煎魚餅條、鯇魚雙飛片、烤鴨片（或白切雞片）、熟海蜇皮、脆花生米、叉燒絲各適量，然後從鍋裡舀些滾燙的有味粥，沖入碗內，再放上炸米粉絲到粥面上，不一會兒，一碗熱氣騰騰的粥端到了顧客面前。這就是膾炙人口的艇仔粥。

小艇從一埠頭划到另一埠頭，從一條河划到另一條河，經水路巡迴販賣，直至夜闌人靜。漫步荔枝灣的夏夜，涼風習習，景色怡人，享受一碗材料豐富、味道鮮美的艇仔粥，真乃人生快事，令人回味無窮。後來，艇仔粥的供應範圍由荔枝灣擴大到珠江沿岸，甚至移到岸上，配料也漸趨多樣和高級。直到今天，艇仔粥以其獨特的風味，仍然深受眾多食客的歡迎。

▍老婆餅、老公餅，美點知多少

潮州老婆餅是廣州名店 —— 蓮香茶樓的看家點心，其雅號稱「冬茸酥」。但雅號卻少有人知，反而老婆餅這個俗氣的名稱是聲名遠颺，為什麼呢？

廣州蓮香茶樓是一家百年老店，它的點心在廣州家喻戶曉。清朝末年，蓮香茶樓僱傭的點心師傅中有一個是潮州人。有一年他回鄉探親，帶了些廣州的著名點心，想讓家人享享口福。誰知他老婆吃了卻說：「你們蓮香茶樓是廣州赫赫有名的老店，做的點心也不過如此，還不如我炸的冬瓜角好吃呢！」丈夫聽了不服氣，便叫老婆做些來嘗。第二天，妻子熬了一鍋冬瓜茸，並加入白糖，撒進適量麵粉，熬到不乾不溼時，用來作餡；又以豬油搓麵粉作皮，包成小角，放在油鍋炸熟。丈夫品嘗後，果覺別具特色：酥化軟滑、清甜可口。

探親結束時，這點心師傅便讓老婆做了一大包冬瓜角帶回廣州，讓蓮香樓的師傅們去品嘗。蓮香茶樓的師傅吃了皆讚好，老闆聞聲也趕過來嘗了一隻，也覺可口、新穎，得知是點心師老婆所做，便呼之為「潮州老婆餅」。

後來，老闆想到此餅用料簡單而可口，推出市場定受歡迎。便稍加改進：餅餡用鮮冬瓜磨茸，加進玫瑰糖、豬油、澄面及芝麻等調製；餅形改為圓形，在餅面掃蛋清；油炸改為烘爐烤。這一來，餅皮更為酥鬆，入口便化，餡料則更為清香可口，大受顧客歡迎。老闆嫌原名太俗，改稱為「冬茸酥」。但是，老百姓們更喜歡雖然俗氣，但很有趣的潮州老婆餅。「老婆餅」的製法後來還遠傳到港澳臺、東南亞。

有了老婆餅，順利成章又有了老公餅，但它們只是廣東眾多美點中的代表。

　　廣東點心是在融合嶺南民間小吃、北方麵食點心、歐美西式餅餌的基礎發展起來的，相對於北方地區的「京式點心」和長江流域的「蘇式點心」，廣東的「廣式點心」以用料廣博、品項多樣、技藝精巧而著稱，其花式變化繁多，堪稱中國之冠。

　　廣東點心的蓬勃發展與廣東點心師傅不斷銳意進取是分不開的。早在1920年代末，在廣州陸羽居茶樓點心師郭興的宣導下，廣東點心界創製了星期美點，要求除常年供應的點心外，茶樓每週點心轉換品種不少於12種（6甜6鹹）。隨後，位於中山五路的惠如樓在1930年代推出的星期美點更是轟動一時，它竟然將每星期供應的鹹、甜點心品項全部更換一次。

　　星期美點的提出和實踐，促使廣州飲食界的點心師不斷交流經驗，取長補短，銳意創新，極大地促進了廣式點心的全面發展，廣東點心名師輩出，美點層出不窮。

　　在廣州流傳著一個真實的故事：1970年代的一次廣交會期間，有一批日本飲食界同行慕廣州泮溪酒家的園林景色和變化萬千的廣式點心之名，前來廣州泮溪酒家訂席。他們提出要吃一個月，每天16款，每天品項都要不同。結果，在連續吃了一個星期之後，他們發出了驚嘆：「廣州點心，真是名不虛傳！」就此折服。而這次點心的製作者就是名揚海內外的「點心狀元」羅坤。

　　廣東的點心有多少個品種呢？準確的數字恐怕誰也說不上來。被稱為「點心狀元」的泮溪特級點心師羅坤，從事點心製作近半個世紀，所做過的點心就不下三千款；近幾十年來，他本人創製的點心就有三四百款。僅此一例，就說明廣州的點心確實多得驚人。

羅坤，廣東花都人，國家特一級麵點師。羅坤師傅富於創新精神，早在 1960 年代初就首創「點心餐」，使點心登上了大雅之堂；接著他創製出「綠茵白兔餃」、「田園茄子」、「像生雪梨果」、「像生刺蝟」等一系列象形點心，這些象形點心栩栩如生，鮮翠欲滴，人們無不為之動容。「綠茵白兔餃」，是一款在原來薄皮鮮蝦餃的基礎上，加以創新製作的著名點心。它以無筋麵粉作皮，用鮮蝦配以適量的調味料作餡製成，具有色澤潔白、體形小巧和味道鮮甜的特點。羅坤師傅根據這一特點，改捏成小白兔形狀，用火腿點上眼睛，再用香菜墊底，那就活像一群小白兔在草地上嬉戲。1980 年代美國《紐約時報》曾評價道：「（綠茵白兔餃）從製作到色香味形都無可匹敵，這不但是食品，而且是藝術品。」

▋ 雙皮奶、薑撞奶，小吃知多少

當你漫步廣州街頭，常常會看到許多小吃店，鋪面不大，卻顧客盈門，裡面賣的小吃食品豐富多彩，極具嶺南特色。

小吃又叫「小食」，最早出現於中國漢晉時期。它與飲酒密切相關，往往是「下酒」的食品。下酒物多以小碟盛裝，價格也相對便宜，漸漸便以小吃聞名。隨著城市經濟的發展，市民飲食的發達，「小吃」逐漸擺脫了「下酒菜」的功能，而擴展成為普遍百姓不論男女老幼皆享用的，一種方便經濟、隨意休閒的食品了。

人們常說，要想全面了解一個地方的風土人情、飲食特點，一定別忘記品嘗一下當地的風味小吃。可不是嘛，所謂小吃，就是指那些正餐之外的，被地方老百姓所鍾愛的，而且又往往有較長歷史傳統，有著濃郁地方特色的食品。廣東的小吃，許多品種是源自當地民間，有深厚的

地方歷史傳統。展現了廣州飲食風俗和民俗文化的鮮明個性。所以到了廣東，一定要品嘗品嘗當地的風味小吃。

在廣東，多次獲得中華「名小食」稱號的有南信牛奶甜品專家的南信雙皮奶、南信薑撞奶。南信雙皮奶是聞名暇邇的，它以優質水牛牛奶和蛋液、白糖等混合，燉好後牛奶雙層凝固，色潔白，呈膏狀，光潔平滑，奶皮不離碗邊，風味甜香軟滑，營養豐富，別具一格，具潤肺養顏之效。關於雙皮奶有這樣一個傳說：舊時有一個人將頭天賣剩的奶擱置一旁，攤凍後發現面上結了一層奶皮，他覺得有趣，第二天又在上面倒上一層奶，就這樣「雙皮奶」出世了。這當然只是一個傳說而已。南信雙皮奶的創始人是順德人，1920 年代首創雙皮奶，1930 年代在廣州西關開店並一舉成名。

而南信的薑撞奶也是十分有名。據說薑撞奶可以祛寒行血，所以西關人每逢冬天很冷的時候，只要經過南信，都願意進去吃一碗薑撞奶，吃完以後，整個人都十分暖和。薑撞奶是用水牛奶與薑汁「相撞」而成的，是道既像豆腐花又像水蛋的美食，它薑味濃郁、香甜嫩滑，有暖胃、驅寒、養顏等功效。薑撞奶也有個傳說：從前在廣東番禺沙灣鎮，有位婆婆患了咳嗽，想喝薑汁醫治卻怕辣，於是她的媳婦將水牛奶煮熱，倒入裝薑汁的碗裡，等牛奶凝固後端給婆婆吃，婆婆吃後覺得滿口清香，薑味雖濃但不辣，第二天就不咳嗽了。從此，薑撞奶一直流傳到現在，並且成了南信牛奶甜品專家的招牌小吃。

廣東小吃品種繁多，數以千計，大致可以劃分為以下幾類：

- 粉麵類的，如炒河粉、腸粉、雲吞麵、瀨粉等；
- 粥品類的，如明火白粥、豬紅粥、生滾魚片粥、及第粥、艇仔粥、蔗粥等；

- 糕品類的，如鬆糕、馬拉糕、蘿蔔糕、倫教糕等；
- 油器類的，如油條、鹹煎餅、笑口棗、沙其瑪、煎堆等；
- 甜品類的，如雙皮奶、薑汁撞奶、燉木瓜、綠豆沙等；
- 什食類的，如炒田螺、薑醋豬腳、和味牛雜、烤生蠔、雞公欖、梅薑等。

北方人愛吃麵，南方人喜吃米，用米做成的粉類小吃自然是廣東人的美食。其中腸粉是最具嶺南特色的風味小吃，如果你去廣州，而你的廣州朋友不帶你去吃腸粉的話，那麼他一定不是道地的廣州人。腸粉原名「豬腸粉」，因形似豬腸而得名。初時，是用米漿蒸成粉捲成一條條的，放在蒸籠裡，用剪刀斜剪上碟，加入生抽、熟油，還有辣椒醬、芥辣醬、甜醬，並撒上炒香的芝麻，確是美味可口。後來用肉類作餡，再將腸皮用布拉薄，製成滑牛腸粉、滑肉腸粉、魚片腸粉和鮮蝦腸粉等，更受大眾歡迎。由於製法不斷提高，在配料上更為講究，在肉類腸粉中，加少許韭黃，吃起來更可口。腸粉是廣州人早餐的主打品種，無論大小店，早市腸粉都供不應求，往往要排隊等候，因而又被戲稱為「搶粉」。位於廣州文昌路、上下九路的銀記是廣州最負盛名的腸粉老字號，其製作的「豉油皇牛肉腸粉」被評為「中華名小吃」。

初到廣州的外地朋友嘗到的第一款廣東小吃可能既不是腸粉也不是雙皮奶，而是「和味牛雜蘿蔔」。因為在廣州的許多街頭巷口，常有這種和味牛雜蘿蔔的小車叫賣，走過旁邊的遊人總是要被它濃濃的香味吸引過去。和味牛雜蘿蔔據說是光緒年間一個居住在光塔寺附近的回族廚師發明的。光塔寺是一座歷史悠久的清真寺，附近一帶曾是信奉伊斯蘭教的回民聚居地。出於宗信仰，伊斯蘭教教徒都不吃豬肉，故一個回民廚師就想到在光塔寺附近開了一家小吃店。他用牛腸、牛膀、牛肺、蘿

蔔用加了花椒、八角等五種味料的醬汁慢火炆好幾個小時，等牛雜炆透了，而蘿蔔又吸慢了加入牛雜味的醬汁後，再剪開小塊，用小竹籤串著醮辣椒醬吃，日為和味牛雜蘿蔔，入口回味無窮。此味一出，果然吸引附近的回民甚至非回民都來光顧。於是，善食的廣州人都紛紛仿效，和味牛雜蘿蔔一味流傳至今了。

西關名老店，個個響噹噹

廣州早年流傳一句俗語「東山少爺，西關小姐」，說得是達官貴人多居住於東山一帶，西關則是商業發達、商人匯聚的地方。但凡商業發達之地，飲食業必然昌盛，故西關一帶湧現出許多餐飲名店：蓮香樓、陶陶居、廣州酒家、半溪酒家……一個個響亮的名字代表著廣州飲食業的輝煌，提示著廣州餐飲業歷史的悠久。

（一）「食在廣州第一家」

廣州酒家創辦 1930 年代，地處廣州市繁華的商業區中心 —— 文昌南路，是一間具有東方建築色彩、富麗堂皇的名酒家。

創辦不久，它就受到社會的追捧。當年顧客主要是一些社會名流、軍政要員，如宋子文、蔡廷鍇、陳濟棠、張發奎、余漢謀等都曾是座上客。余漢謀興之所至寫下「食在廣州」牌匾，蔡廷鍇則留下了「飲和食德」的墨寶。「廣州第一家」的金家招牌，是當時廣州商會會長贈送。至此，「食在廣州第一家」聲名鵲起。

隨著時間的洗磨，廣州酒家更是精華凝聚。酒家早年創製的廣州文昌雞、紅棉嘉積鴨、茅台雞、蟹肉灌湯餃、沙灣原奶撻、椰皇擘酥角

等，已被納入廣東省傳統名菜美點之列。如今在保持粵菜風味特點和酒家名牌菜點的基礎上，博覽古今，中西南北風味兼收並蓄，不斷創新特色。

1983 年推出集中國魯川粵揚四大菜系特色於一席的「原桌中國菜」。

1984 年推出價逾萬元的「滿漢全席精選」。當新加坡飲食公會在總理李光耀的廚師冼慶良的率領下，到廣州酒家品嘗「滿漢全席精選」後，驚喜而道：「真正的皇帝菜從京都來到廣州酒家了。」

1985 年推出為花城廣州增春意的「花城美宴」。

1986 年推出集海河鮮珍品於一桌的「海皇三輝宴」。

1987 年更推出中華民族飲食文化象徵的「滿漢大全筵」。

1988 年推出以「龍的傳人，振興中華」一語冠菜名首字的迎春宴。

酒家的「三色龍蝦」、「嘉禾雁扣」、「廣東叉燒」、「麻皮乳豬」、「香酥鴨」、「奶油裱花蛋糕」、「七星伴月」、「瑞士蛋捲」、「牛角包」等，先後獲國際、中國烹飪大賽的金牌、銅牌和金鼎獎。

1991 年，酒家在原有的基礎上，正式成立了廣州酒家企業集團並且在餐飲服務的基礎上大力發展食品工業，企業規模不斷發展壯大，躋身中國餐飲業十強，成為一個總資產達 50 多億元（2022 年）的最具廣州餐飲特色的大型飲食企業集團，曾獲得「中華老字號」、「中國十佳酒家」、「國家特級酒家」等榮譽稱號。

（二）「食點心餐去半溪酒家」

1970 ～ 1980 年代，在廣州市民及四鄉（珠江三角洲一帶）進城購物、遊玩的旅客中，流傳著這樣的說法：「飲早茶上南方大廈九樓，食點心餐去半溪酒家。」被譽為荔灣湖畔一明珠的泮溪酒家，是廣州最大的

園林式酒家，環境幽雅，菜餚精美，點心更是出類拔萃。

泮溪酒家是國家特級酒家、中華餐飲名店，於 1947 年由粵人李文倫創辦，並隨附近的一條小溪而命名「泮溪」。1958 年由中國政府投資改建，由廣東著名園林建築師莫伯治設計。它薈萃了嶺南庭園特色及其裝飾藝術的精華：周邊粉牆黛瓦、字畫，令賓客嘆為觀止。

泮溪酒家不但以園林美景名冠全行業，更以名菜美點，名播海外，名菜有「金牌燒乳豬」、「八寶冬瓜捲」、「像生大拼盤」、「園林香液雞」，以及在中國第二屆烹飪大賽中獲銅牌獎的「桶子油雞」。名點有「綠茵白兔餃」、「像生雪梨果」、「鵪鶉千層酥」、「蜂巢蛋黃角」、「生炸灌湯包」、「品瑩明蝦甫」、「泮塘馬蹄糕」、「清香蘋葉角」，它們被廣州市人民政府命名為八大美點。

泮溪酒家的點心精巧多樣，為廣州之冠。以羅坤為主的師傅們運用食品拼盤的方法，替點心伴以象形的圖案和花邊，又創製點心宴，使點心突破了一貫只作為茶點的傳統而登上筵席，成為了名副其實的「點心筵席」。現在，點心筵席已為中國部分大城市飲食界採用。

聯合國第四任祕書長華德翰（Kurt Josef Waldheim）到廣州嘗了泮溪酒家的點心餐後，讚不絕口，席後接見了羅坤師傅，還向歐洲的許多國家的外交部長推薦泮溪酒家的點心餐。

民間流傳的「吃點心餐到泮溪」，千真萬確！

（三）「陶陶居樂也陶陶」

陶陶居開創於西元 1880 年，是廣州市最古老的茶樓之一。酒樓原名「葡萄居」，後改名為「陶陶居」，據說這事與康有為有關。有一天，維新變法之士康有為因上書不成，在京城空有抱負而不得其志，折返回南

海時途經廣州，正好來到當時的已經很有名的「葡萄居」與友人相聚，席間酒樓老闆請康有為代為題字，已有幾分醉意的康有為信手寫下，「陶陶居」三字，老闆驚愕，連忙討教，康有為說，陶陶者，樂陶陶也，能讓食客開心，豈不比葡萄更為雅緻？老闆大喜，命人製成牌匾，從此正式更命為「陶陶居」。雖然後經戰亂與文革，但幸而終於保留至今，成為老廣州們最為喜歡的百年老店之一。

雖然這只是眾多傳說中的一種。不過，現高懸於大堂之上的黑漆金字招牌上的「陶陶居」三個大字，經當代書畫家、曾為康有為弟子的劉海粟鑑定確是康有為墨蹟。

在「陶陶居」飲茶，樂也陶陶，卻也真切表達了經營者的經營思想。陶陶居的經營者之一陳伯綺是位儒商，平素喜歡結交文人，十分重視提高酒家的文化品味。他曾以「陶陶」兩字鶴頂格徵聯（上下聯首字為指定字，嵌入陶、陶兩字，要求聯語既與茶樓貼切，又有寓意），頭獎白銀 100 兩，並依次設有不同數額的獎金。結果不少騷人墨客紛投珠玉。最後，榮獲冠軍者是廣東三水人吳以儉的一聯。聯云：

> 陶潛善飲，易牙善烹，恰相善作座中賓主；
> 陶侃惜分，大禹惜寸，最可惜是杯裡光陰。

此聯對仗工整，以古喻今，既讚主人手藝好、茶客水準高，又勸人學習先賢珍惜光陰，果然貼切而有高雅寓意，故榮居榜首。陶陶居之名也就不脛而走。不少文人還時常應陳伯綺之邀，聚集於陶陶居的「霜華小苑」，談詩論文，同時還即興為陶陶居的月餅等擬寫廣告，陳伯綺將它們印成街招（街頭廣告），廣泛發送，造成不同凡響的效果。

陶陶居酒家以其濃厚的文化、藝術氛圍和優質的菜點傾倒了無數文

人墨客。魯迅、巴金、陳殘雲、劉海粟等名人都曾到該店飲過茶。西關一帶的文人雅士、粵劇界中人經常到這裡聚會。

陶陶居的優秀文化傳統代代相傳。1990 年代，三樓的霜華小苑經常舉辦書畫展，古石愛好者也在霜華小院設「陶陶石軒」，免費提供古石供賓客觀賞。宴會大廳設「西關古壇」，邀請廣州市著名的說書藝人免費為賓客登臺講古。還有提供賓客演出粵曲、雜技等服務，使賓客在陶陶居既可品嘗美食，又可享受視聽之娛，真是樂也陶陶！

（編按：陶陶居 2019 年起成為廣州酒家的全資子公司）

▌名人食趣知多少

（一）孫中山愛吃豬紅豆芽湯和鹹魚頭煲豆腐

在國父家鄉廣東省中山市翠亨村，人們都說孫先生有兩個飲食愛好：愛吃豬紅豆芽湯和鹹魚頭煲豆腐。

孫中山先生既是一位偉大的革命家，同時又是一位著名的醫學家。他不僅擅長西醫，而且對中醫學及飲食營養等很有研究。他認為科學飲食有益於人的身體健康。在貧窮的中國，人們的長壽之道在於多吃蔬菜。

孫中山先生第一次在廣州建立革命政權、擔任海陸軍大元帥時，囑咐司務長開午餐的費用不得超過八角錢，菜譜中不可少一味豬紅大豆芽菜湯（豬紅即豬血，大豆芽菜即以黃豆發的豆芽），孫先生常對其勤務員說：「豬紅大豆芽菜湯既省錢，營養價值又高，是個好菜。」

在翠亨村，群眾多有吃鹹魚的習饋，但吃時不要魚頭，孫中山先生卻愛用魚頭煮豆腐。豆腐是營養豐富的食物，含有豐富的蛋白質、維他

命、碳水化合物，且又味淡。鹹淡中和的鹹魚頭豆腐煲風味獨特，使人食慾大增。孫中山先生的父親擅長製作豆腐，也曾做過豆腐出售，故孫中山常叫父親做豆腐給家人吃。後來孫申山先生曾撰文特別介紹豆腐的營養價值和黃豆等營養食品。

豆腐與豆芽是中國人發明的，豆製品具有價廉物美、營養豐富的特點。它們不僅完全保留了黃豆中所含的蛋白質、脂肪、維他命等營養成分，而且更容易被人體吸收利用，是千百年來眾多中國貧民獲取蛋白質營養的重要來源。豆腐與豆製品是經濟實惠的營養品，作為一位世界知名的民主革命家，孫中山先生卻時常吃它，孫先生貼近大眾，生活儉樸的高尚情操的確讓人欽佩！

（二）伊秉綬與伊麵

廣州人的壽宴多有一窩伊麵上席，也有人送壽禮捎上一盒伊麵。這伊麵可說是當代泡麵的始祖，其發明者是曾任廣東惠州太守的清代書法家伊秉綬。

伊秉綬，清乾隆年間進士，福建汀州人，清代著名的書法家，他的隸書清雅古樸，名揚四海，有「一兩金子一個字」的傳說。伊秉綬曾在廣東惠州、江蘇揚州擔任過知府。伊秉綬為官時，不尚奢靡，多吃蔬菜，尤喜麵食，也常以自製麵食招待賓客。伊秉綬常讓廚師用麵粉加蛋摻水和勻後，製成麵條，捲曲成糰，晾乾後下油鍋炸至金黃色，然後收起來備用。客人來了，把這種面放於開水中，再加上佐料，加蓋一會兒，便成可口的食物。

一次，主持惠州豐湖書院的詩人、書法家宋湘到伊秉綬家，吃到了伊府這種與眾不同的麵條，不禁好奇而問其名。伊秉綬回答說這是自己

所創，尚未有名。宋湘聽罷，笑道：「如此美食，竟無芳名，未免委屈。不若取名『伊府麵』如何？」席上客人一致讚好。

後來伊府麵製法傳開，人們便紛紛仿效，並將這種由伊秉綬發明的泡麵稱為「伊麵」。時至今日，一些廠商仍然把生產出來的泡麵稱為「伊麵」，如「三鮮伊麵」、「牛肉伊麵」、「雞味伊麵」等等。

伊麵的製法可稱最早的泡麵！只可惜中國人未能將它發揚光大。後來，日本人安滕百福也發明了泡麵，並且大批量的生產。泡麵和安滕百福的名字傳遍了世界，而伊秉綬和伊麵卻少有人知，說來遺憾。

（三）季辛吉鍾情「泮溪」

美國前國務卿季辛吉非常喜歡中國美食，對廣州泮溪酒家的美食更是情有獨鍾。他於 1970 年代初祕密訪華途經廣州時，在機場吃過泮溪酒家的點心，精美的點心給他留下了深刻的印象。1980 年代初，泮溪酒家的名廚訪美，作巡迴廚藝表演。當來到紐約大鴻運酒樓進行表演時，季辛吉以每位 100 美元的標準包下一整席。用餐時對席中的像生冷拼盤、燒牛柳等菜讚口不絕，宴罷還題辭留念，並與廚師合影留念。1987 年秋，季辛吉以學者身分到廣州訪問，主人請他到全市最高級的賓館赴晚宴，他婉言謝絕了，表示要到泮溪嘗像生冷拼盤等菜。當晚泮溪喜迎季辛吉夫婦，獻上為他們精心準備的佳餚。季辛吉夫婦用餐後高興地與泮溪員工合影，還留下「美麗佳餚」等讚語。

泮溪的像生冷拼盤為何令季辛吉著迷呢？原來，那是用烤肉、雞肉、鵪鶉蛋、明蝦、滷水豬肚、鳳眼朘、牛肉捲、三色蛋、筍絲等作料做出的滷味大拼盤，不僅味道好，而且色彩豔麗、造型優美，是泮溪酒家八大名菜之一。

千年粵菜也革新

當你步入粵菜餐廳，打開 Menu 點菜，卻赫然發現 Menu 上有「黑椒煎牛柳」、「金裝龍蝦沙律」、「香檳汁燉鴿皇」等等菜式，你可能會疑惑自己是不是走錯了餐廳？

其實，你沒有走錯，而是來到了一家新派粵菜餐廳。新派粵菜是 1970 年代首先在香港形成的。1980 年代由香港傳入廣東，最初是由合資酒樓的港方烹飪同仁作導向，在率先開放的深圳、珠海滲入。人們很快便對新派粵菜產生濃厚興趣。一些精明敏感的青壯年廚師，還到港、澳旅遊「偷師」學習。1990 年代新派粵菜在廣州得到快速發展，並且成為粵菜發展的新潮流。

所謂「新派粵菜」，主要是指在繼承傳統粵菜的基礎上，以鮮、爽、嫩、滑為特色，擷取東西南北烹飪技藝之眾長，以及豐富多彩的物料和調味料而創製出來的粵式菜餚。相對於傳統的粵菜，新派粵菜的「新」就新在融合中西南北精華、不拘一格上。

新派粵菜在製作方法上吸收了西餐與中國南北菜系之長處，從而使之口味更加豐富多變。如「葡汁焗四蔬」這道菜，四樣蔬菜焗熟裝盤後澆上葡萄牙汁醬，再上烤焗爐焗至葡汁表面焦香，此菜在調味和加熱處理上均有西菜風格，也可以說是中菜西做。又如：「炒花枝片」，是將鮮烏賊魚片和已減輕辣味的四川辣醬爆炒，盛在烹熟的美國產的西蘭花菜上。在這道菜中，我們又可以看到川菜的影子。御品黃燒鮑翅皇就是在粵菜紅燒大鮑翅製作方法與調味料的基礎上借鑑北京官府菜 —— 譚家菜，用雞油熬製黃色的湯底，從而使御品黃燒鮑翅皇呈現出金黃色的色澤，無論在色澤、濃香等方面都比傳統粵菜紅燒大鮑翅更勝一籌。

◆新派粵菜的「新」就新在原材料運用更為廣泛上

新派粵廚發揚了粵菜「用料廣博」的傳統，大量地廣泛地運用新興的食物原料來變化菜式。如美國肥牛、澳洲羊仔、加拿大的象拔蚌等，新鮮瓜果蔬菜品種如紫甘藍、鳳尾菜、海椰子、韓國津菜、東南亞水果等；海鮮品種如銀雪魚、鮭魚等。原材料方面的極大豐富與發展，為新派粵菜的創新與發展奠定了良好的基礎。

與此同時，新派粵廚緊緊抓住廣東人喜好雜食癖好，千方百計挖掘、蒐羅各種粗賤雜料、地方小食、家庭菜式，將之改良、變通，使之登上大雅之堂。如潺菜（落葵）、莧菜、莙蓬菜（葉用甜菜）、留蘭香等蔬菜，青貝、青口、蝦蜆等貝類，在「正宗」粵菜中，被視為粗賤雜料，不能入饌。如今，新一代粵廚潛心研究，粗料精製，將其一一上席。

◆新派粵菜的「新」就新在對新調味料的運用上

新派粵菜在調味料上大膽引進西餐與南北其他菜系常用的調味料，從而使粵菜的口味更加豐富，口味煥然一新。如西餐中的黑胡椒、鹹奶油、起司、香草、法國魚子醬、鵝肝醬；中餐中的四川紅辣椒、新疆的孜然等都成了粵菜調味料家族的新成員。

◆新派粵菜的「新」就新在不拘一格地追求和創立新意上

如高級新派粵菜酒樓的鮑參翅燕與高級海鮮都是由大廚或經理在客人面前現場製作。這不僅能展示名貴出品的製作過程及廚藝，確保出品的品質，而且豐富了飲食文化的內涵，給予客人高雅的享受。

◆新派粵菜的「新」還新在產品的行銷理念上

新派粵廚時刻瞄準市場，以適合食客心理需求為準則，及時調整自己的經營內容。正因為如此，新派粵菜才得以風靡珠江三角洲，乃至走向全中國。

新派粵菜之所以稱為「新」，是相對於傳統粵菜而言的。但新並不是摒棄舊的，相反，新派粵菜是在把傳統粵菜精華掌握純熟後，添加一些新的元素，創造出新的組合，形成新的變化，使粵菜的內容更豐富、更新穎，使粵菜更具生命力。

海納百川的廣州國際美食節

廣州是座包容性較強的城市，尤其容易接納與融合各地飲食文化。在廣州 3 萬多家食肆中，除了本地的廣府菜外，無論對省內的順德菜、潮汕菜、客家菜，還是對省外的川、蘇、魯、湘、京、閩、鄂、晉、貴、浙、東北等菜餚，還是對泰、越、星、馬、義、法、西、南美等外國菜，都抱著歡迎的態度，讓經營者毫不費力就找到市場的定位所在。正由於海納百川的寬容，才真正展現了廣州作為國際美食之都的地位。

自 1987 年秋季以來，廣州已經連續舉辦了近四十屆國際美食節。一個由省會城市主辦的美食節能夠持續不間斷地堅持了 40 年，這在中國是絕無僅有的。

回顧二十年的歷程，我們可以看到廣州國際美食節一步一個臺階，不僅規模越來越大，而且水準越來越高，影響越來越廣。

1987 年至 1989 年，是廣州國際美食節發展的第一階段，也是美食節

的起步階段。在廣州市旅遊局、廣州飲食服務公司的組織下，三次美食節向廣大市民展示了數以千計的名菜美點，極大地提高了廣東美食的影響力。1987 年美食節期間，評審組還邀請了揚州、四川、西安、海南、天津等地烹飪名師 25 人來穗表演技藝，這對日後為促進中國各大菜系的廚藝交流形成了一定的推動促進作用。

1990 年至 1997 年，是廣州國際美食節發展的第二階段，也是美食節的突破發展階段。美食節打破了以前主要以菜點展銷為活動內容的做法，從 1990 年第四屆美食節開始，活動項目逐漸增添了廚師烹飪比賽、名牌美食和創新美食評選、名點展覽、風味食街等項目，豐富了美食節的內容，提高了美食節的水準。特別是 1997 年第十一屆廣州美食節，廣州市政府以「主辦」者角色，介入美食節的組織工作，表明廣州市政府對辦好廣州美食節的高度重視。

1998 年至今，是廣州國際美食節發展的第三階段，也是美食節的提升發展階段。1998 年第十二屆廣州美食節吸納了川、魯、京、蘇、浙、湘、東北及宮廷等外地美食和日本料理、韓國料理、越南菜等外國風味與清真美食參加，因此更名為廣州國際美食節，展現了以食為主，以嶺南風情為特色，突出國際性的主題。從 1999 年第十三屆廣州國際美食節開始，美食節開始與旅遊、烹飪等相關大型活動結合舉辦，極大地提高了美食節的影響力。如 1999 年第十三屆廣州國際美食節與廣東旅遊節、廣東歡樂節同時舉行；2000 年第十四屆廣州國際美食節與中國廚師節同時進行；2004 年舉辦的第十八屆廣州國際美食節與第五屆中國烹飪世界大賽同時進行；2005 年第十九屆廣州國際美食節與「2005 廣東國際旅遊文化節」同期舉辦。與此同時，美食節關注飲食文化的宣傳、餐飲管理的研究。如 1998 廣州國際美食節期間舉辦了「飲食、文化、管理學術研

討會」，與學界的專家學者攜手，共同探討飲食文化、餐飲管理等學術問題。2006 年美食節向市民介紹廣州飲食業歷史，當今飲食文化時尚，透過名人食譜、Menu 書法、與飲食有關的用具、服飾，展示濃郁的飲食文化氛圍。這些，為美食節的進一步發展打下扎實的基礎。

　　廣州國際美食節作為「食在廣州」的一個展示窗口，不僅是粵菜發展的一個見證，更是中國餐飲業發展的一個縮影，隨著政府的持續介入推動，社會參與的層面越來越廣，美食已經從廣州一種「天然」的人文環境演變成地方一大特色產業和展示城市形象的響亮「招牌」。同時，繼廣州成功舉辦了多屆美食節之後，中國和省內一些城市也紛紛效仿，將其操作模式在本地複製並實施，一時間中國各地舉辦的美食節風起雲湧，從此點上說，廣州舉辦的美食節對其他餐飲旅遊城市的輻射及影響力是不可估量的。

購物廣東

　　地靈人傑的廣東，千百年來，勤勞智慧的人民在這裡生生不息，創造了輝煌的物質文明和精神文明。今天，當你踏上繁榮興旺的廣東大地，穿梭在人流如織的大街小巷，目睹那琳瑯滿目的珍異物產時，你會感到眼花撩亂，迷失了方向。當你準備為親朋好友挑選一些南國特產時，面對海積山堆的各色南貨，會覺得迷茫和困惑。但您也會發現，無論是享譽中外的廣東佳果 —— 荔枝、香蕉、鳳梨、芒果，還是那香氣四溢的盲公餅、杏仁餅；無論是名揚四海的廣繡，還是廣為人知的端硯；無論是久負盛名的石灣公仔，還是後起之秀的英德紅茶……它們無不閃爍著廣東大地的五彩光芒，突顯著嶺南文化的光輝。

西關五寶 —— 廣繡

刺繡，是中國優秀的民族傳統工藝之一，飲譽世界。中國刺繡工藝有 2,000 多年的歷史，其中蘇州的蘇繡、湖南的湘繡、四川的蜀繡、廣東的粵繡，號稱中國「四大名繡」。

廣繡，其實是以廣州為中心的珠江三角洲地區民間刺繡工藝的總稱，也是粵繡的代表繡，〈百鳥朝鳳〉和雙面繡〈金魚〉是其代表作。

廣繡歷史逾千年，有文字記載始於唐代。據史籍記載，廣東在唐代有個 14 歲的女藝人盧媚娘，在一尺見方的絹上繡出一卷佛經《法華經》，字體比粟米還小而且點劃分明。可見廣繡既有悠久歷史，又有卓越的技巧。

廣州刺繡以構圖勻稱，繡藝精湛、色彩斑斕，極富裝飾性著稱。19 世紀英國人波西爾在其著作《中國美術》一書中，曾對廣繡作過介紹，並稱讚道：「中國人長於刺繡花鳥，而廣東人更精於此藝。」另外，廣繡作品〈睡獅〉、〈孔雀圖〉、〈四角大花披巾〉曾獲得 1915 年巴拿馬萬國博覽會獎。清代中葉許多外國商人慕廣繡之名前來廣州大量訂購廣繡，有些商人還帶來外國國王肖像、耶穌像或一些圖畫照片進行來樣加工訂貨。這說明廣繡從清代起早已聞名海外，其產品行銷海外，在國際上享有較高的聲譽。在中國，不少廣繡佳作，作為貢品貢獻給歷代皇帝。北京故宮博物院也收藏有不少廣繡的優秀作品。

廣繡大體上分為兩大行，一是絲絨刺繡，一是盤金刺繡。這兩大行的廣繡各有不同特點，但同樣具有鮮明地方特色。絲絨行有很多老藝人，都是刺繡能手。近代以來培養了不少新秀，還挖掘出 30 多種傳統針法。盤金刺繡是以金線為主，輔以絨線刺繡，金碧輝煌，燦爛奪目，雍容華貴，表現形式也多種多樣。

今天，廣繡的品種更加多樣化，已發展到刺繡、織錦、抽紗、機繡、繡衣、通錦繡、珠繡、手工編織等。隨著市場經濟的發展，廣繡逐漸向普通日用商品發展。除了繼續生產傳統的產品外，還生產各種生紡畫片、條屏、手繡或真絲生紡臺布、廣繡軟緞披巾、化纖手繡或機繡男女襯衫等，尤其是珠繡中的珠繡鞋和珠繡晚禮服在國際市場上頗具競爭力。這些產品大多銷往香港、日本、美國、法國、英國、德國、義大利、澳洲、沙烏地阿拉伯等 50 多個國家和地區。

活靈活現的石灣公仔

廣東人稱石灣陶塑人物為石灣公仔，後來也包括動物陶塑、山公陶塑、瓦脊陶塑。山公就是假石山公仔的簡稱，它包括陶塑小人物、小動物、小亭臺樓閣，有的人物只有穀粒大，精緻之極。瓦脊公仔是石灣公仔在清中期興起的大型琉璃陶塑人物瓦脊。

石灣公仔是一門完整獨立的陳設藝術品，它原是陶器工人在勞作之餘，信手捏塑，以寄情懷。因為不受約束，喜、怒、哀、樂的情感均出自心底，加上藝人的塑造技巧，使人物顯得更加生動傳神。

石灣藝術家善於捕捉最能表現人物性格特徵和動物性格特徵的神態和動作來加以塑造，使作品更加維妙維肖。如廖洪標創作的〈關公〉取材於「單刀赴會」的故事，作品中的關公氣宇軒昂，挺立開步，右手提青龍偃月刀，左手緩緩舒展，表情威武神勇，表現出關公無畏無懼、神武勇猛的性格特徵。莊稼創作的〈詩聖杜甫〉，作品取材於杜甫樂府詩〈兵車行〉的主題思想，塑造了杜甫逆風前行、雙眼仰望天空，眼神中表露出他悲天憫人，憂國憂民的情懷，十分傳神。再如黃炳塑造的〈金絲

貓〉，抓住貓在深夜捕捉老鼠前的典型動作特徵來進行塑造，令人覺得栩栩如生。據說老鼠見了這個擺在桌上的「貓」，嚇得轉身就跑。

石灣公仔藝術萌發於嶺南，在南國這塊沃土上成長和發展，具有顯著的嶺南特色。從明清以來，尤其是清代中期以後，石灣陶塑藝術出現了許許多多的反映嶺南社會生活的作品，如〈挑刺〉、〈抽竹筒水菸〉、〈拍蒼蠅〉、〈唱書人〉，以及民眾喜愛的戲劇故事和漁、樵、耕、讀的山公盆景等。清代名家黃炳的〈挑刺〉，塑造了一位樵夫不慎右腳板被刺傷且嵌入肉中，其婦為他挑刺，引發樵夫疼痛難忍的情景，極具嶺南生活氣息。嶺南人因地處熱帶副熱帶之地，氣候炎熱多雨，無論盛夏或隆冬，平民百姓均不穿鞋襪，只有富人冬天才穿皮鞋或布鞋。〈挑刺〉中樵夫短褲、赤腳坐於柴薪之上，正是古代乃至民國時期的農村勞動者的真實寫照。

石灣公仔創造的藝術形象具有嶺南人特質。石灣陶藝，主要是塑造人物形象，除了特定的個體人物如魯迅、張大千等名人造像外，所有人物的塑造，無論是仙、佛、羅漢，或者傳說故事人物，形象塑造與刻畫大多明顯地以嶺南人種形象為母本的。使嶺南人觀賞石灣陶塑尤為親切。陶塑人物的嶺南人文特徵使之與普通老百姓的距離拉近了。石灣公仔在藝術形式和風格上，濃郁地再現了嶺南社會人文風情。

嶺南四大佳果 —— 荔枝、香蕉、鳳梨、木瓜

廣東土地肥沃，地處副熱帶，雨量適宜，因此水果品種特別多，一年四季都有新鮮果品上市。眾多的水果中以荔枝、香蕉、木瓜、鳳梨分布最廣，產量最多，品質最好，被譽為嶺南四大名果。

（一）嶺南果王：荔枝

中國是荔枝的故鄉，廣東、廣西、四川、福建等南方地區在古代早有荔枝栽培。而廣州從化、增城二市和市內幾個城郊結合區則是廣東荔枝的主要產區。

荔枝是中國南方珍貴水果，在百果中有「果中皇后」、「人間仙果」的美稱，廣東人更賦予它「嶺南果王」之美譽。荔枝果形別緻，顏紅悅目，果肉狀如凝脂，清甜濃郁。白居易吃過荔枝後，竟吟道「嚼疑天上味，嗅異世間香，潤勝蓮生水，鮮逾橘得霜」。蘇東坡 60 歲那年，被貶廣東惠州時，對廣東荔枝尤其喜愛，發出「日啖荔枝三百顆，不辭長作嶺南人。」的感嘆。千百年來，關於荔枝的佳話很多，其中最為人們所傳誦的還是貴妃楊玉環嗜食荔枝的故事。唐明皇「後宮佳麗三千人，三千寵愛在一身」。為了滿足楊貴妃品嘗到鮮荔枝，下旨取離長安最近的涪州荔枝，取子午谷飛騎傳送，歷程達數千里。為了保證荔枝色香味絕對鮮美，當時是「千里一置，五里一堠」晝夜兼程，死者繼路。詩人杜牧對此有詩云：「長安回望繡成堆，山頂千門次第開，一騎紅塵妃子笑，無人知是荔枝來。」對宮廷奢侈生活作了絕妙寫照。現在的荔枝品種中還有「妃子笑」，大概就是由此得名的。

談到荔枝品種，絕非「妃子笑」一種。目前，世界上約有荔枝 3,000 多種，廣東就有 130 多種，優良品種有糯米糍、桂味、妃子笑、掛綠等，而以淮枝數量最多，大約占總產量的七八成。

荔枝富含葡萄糖、蔗糖、蛋白質、脂肪、鈣、磷、鐵、胡蘿蔔素、維他命 B、維他命 C、葉酸、檸檬酸、蘋果酸和精胺酸、色胺酸等，是營養性美味果品。亦是一種良藥，鮮荔枝有止渴、益氣、通神、益智四大作用。

但荔枝屬溼熱之品，民間有「一顆荔枝三把火」之說。所以儘管美味可口，也不能多吃。如果連續或一次進食過多就會患上「荔枝病」（類似低血糖症）。

（二）香蕉

中國栽培香蕉已有三千餘年歷史。目前全世界香蕉年產量已達 3,600 萬噸以上。香蕉以廣東產量最多，占中國總產量的 90%。廣州番禺萬頃沙的香蕉產在沙質泥土上，其果具有濃郁的香味。

香蕉果肉軟甜可口，獨具香氣，有潤腸通便、降低血壓、防止血管硬化等功效。香蕉除了作為水果鮮食外，非洲和中美洲人民把香蕉當做糧食和蔬菜，把香蕉煮熟既是菜又是飯，加彭等國還用香蕉製作麵包。中國南方也有把香蕉摻在麵粉中製作湯圓或甜食的。東南亞的一些國家喜歡把香蕉切成薄片，蘸上麵糊蒸製香蕉餅或油煎香蕉片。有些國家用香蕉製作糕點，法餐中有些菜就是用香蕉烹製的。在烏干達，香蕉的吃法更是五花八門，燒肉、製餡、作醬和釀酒，到處都離不開香蕉。但患消化道潰瘍及胃酸過多者，忌食香蕉。

（三）鳳梨

鳳梨有許多別名：鳳梨、番梨、黃梨、露兜子。它和香蕉、荔枝、芒果並列為世界四大名果。以氣味芳香，果肉甜美和豔麗美觀的外形蜚聲全球。

廣東雖盛產鳳梨，但鳳梨的故鄉是在巴西，作為一種作物很久以前便在整個南美洲傳播。西元 1568 年法國探險家安德烈‧特維在《新發現

的世界或南級洲》提到鳳梨（Hoyriri），開始傳到世界各國。16 世紀時傳入中國，成為嶺南四大名果之一。

鳳梨一年有三次結果期，品質以 6～8 月成熟為最佳。鮮食以果色新鮮，果形端正，果身堅實，八分熟的為好。鳳梨常見品種以廣州果農精心培育的「糖心鳳梨」為最佳。

鳳梨肉脆多汁，清香甜爽，並有酸味，人人愛食。傳說：英國查理二世第一次獲得芳香濃郁的鳳梨時，曾舉行一次盛大的宮廷鳳梨宴會。一個金燦燦的噴著濃郁香氣的大鳳梨放在餐桌醒目地方，大家從沒見過這般豔麗芳香的果子，無不投以好奇和讚美的目光。當每個人分到一小塊鳳梨時，竟被那甜美和奇異的果香驚住了。天下竟有如此美味！一時成為上層社會的佳話。

中醫認為鳳梨味甘、微酸，性平。歸胃、膀胱經。功能生津止渴、消腫、袪溼，可應用於：暑熱或酒後煩渴不止，或胃陰不足，煩渴口乾，大便乾結，嘔逆少食。小便不利、水腫而有熱者，可煎汁飲。久病脾腎氣虛，倦怠神疲，消渴，小便不利，頭昏目暗，可生食、煎湯或加蜜熬膏。

在鳳梨產區，民眾吃鮮鳳梨時要先用鹽水把鳳梨浸泡一些時候再吃，出售鳳梨的攤子上，也備有一碟食鹽供顧客用以蘸食，這樣既可使鳳梨味道更甜，又可使一部分有機酸分解在鹽水裡，避免產生不適，這種世代相傳食鳳梨的方法是有其道理的，因為鳳梨中所含的蛋白酶會引起過敏反應。

（四）木瓜

木瓜原產墨西哥，學名番木瓜，17 世紀時傳入中國，現廣東各地均有栽培，而以廣州市郊最為集中。廣州的番木瓜質地上乘，色香味俱佳，素有「嶺南果王」之美稱。

木瓜是番木瓜科常綠軟木性喬木，與香蕉、鳳梨並稱為「熱帶三大草本果」。廣州所產較好的品種有嶺南種、穗中紅、泰國紅肉等，品質以嶺南種為最佳。其果形長圓豐滿，肉厚籽少，有桂花香味。

木瓜不僅味香、色豔、肉甜，更含有極豐富的營養素，包括維他命A、B、B1、B2、C及蛋白質、鐵、鈣、木瓜酵素、有機酸及高纖維等，含有的營養素之多，幾乎可在眾水果中稱王。其中維他命A及維他命C的含量特別高，是西瓜及香蕉的五倍。

另外，存在於木瓜中的乳狀液汁，含有一種「木瓜酵素」，尤其尚未熟成的青木瓜含量大約是紅木瓜的2倍。木瓜酵素是最好的蛋白質分解酵素，可以幫助人體分解肉類蛋白質，因此飯後食用，可以整腸助消化，有治療腸胃炎、消化不良等疾病的效果。木瓜加工後用於烹調中，就是我們常聽到的「松肉粉」或是「嫩精」，嫩精的作用是可以將肉類的結締組織分解，讓肉吃起來更鮮嫩，所以用木瓜燉肉，肉質也會更鮮嫩。另外，木瓜酵素能幫助分解並去除肌膚表面的老廢角質，所以也常應用在化妝品及保養品中。

木瓜可以生吃，還可燉食，廣東人冬天喜歡用冰糖燉番木瓜吃，甘甜如飴。冰糖燉木瓜可清心潤肺，醫治喉炎等疾患。未成熟的木瓜可糖漬，作蔬菜煲湯食用，或醃製成鹹酸木瓜等。

萬元一顆古貢品 —— 曾城掛綠

號稱「荔枝三傑」之冠的「增城掛綠」歷來被朝廷列為貢品。它外殼紅中帶綠，四分微綠六分紅，每個荔枝都環繞有一圈綠線，「掛綠」一名因此而得。增城掛綠果實扁圓，不太大，通常0.5公斤有23個左右，

果蒂帶有一綠豆般的小果粒；蒂兩側果肩隆起，帶小果粒側稍高，謂之龍頭，另一邊謂之鳳尾。果肉潔白晶瑩，清甜爽口，掛齒留香，風味獨特，特別之處是凝脂而不溢漿，用紙包裹，隔夜紙張仍乾爽如故。城掛綠掛是荔枝中的珍稀品種，被稱為「荔枝之王」。清詩人李鳳修詠道：「南州荔枝無處無，增城掛綠貴如珠。兼金欲購不易得，五月尚未登盤盂。」足見其珍貴程度。

增城掛綠以文獻正式記載至今已有 400 多年的歷史，據乾隆年間縣誌記載原產於增城新塘四望崗，後至嘉慶年間因官吏勒擾，百姓不堪負重而砍光掛綠荔枝，萬幸只存縣城西郊西園寺（現荔城掛綠廣場）一棵至今。這棵四百多年樹齡的「西園掛綠」彌為珍貴，被稱為增城掛綠老祖宗，目前經人工科學栽培，已成功培育了好幾代的掛綠子孫樹種，共一百多株，在增城幾個鄉種植。

掛綠廣場舉行的掛綠珍果拍賣會上，一顆「西園掛綠」荔枝拍出了人民幣 5.5 萬元的高價，成為全球最昂貴的水果，一舉打破了金氏世界紀錄，引起了全世界的關注。

未熟先甜的新會甜橙

新會有一句俗話：「企身橙，扁身柑。」也就是說，要想挑到好的新會甜橙，就得要挑豎起的；要想挑好的新會柑，就得挑扁平的。

新會甜橙，皮色金黃，呈「日」字形，底部有圓圈，果汁豐富，味同蜂蜜，芬芳可口。清乾隆時胡金竹著的《鴻桷堂集》中就有「凡果未熟皆酸，獨新會甜橙未熟先甜」一說。嶺南佳果中，以新會甜橙與增城掛綠（荔枝）最為有名。據史料記載：新會甜橙是由野生品種嫁接而來

的，漢武帝徵貢時稱之為「御桔」，到元代已大規模人工種植，清代被列為貢品。

新會甜橙原主產於環城東甲鄉，故又稱「東甲甜橙」，而東甲又以廟地圍所產為上品。過去省港水果店往往以「新會東甲廟地圍甜橙」來標榜。東甲甜橙種下 8～10 年後，移植到另一處地方，如此連續移植，成為老樹。老樹橙的圓圈深而溜紋淺，皮薄而糟糙，個子較小，但糖凝肉爽，味香無核。用刀切開，果汁不流，墊紙無溼印，稱為果中珍品。據說，在清末，每到甜橙成熟，東甲鄉的百姓都要精選 7 大麻袋甜橙去朝貢慈禧太后。

新會甜橙分溜橙、滑身仔兩種，以底部有直徑分半大小的圓圈為正宗。滑身仔的個體圓滑。溜橙又有全溜、半溜、暗溜之分。果皮有紋溝如溜，自蒂部直通至底部者為全溜；通至中部者為半溜；紋溝隱約者為暗溜。全溜橙是最佳品種。

甜橙含有多種維他命，橙汁能潤肺健胃，花可釀酒，核可調製「五核散」，橙皮晒乾煎湯能治病。

其貌不揚甜如蜜的四會砂糖橘

四會砂糖橘，原名十月桔，產於四會，是四會柑桔主栽品種之一，由於其成熟期在 10 月分（農曆十月完全成熟）而得其名，又因其味甜如砂糖，故而又得「砂糖橘」之美譽。砂糖橘果實扁圓形，頂部有瘤狀突起，蒂臍端凹陷，色澤橙黃，裹壁薄，易剝離，表面密布砂糖粒大小的半透明斑點，別看外表其貌不揚，但果肉爽脆、汁多、化渣、味清甜，吃後齒頰留香。

四會柑桔種植歷史悠久，素有「柑桔之鄉」的美譽。四會的砂糖橘已熱銷到內地市場，近至江浙、上海、北京等，遠至黑龍江、甘肅蘭州、新疆等地區，砂糖橘是四會最著名的產品，四會也是砂糖橘最著名的產地。四會已成為廣東，乃至中國的柑桔銷售商的雲集之地。

文房四寶之珍 —— 肇慶端硯

端硯，是用特有的石材雕製而成的硯臺，是中國著名的傳統工藝產品，因產於廣東肇慶市端州羚羊峽爛柯山側一帶而得名。唐宋以來，端硯和安徽的歙硯、山西的澄泥硯、甘肅的洮硯視為中國四大名硯。而肇慶的端硯居四大名硯之首，是中國「文房四寶」之「寶中之寶」。

端硯自唐朝初年開始生產。據傳說：唐朝時候，一位梁秀才的兒子，決心繼承父志，他用先父留給他的端硯每天練小楷字五千，寫文章一篇，日日如此，從不間斷。到了 21 歲時京城舉行會試，他帶上先父留下的端硯，進京赴考。考試正逢臘月初八，常言道：「臘七臘八，凍掉下巴。」當時天寒地凍，滴水成冰。梁舉人手捧端硯，冒著嚴寒走進考場。考場上其他考生的硯臺裡磨的墨全部結了冰，弄得這些考生心慌意亂，手足無措。唯獨梁舉人用的端硯，仍然發墨迅速，書寫流暢，梁舉人心裡高興，文思泉湧，一揮而就。會試完了，接著殿試。梁舉人場場順利，終於金榜題名，中了進士。梁舉人衣錦還鄉時，逢人就講：「所以能考中進士，多虧端硯。」從此，他把端硯珍藏起來，作為傳家寶。端硯從那時起就名揚天下。

不過，當年的端硯純粹是文人墨客書寫的實用工具，石面上無任何圖案花紋裝飾，顯得粗陋、簡樸，後來到了唐朝中葉，一天一老硯工路

經端溪時，看見有兩隻仙鶴飛落溪水之中，久而不起，於是心生疑竇，張網撈捕，但撈起的卻是一塊石頭！不過，這塊石頭十分奇異，上有裂縫，不時發出鶴鳴聲響，老硯工順著裂縫把奇石撬開，奇石竟一分為二，化作兩隻硯臺，硯邊各有一隻仙鶴佇立在蒼松之上。消息傳開，硯工們紛紛仿製，或各展其藝，在硯臺上雕以各種圖案花紋……這大概就是端硯從實用品變為實用工藝品之始。

端硯以石質堅實、潤滑、細膩、嬌嫩而馳名於世，用端硯研墨不滯，發墨快，研出之墨汁細滑，書寫流暢不損毫，字跡顏色經久不變，品質好的端硯，無論是酷暑，或是嚴冬，用手按其硯心，硯心湛藍墨綠，水氣久久不乾，古人有「哈氣研墨」之說。宋朝開始把端硯列為「貢品」，文人墨客將它視為收藏之珍品。

端硯經過歷代製硯藝人的精雕細作，使其造型式樣多采多姿，由初唐的實用型逐漸提高到明清時期的實用與欣賞相結合的境地，步入了民族工藝美術的行列，現在已成為中國工藝美術百花園中的一朵奇葩，聞名遐邇，眾多來肇慶觀光的中外遊客無不以擁有一方工藝精湛的端硯為榮。

增城絲苗、馬霸油黏

來過增城的人，如果沒有親口品嘗增城的絲苗米，可真稱得上是遺憾。那是因為這種米做成飯後晶瑩潔白、香氣怡人，吃起來更是酥鬆可口，曾經獲得過「中國米中之王」的美譽。這種米是增城依靠特有氣候和優質水土培育出來的優質品種，由於其米粒苗條，米泛絲光，故稱絲苗米。

關於增城絲苗米的來歷還有一段鮮為人知的故事呢。相傳在明朝嘉靖年間，一得道高僧在增城西部的白水山修建了棲雲寺，他利用山下水好土好的優勢，將自己雲遊四方收集的優質稻栽種在這裡並進行雜交，經過多次試驗，終於培育出品質上乘的水稻品種 —— 增城絲苗米，清朝時，此米還被當做貢品送給皇帝享用。

　　傳說終歸是傳說，但絲苗米與增城特殊的氣候、優質的水土資源相關卻一點不假。

　　一般人對絲苗米的認知可能還停留在它的色、香、味上，其實它還大有學問呢！在絲苗米的多個品種中，它們都各有自己的特色，分別富含一種或幾種營養元素，具有營養保健之功效。如黑野絲苗 21 號，含蛋白質高達 13.6%，相當於一般稻米的 2 倍；江野絲苗 6 號，17 種胺基酸含量達 9.56%，高出普通大米一倍以上；巴野絲苗 2 號，不僅米質柔軟，還含有抗癌物質和人體必須的營養元素「硒」。

　　在國際大米市場上享有盛名的曲江縣馬壩油黏米，是水稻家族裡的又一株名花。馬壩油黏米是曲江縣傳統的優質水稻品種，它米粒細長，晶瑩潔白，香滑軟熟，飯後齒頰留香。因飯面泛起油光，把飯粒放到紙上有油蹟留下，故稱之為油黏，又因其產地在曲江馬壩而得名「馬壩油黏」。馬壩油黏又以獅子岩附近所產的為最佳，據農科工作者研究分析，其原因是因為那裡的土質含磷質特別多。

　　馬壩油黏米歷來就享有很高的知名度，清光緒二十八年（西元 1902年）編纂的《曲江鄉土志》中就有馬壩油黏米曾作朝庭貢米的記載。1949年後作為地方土特產銷售到東南亞國家，1950 年代曾躋身於印度國際博覽會，獲得「優質米」的殊榮。

　　近代以來透過運用先進的選育技術並實施標準化生產，以及運用獨

特的加工工藝，馬壩油黏米在保持原有品質的基礎上，米質不斷優化，並在各種相關評比中屢獲殊榮：1996 年以來分別榮獲中國第二屆農業博覽會金獎、中國第三屆農業博覽會「名牌產品」稱號、中國第一批五類食品「QS」標誌及國家「綠色食品」標誌，還獲得中國糧食行業協會頒發的「放心米」稱號。

新興話梅、新會陳皮

禪宗六祖惠能大師的故鄉——廣東省雲浮市新興縣境內各山區鎮廣泛植青梅樹，但以共成鎮所產的梅子最佳，以其果肉豐厚，梅核小，人口爽脆而聞名，且含有極豐富之維他命 C，以其研製的話梅，粒大肉厚，其味酸中帶甜，人口香郁持久生津，盛夏時節泡以開水沖飲，更有解暑潤喉開胃之功用。新興話梅繫著名傳統特產之一，是人們喜愛的小食食品。。

新興縣歷來有種植雜果和加工果品的習慣，經多年的發展，「新興涼果」成為遠近聞名的果製品。「新興涼果」銷售網路遍布中國各地，還出口到日本、澳洲、東南亞、美國、中南美洲、歐洲等國家。

新會著名特產——新會陳皮，是新會所產的大紅柑的乾果皮。由於它具有很高的藥用價值，又是傳統的香料和調味佳品，所以向來享有盛譽。早在宋代就已成為南北貿易的「廣貨」之一，現行銷中國和東南亞、美洲等地區。

柑皮以儲藏的時間越久越好，故稱「陳皮」，陳皮以廣東所產為佳，歷史貿易中特稱「廣陳皮」，以別於其他省所產。清代大醫師葉天士所開的中藥「二陳湯」，特別寫明「新會皮」。因不是新會所產的其藥效

遠遜，且乏香味而痺口。（即苦辣味）。所以新會陳皮價格較高，皮比肉貴。

據說新會陳皮運往北方各地，過了嶺南之後，其味更為芳香。曾有華僑攜帶新會陳皮乘船出國，船抵太平洋，頓時芳香四溢，無法掩蓋。新會陳皮散發芳香撲鼻的香味，是其獨有品質。

陳皮在藥用上有理氣、健胃、燥溼、祛痰的功效。中醫中的「陳皮半夏湯」、「二陳湯」是主要靠陳皮治病的。以陳皮為主要成分配製的中成藥，如川貝陳皮、蛇膽陳皮、甘草陳皮、陳皮膏、陳皮末等，是化痰下氣、消滯健胃的良藥。

在涼果、食品方面，新會陳皮梅、陳皮鴨、陳皮酒，其色、香、味都具特色、製作菜餚若加入陳皮，不但除去魚肉的膻腥氣味，且使菜餚特別可口、製作綠豆沙、紅豆粥等甜品，如加入一點陳皮，味道分外芳香。

▌惠州梅菜、肇慶芡實

惠州梅菜是惠州獨有的傳統特產。歷史悠久的惠州梅菜是惠州鄉間民用新鮮的梅菜經涼晒、精選、飄鹽等多道工序製成。惠州梅菜一般用梅菜心作原料。上好的梅菜心，只有三寸多長，粗細如拇指，頂上帶花，狀如秋菊。因菜心不見陽光，吃起來特別脆嫩，加上精工醃製，菜心色澤金黃透亮，不但味道清香爽脆，而且營養豐富。自蘇東坡來惠州後，這種色澤金黃、香氣撲鼻，清甜爽口，不寒、不燥、不溼、不熱，被民間傳為正氣菜的梅菜由東坡傳授的東坡扣肉（梅菜扣肉）而名揚四海。

由於梅菜不僅可獨成一味，又可以梅菜作配料製成梅菜蒸豬肉、梅菜蒸牛肉、梅菜蒸鮮魚等菜餚，因此，越來越受嶺南、港澳、東南亞一代的人青睞。人們購買梅菜，除自己吃外，還經常作為禮品送給親朋好友。

現在，久負盛名的惠州梅菜經惠州人的開發，產量、品種、手藝等都得到了改進，更適合作為送禮的佳品。

廣東人在暑天或乾燥天氣時愛煲「清補涼」，芡實便是主要配料。用淮山磨成粉、芡實、拌粥煮給小孩子吃，有助於健脾開胃，增強體質。芡實也常作酒家、餐廳的「八家鴨」、「羅漢窩」等名菜的配料。

芡實品種較多，以肇慶芡實為佳。據傳，明朝中葉時，仙掌岩上一邵姓道士，以芡實入藥為附近村莊的小孩治病，並教村民們廣為引種。不久，小孩的病痊癒了，所引種的芡實也獲得了好收成。村民們對邵道士感激不盡，但芡實為何物，他們全然不知，認為是邵道士教引種的，於是就以「邵」作為果實之名叫「邵實」。後來，因「邵」與「肇」同音，而肇慶所產之芡實顆粒大、藥力強，遂改稱為肇實，一直沿用至今。

肇實與一般芡實有較大的區別。一是成熟度不同，一般的芡實，在其果長熟時即摘苞取核；而肇實在果熟後，讓其自然地跌落水中，浸得結結實實後才撈起使用，稱之為「水下熟」。二是質地不同，肇實房大，背肉鮮紅，有清晰的蟋蟀紋，煲煮後龜裂成菊花狀，極為鬆化，明顯不同於一般芡實。

肇慶裹蒸

肇慶位於廣東中西部，有嶺南故都之譽。當地的裹蒸是肇慶地道的特產。

據說肇慶人製裹蒸始於秦代，秦始皇當政時，苛捐特重，勞役繁多，農民悲苦難言。當時農民為方便田間勞作，便用竹葉或芒葉裹以大米，煮熟後隨身攜帶以作乾糧，這就是最早的裹蒸了。至漢代，肇慶的城鄉居民已有在春節、端午節包裹蒸和粽子的習俗，一直沿襲至今。如今，肇慶裹蒸已經成為講白話地方家喻戶曉的傳統產品，作為春節探親拜年的必備禮品，寓意著豐衣足食和來年好運。由此可見，裹蒸與粽子不同，它並不是用來紀念屈原的，而是人們希望生活蒸蒸日上的吉祥食物。

　　肇慶裹蒸個子大，有「茶點王」之稱，其實也是粽子中的一種，採用純手工製作，與人們熟悉的「端午粽」卻有明顯的區別。一般的粽子多用芒葉裹包，呈扭身四角形或長條形，而肇慶裹蒸則用本地特有的冬葉包裹、水草包紮，呈枕頭狀或埃及金字塔形，每顆重約 0.5 公斤。主要以糯米、脫衣綠豆、豬肉為原料，再加入適量的精鹽、麴酒、花生油、白芝麻、五香粉等配料精製而成。取大缸用柴猛火煲 8～10 小時，直至糯米、綠豆、豬肉融化混為一體，稱為「大肉裹蒸」。熱食時清益撲鼻，入口鬆化爽滑甘香，肥而不膩，甘香可口，風味獨特。

　　肇慶裹蒸的吃法也頗具特色，當地人通常是將熱氣騰騰的裹蒸從鍋裡取出之後，拆開冬葉，加入切細碎的芫茜（香菜）、蔥和炒香的芝麻粉，再加上幾滴土榨花生油和醬油，隨吃隨蘸，確有風味；而另一種吃法是將冬葉打開後，裹蒸蘸上蛋漿後用豬油煎至金黃，表皮香脆，再加上述配料食用，同樣味道不俗。

　　而民間最喜歡吃的還是新鮮出爐的「開爐裹蒸」，不加任何調味料，直接食用。新鮮出爐的裹蒸，久經煲煮的冬葉已變為深綠色，糯米表層吸收了冬葉的葉綠素，呈現一層通透的淺綠，冬葉與糯米、綠豆混合的

清香令人垂涎欲滴，其味甘香，口感軟滑，吃後齒頰留香，據說頗具補中益氣，以及止夜尿和增加熱能作用，在春天這乍暖還寒的時節，裹蒸成為人們歡度春節的傳統食品確實有其效用目的。

居住在肇慶的回民也有包裹蒸的習俗，他們則以牛肉作餡，稱作「清真裹蒸」；佛教信徒則以花生、白果、冬菇作餡料，稱作「上素裹蒸」。

除了傳統的糯米、綠豆、豬肉餡裹蒸外，近代還發展出更具營養的黑糯米等新品種，而內餡方面更是五花八門，名目繁多，填入冬菇、白果、栗子、臘腸、臘鴨、蛋黃、臘肉則譽稱為「七星裹蒸王」；也有以日本大瑤柱、湖北鹹蛋黃、上靚肥臕肉、自製鰻魚乾、鮮花生仁等配以味料用乾荷葉包裹，用湯水熬製四小時而成的豪華版裹蒸。但是民間百姓常吃的大多以糯米綠豆肥肉製成，原汁原味，毫不遜色。

不是麵餅的佛山盲公餅

佛山盲公餅是廣東佛山市的歷史名點，也是廣式著名糕點之一。

盲公餅，因一佛山盲人創製而得名。它創製於嘉慶年代後期（西元1796～1820年），距今已有160年之久。這盲人名叫何聲朝，8歲時由於家貧患病，無錢醫理，而致雙目失明。10歲開始學卜易，學成後，就在本市教善坊口開設「乾乾堂」卦命館，頗得當時一些人士信仰。由於問卜者多攜帶小孩，喧鬧啼哭，影響工作，乃想出一法：用飯焦乾磨成米粉，加上芝麻、花生，用生油和勻，製成米餅，稱為「肉餅」（現盲公餅餅印仍舊有肉餅二字）。這樣既可賣給問卜的人以餌小孩，又可以多賺一些錢以補助家計。由於製作別出心裁，甘香美味，價錢便宜，購買的人日多。向盲公買餅的人們都叫肉餅為「盲公餅」，盲公餅遂由此而得名。

盲公餅的製作，與一般餅食不同，有其獨特之處，市場上出售的餅食，大都以麵粉配製，而盲公餅則全用糯米配以食糖、花生、芝麻、豬肉、生油等上乘原料巧製而成。餅內所夾的豬肉，其製法更為美妙精巧，用幼細白糖醃藏數月（最少數天）才取出配製，食起來甘美酥脆，美味可口。

沒有杏仁的中山杏仁餅

中山杏仁餅是中山著名糕點。清朝光緒年間，居住在合記附近一位叫梁星如（西元 1885 ～ 1923 年）的年輕人，自少年開始做飲料、餅食小販，特別愛好研製綠豆餅。數年之後，竟能找出綠豆餅美中不足的地方。他設想製作一種更美的餅來取代綠豆餅，便從選取原料到製作技術都進行了改革。經過反覆試驗之後於 1906 年創製了一種新的品項，人人品嘗之後，無不讚美。因該餅經咀嚼有杏仁香味而稱之為杏仁餅。

「易味廬」、「咀香園」是中山杏仁餅的最著名生產廠商，其產品遠銷美洲和東南亞。適應時代發展的要求，製餅工藝經過不斷改革，使杏仁餅不但保持香純濃郁、酥甘溶化的特色，而且餅質更加細膩，製作裝潢更符合現代要求，使中山杏仁餅更負盛名。

廣東和僑居海外回鄉探親的廣東人都喜購杏仁餅餽贈親友。

沉舟造就沙井鮮蠔

蠔，是到廣東遊客喜愛購買的物品，其中以深圳沙井的蠔為佳品。

深圳市沙井公社地處珠江口的大海灣。傳說在兩百多年前，有一艘

滿載缸瓦的木船，在沙井附近的海面上遇風沉沒，船上的缸瓦器物全部落入海裡。後來，當地人發現海底的缸瓦片上都寄生著又肥又大的蠔。從此，沙井人就在海灣裡養起蠔來了。

沙井蠔的特點是：體大肉細，蠔肚極薄，有「沙井蠔，玻璃肚」之說，所以名震遐邇。用它來佐餐，清蒸、酥炸、炆焗，都頗為鮮美可口。為了遠運至海外各地，沙井蠔經過加工炮製，製成熟晒蠔豉和生晒蠔豉兩種，味道都很好，深受大眾歡迎。熟晒蠔豉的加工過程，還可以提取美味的蠔油，作為一種高級的調味佳品。據檢驗，沙井蠔含有蛋白質 45%，乾澱粉 19%，以及其他灰粉等多種營養成分，所以又被譽為「海底牛奶」。

如今，沙井地區又提高養蠔技術，在深水海區採用筏式吊養育方法，使蠔又肥又脆，味道更加鮮美。

湛江，海產的採購天堂

湛江海產品之豐富聞名遐邇，其新鮮、質優、價廉，各農貿市場均有大量供應，在賓館、酒店以至街邊小食店均有大量海鮮菜式，因而，湛江是人們品嘗海鮮、購買海產品的理想之地，有「吃海鮮到湛江」說。

- 對蝦。本市沿海盛產對蝦，歷來為全省有名的對蝦產區，年產一般2,000 多噸，以墨吉對蝦、長毛對蝦最多。1970 年代初郊區開始試養對蝦獲得成功，1985 年後全市沿海大規模建設蝦場。至 1991 年建有蝦池 18 萬畝，放養數萬畝，總產量 9,824 噸。以廉江、雷州、坡頭、麻章為主要產區，其中有龍營、雷高、企水、南三等萬畝蝦場。品嘗對蝦以天然海產者為佳，其肉嫩特別味美、營養豐富，白灼海蝦、椒鹽蝦為本地名菜。養殖對蝦大部分收購出口。

◎ 龍蝦。主產於硇洲島東南海域，該島譚井村家家捉龍蝦，有「蝦之鄉」稱。在硇洲島及市內高級飯店可吃到鮮龍蝦。硇洲島製的龍蝦標本亦是很有特色的工藝品，產品銷往國外。

◎ 蟹。沿海各地均有出產，主要有青蟹、膏蟹、花蟹。優質青蟹稱膏蟹，其中東海民安和吳川芷寮所產膏蟹以其膏黃、肥嫩、味美而聞名，如今膏蟹已成為名貴的出口海產品，酒家、市內各大市場均有出售。花蟹則物美價廉，一般人士均可品嘗到。

◎ 江瑤柱。高級海產品，盛產於遂溪及郊區等地，高級飯店可品嘗鮮江瑤柱。

▍香氣四溢的東莞臘腸

東莞臘腸，在廣東臘腸中要數東莞臘腸為皇上皇。無論是它的外形或是其炮製方法，均與普通的廣東臘腸有異，因而風味便有不同，成為廣東臘腸中的上品。

從外形上看，東莞臘腸「短度闊封」，腸身長不到兩三公分，卻比普通的廣東臘腸粗了許多，乍看之下，好像一個橢圓形的肉球。從品質上看，東莞臘腸具有爽脆、香醇、鹹味均勻、豉味入肉等特點。在製作方法上，也和普通臘腸有區別。普通臘腸採用加工好的乾爽豬腸衣作臘腸衣，而東莞臘腸則是用當天加工出來的新鮮豬腸做臘腸衣，用八份精肉和兩份肥肉切粒剁爛和勻，拌以白糖、食鹽、特級生抽醬油和味精，入腸前還灑上正牌的山西汾酒，捆紮後吊起來為自然風乾至適度，即放入火炬以文火烘烤至透明乾爽，這就成為風味獨特、色彩鮮麗的東莞臘腸了。

東莞臘腸遠銷到東南亞、西歐和南北美洲，飲譽世界市場。僅東莞市厚街鎮一個地方，每年出口的乾臘腸便有二十多噸。為什麼東莞臘腸特別短而粗呢？傳說始創這種臘腸的是個矮人，他挑著長長的臘腸上街叫賣，因人矮，有些臘腸已拖到地上，沾上泥沙，不受顧客歡迎。後來，他便想辦法把臘腸製得短而粗，在炮製方法上又與眾不同，他挑擔上街，人們老遠就看見那粗大的臘腸，並嗅到臘腸的特別香味，從此生意興隆，再也不用沿街叫賣了。至今，人們形容一些矮壯而精明的人，也叫做「東莞臘腸」。

揭陽番薯「石牌紅」

「石牌紅」番薯是揭陽炮台鎮頗具地方特色的土特產，因薯體呈橙紅色或粉紅色，故名。已有 150 多年的歷史。自清代開始，炮台鎮發展為港口商埠，時有「紅頭船」停泊，帶來了形似蘿蔔，皮薄肉厚美的「沙拉越」甘薯，在當地種植，因其屬外洋傳入，俗稱「番薯」。經過世代的擇優汰劣，加之這裡屬桑浦山麓，沙質土壤，清醇的山泉水和適宜的氣溫陽光，為番薯的栽培提供了優越的環境條件，石牌村人終於培植出一種皮薄肉厚美，橙紅醇香、營養價值較高的「紅肉番薯」（紅心地瓜），被列入「第二五穀」而當糧食充飢，受到人們喜愛。到了 1930 年代，從潮安區鶴隴鄉引進移植一種優質的紅肉番薯，與石牌村的紅肉番薯相結合，雜交培植出適合當地種植的「石牌紅」番薯。

「石牌紅」番薯的烹調獨特，先將薯體洗潔去皮，切成塊狀，泡浸水中 10 分鐘，撈起後，配以白砂糖攪拌，慢火煮之，保持薯塊不散，其表面又能裹著一層薄薄的糖紗，色澤鮮豔橙紅，嚼之香甜爽口。有的還

雕刻為蓮花狀，取花開富貴之意，以敬賓客，達到形、色、味俱佳。如今，許多到過炮台鎮的國內外佳賓，都喜歡尋覓品嘗，一飽口福。

「石牌紅」番薯儲藏的時間越長，其肉質越柔美，氣味越香甜。在當地，人們家裡儲藏一定數量的紅肉番薯，被作為財富的象徵。串親訪友時，以「石牌紅」番薯餽贈，這也是炮台人特有的習俗。

遊人買成「乒乓粿」

乒乓果是揭陽傳統小食，原名檳醅粿。南宋末年，揭陽縣人為避戰亂，抵禦飢餓，以鼠曲草混於糯米中碾成糯粉，製成鼠曲粿。由於鼠曲草的香味，使這粿品令人喜愛，後又採用檳醅麩為粿餡，製成檳醅粿。

明清時已在潮州一帶揚名，並傳名海外。晚清揭陽縣南門有一李姓師傅，專門經營檳醅粿，他既保持原有的風味特色，又在粿品上用木模加印花紋並以豆腐薄膜作墊底，炊熟後在粿品外塗一薄層花生油，使檳醅粿更為暢銷。

1950 年代初，外地人來揭陽旅遊的人們買檳醅粿時，錯聽為「乒乓粿」而流傳下來。

乒乓果傳統的製法，粿皮要用上等糯米粉，加上適量花生油，經反覆拌勻成稠泥狀；粿餡以檳醅麩為主體，加上熟砂糖、花生碎、芝麻、橙糕等。製作時，先取一小塊胚料，捏成圓薄片，放進適量的餡料，捏成圓粿型，然後用木模或陶模印出花紋，以豆腐膜作墊底，經蒸熟晾乾後，乒乓粿便具有外觀清柔軟、裡面香脆甜的優點。食時一般需再蒸炊，並以厚謦文火煎熟，使之皮酥餡軟。

後起之秀的英德紅茶

著名茶學家莊晚芳教授主編《中國名茶》一書（1979 年出版）中，高度評價了廣東英德紅茶 ── 「英紅」。英紅是 1956 年創辦的英德茶場新產品，是中國紅茶中一朵新花，1959 年初次出口供應市場，博得茶界人士推薦，被譽為紅茶後起之秀，堪與印度、斯里蘭卡紅茶比美。

「英紅」身骨結實，色澤烏潤，外形勻整優美，金毫顯露，具有香氣濃郁，湯色紅豔，滋味濃烈等特點，飲後甘美怡神，清鮮可口。單獨泡飲，或加奶、糖沖泡，均很適宜，特別是加牛奶、白糖後，色香味俱佳。「英紅」成茶內含物豐富，咖啡鹼 4.12%、胺基酸 1.28%、茶多酚 21%、茶黃素 0.8～1.2%、茶紅素 8～12%、水浸出物 38.16%，達到國際高級紅茶品質水準，極受國內外市場歡迎。據香港市場反映，「英紅」外形大小一致，色澤烏黑而潤紅，久存不易變色，比斯里蘭卡的為好。

英德紅茶創製以來以其極佳的形、色、香、味博得世界人民的喜愛，遠銷世界 70 多個國家和地區。英國是世界紅茶銷售中心，也是紅茶消費量最多的國家，世界各國著名紅茶紛紛擁入，英德紅茶進入英國市場後，很快受到英國人的青睞，成為國皇室所認定的靚茶。據 1969 年廣東省茶葉進出口公司電文稱：從中國駐英國大使館經濟參贊處電文獲悉：「英國皇室喜愛英德紅茶，1963 年英國女皇在盛大宴會上用英德紅茶招待貴賓，受到高度的稱讚和推崇。」又據 1996 年 9 月 19 日，香港《東方日報》以「英德紅茶香滑不苦提神醒腦」為題稱讚「英國皇室所享用的靚紅茶都是中國貨，如福建的正山小種和英德紅茶。英德紅茶原汁香味足而苦澀味薄。泡英德紅茶便知紅茶極品，又香又特別提神醒腦呢！」

潮州金漆木雕美名揚

潮州木雕萌芽於唐宋時期。潮州金漆木雕是在木雕作品上聚漆貼金，使其具有金碧輝煌的藝術效果。潮州木雕作品款式多樣，有廳堂用的門窗、屏風、櫃櫥、几案床榻、橫披條幅，有迎神賽會用的香爐、神龕、燭臺、饌盒，還有人物、花鳥等各式各樣的藝術品。木雕雕刻技巧有浮雕、沉雕、鋸通雕、通雕、圓雕等。玲瓏剔透的木雕作品，聚漆貼金以後，顯得更加華貴。

潮州木雕風格獨特、自成體系，具有「工藝精湛、玲瓏剔透、金碧生輝、富麗堂皇」等特點，其精美的藝術魅力名揚世界，深受海內外各界人士的喜愛和收藏。潮州金漆木雕遠銷香港以及德國、加拿大、美國、法國、日本、新加坡等國家。如泰國普門報恩寺有潮州出產的「金漆木雕」千手觀音，新加坡半港天后宮有潮州設計製作的潮州木雕，法國巴黎唐人街有潮州設計製作的「龍光拐子」門罩木雕，還有現陳列於中國駐朝鮮（北韓）大使館的「清明上河圖」木雕作品潮州木雕「蟹簍」和「龍蝦掛屏」等作品也為廣東省工藝美術珍品館收藏。在東南亞的潮籍華僑，幾乎家家都擺放有幾件潮州木雕，既作祈壽祝福膜拜之用，又作工藝美術品欣賞。

潮州木雕之所以能夠取得如此大的成就，在於潮州人民對它的無比熱愛。在潮汕大地，潮州木雕這朵民間藝術的奇葩，就開放在每一條尋常巷陌，而潮州開元寺的木雕裝飾，潮陽穀饒梅祖家祠、揭陽關帝廟的藻井木雕，揭西棉湖永昌祖廟天井雕刻，饒平三饒黃氏祠堂拜亭梁枋雕飾等等，更是潮州木雕的「代表作」，是頗具藝術價值的木雕精品。著名中國美術史家陳少豐教授有次到潮汕各地考察民居之後發出這樣的感嘆：「村村都像木雕博物館，戶戶都像雕刻陳列室。」

嶺南遺韻木屐鞋

木屐，通稱木底鞋，是中國一種民俗用品，北方人叫「嘎拉板」，廣東叫「木屐」。

木屐早在 2,000 多年以前就流行於中國。春秋時晉文公為報答患難時為之割股肉充飢的介之推，任命介之推為相，但介之推拒絕受封而隱於山中。文公以火燒山想逼之出仕，介之推抱樹焚死，文公甚為哀痛，便以該樹製成木屐穿之以作紀念。

魏晉以後木屐形式多樣，用途也有所不同。既可作為軍旅工具，又可作為遊山玩水之用。據《晉書·宣帝紀》載：「關中多蒺藜，帝使軍士二千人著軟材平底木屐前行，蒺藜悉著屐，然後馬步俱進。」說明當時那種平底無齒木屐，還曾是行於蒺藜荊棘中的好工具。南朝詩人謝靈運常著木屐。上山時去其前齒，下山則去其後齒，使用起來輕便靈巧又很穩妥，故唐代詩仙李白在〈夢遊天姥吟留別〉詩云：

> 腳著謝公屐，身登青雲梯。

南宋時期，木屐也成為文人、士大夫階層喜歡穿著的風尚。葉紹翁在〈遊園不值〉詩云：

> 應憐屐齒印蒼苔，小扣柴扉久不開。
> 春色滿園關不住，一枝紅杏出牆來。

這首詩不但透露出文人喜愛木屐更為後人留下了千古的佳句。

中國南方地區氣溫高雨量多，從古代起，著木屐就較北方普遍，而以廣東潮汕地區最為聞名。清·張渠撰《粵東聞見錄》載：「潮州尚拖成

散屐，以輕為貴。」《南粵筆記》載：「散屐以潮州所製拖皮為雅。」表明清代潮汕木屐就以散屐見長而聞名四方，故潮屐又稱為「散屐」。廣東人穿木屐可以避暑納涼，可以防溼去溼，價格便宜可以節省費用，洗澡穿著可使腳足水汽很快地變乾。由於穿木屐有上述諸好處，方便人民生活，因此穿木屐之風在廣東廣為流行。

木屐多用泡木、黃桑木、苦楝木等製成，並且以原塊木為宜。製作過程如下：開刨木塊，依屐畫線，用寬口鑿木成型，鋸跟底起蹭，用布或膠、塑膠片或牛皮等釘在木屐前方之上成船篷狀，或蜂腰狀，即可穿用。如是漆畫屐或花繡屐，就在木屐板上漆、繪花，或在屐皮上如布上繪花卉或繡花。男人多穿白坯屐，女人多穿油漆紅皮屐。

到了廣東，不要忘了買雙木屐，帶回一縷嶺南遺韻。

園林廣東

　　嶺南私家園林因在中國園林藝術中獨具特色，被稱為嶺南園林，其中以清代四大園林 —— 順德清暉園、番禺餘蔭山房、東莞可園、佛山梁園為代表。

　　傳統的嶺南園林既具有中國園林的基本風格，又因地理環境、自然氣候和鄉土文化的影響而具有地方特色。其布局沒有皇家園林的常規祖制，也不具江南文人園林的嚴謹章法，而是根據需求適當處置、隨機應變、求實重效、順從人意。

藏而不露、縮龍成寸 —— 餘蔭山房

餘蔭山房，又稱餘蔭園，坐落在番禺南村，始建於清同治六年（西元 1867 年），歷時五年建成。園主人鄔彬，字燕天，清朝舉人，官至刑部主事。其兩個兒子也先後中舉，故有「一門三舉人，父子同登科」之說。後來鄔彬歸隱鄉間，在這裡給自己修建了大宅子，供一家人居住，宅後宗祠旁的餘蔭山房，則專門作為主人讀書休閒的處所，取名「餘蔭」，意思是因承祖宗之餘蔭，方有子孫後代的榮耀。餘蔭山房布局精妙，在方寸之地營造出幽深廣闊的境界，是嶺南園林藝術的傑出代表。

餘蔭山房以「藏而不露」的手法而營建。首先，選址於鄉土之中、山岡之下、小溪之旁，周圍多小山、低窪，故不引人注目；其次，從門外觀望，其門洞並不張揚，且名曰「山房」，立於鄔家祖祠之側，讓人以為是普通民居；第三，山房外有高牆遮擋，內有樹木遮掩，使其園內天地不至於顯山露水。如此種種，符合中國堪輿學中住宅修造所講究的「藏風聚氣」原則，使居住者能「富貴雙全」，這也成為餘蔭山房處都市之郊卻可偏安一隅，至今仍保存完好的重要原因之一。

古人把山與水都比喻為龍，而將山水美景濃縮成小巧玲瓏的庭園景色的作法，在造園藝術中則被稱為「縮龍成寸」。餘蔭山房正是這種園林的典型。全園占地僅 1,598 平方公尺，借鑑了蘇杭庭院藝術，布局靈巧精緻，分別建築了深柳堂、欖核廳、臨池別館、玲瓏水榭、來薰亭、孔雀亭和廊橋等，將中國造園藝術中的山、水、亭、臺、樓、榭、閣、廊、軒、橋包含其中，在有限的空間裡構成了幽深曲折、若隱若現的萬千風景。園中之磚雕、木雕、灰雕、石雕等作品皆由名工巧匠精雕細琢，配以詩、書、畫，為全園增添典雅情趣。古樹參天，奇花奪目，更

使滿園生輝。而「夾牆竹翠」、「虹橋印月」、「深柳藏珍」、「雙翠迎春」等四大奇觀，使遊人大開眼界，樂而忘返。

古人認為山代表權力，水代表財富。餘蔭山房被設計為以水景為主題，園內中庭置一方池，中以遊廊式拱橋分隔為東西兩庭。池邊疊石為山，不甚高大，或許是因「天下之水，得山而止」和古典園林移山縮水的傳統，以為點綴之用。這種輕山重水的布局，表現了鄔彬晚年不求聞達、但求富足的心態，也正符合江南水鄉的地理特徵。

餘蔭山房南面緊依著一座稍小的瑜園，是園主人的第四代孫鄔仲瑜於 1922 年建造的。瑜園是一住宅式庭院，底層有船廳，廳外有小型方池一個，第二層有玻璃廳，可將山房景色盡收眼底。現在瑜園已歸屬於餘蔭山房。

餘蔭山房的北部是均安堂祖祠，門內植有紫荊花樹、酸楊桃樹和龍眼樹，因「酸」在粵語中諧音同「孫」，這幾種樹寓意「子孫成龍」，表示園主人希望其子孫後代都繼承先祖的餘蔭，永遠昌盛繁榮。

● 山房藏珍、妙聯意深 —— 餘蔭山房探祕

餘蔭山房的建築、裝飾以及對聯有許多別緻之處。進入題有「餘蔭山房」的正門後，過廳堂，穿竹徑，便到山房的次門。門旁對聯：「餘地三弓紅雨足，蔭天一角綠雲深」，正是此園點題之句。據說是山房故主鄔彬所撰，名士陳允恭題寫。「弓」為古代計量田地的單位，相當於 5 尺，「三弓」用以形容園林面積之小。「紅雨」是指池塘對岸「深柳堂」前的炮仗花。這是一種南方藤本植物，覆蓋在花架之上，每到春節就會應時開放，花兒怒放時隨風飄蕩宛若一片紅色花瓣雨。下聯中「蔭天」、「綠

雲」則說明園內四季綠樹成蔭、清幽雅靜的自然景象。這副對聯既描寫了山房的園林特色，又表明主人追求恬淡寧靜的情懷。

由次門望左便是主人即興揮毫的「臨池別館」，前面則是睡蓮與游魚輝映的池塘。這裡曾留下「別館恰臨池，洗硯有時鷗可狎；迴廊宜步月，尋詩不覺鶴相隨」的佳句。空閒時招呼小的們或邀集三兩朋友在此揮毫潑墨，賦詩賞月，這是怎樣一種閒雲野鶴般自在的生活啊。

別館對面就是餘蔭山房的主體建築「深柳堂」，這是園主人讀書、會客的地方。堂前廊柱上題刻著鄔彬自撰長聯「鴻爪為誰忙，忍拋故里園林，春花幾度，秋花幾度；蝸居容我寄，願集名流笠屐，舊雨同來，今雨同來」。上聯中既有慨嘆也有設問，下聯則描繪了主人追求的悠然自得的生活。

深柳堂面闊三間，分別為廳堂、書齋、賓客臥室，是園中裝飾藝術與文物精華所在。廳上兩幅花鳥通花花罩栩栩如生，側廂三十二幅桃木扇格畫櫥。一廂的紫檀木屏上刻有清代名家書法，晚清三大才子劉山舟、張船山、翁方綱手跡也收藏在內，此外還有主人珍藏的乾隆年間的大學士劉墉的手跡。堂前的雙層滿洲窗古色古香，透過一層藍色玻璃看窗外，似乎一幅美妙的冬日雪景，而將兩扇疊在一起，又彷彿是深秋降臨見到滿樹紅葉一般，若把窗完全打開看出去就是自然的春夏景象，所以被稱作「一窗景色分四時」。

「深柳堂」邊是供賓友休憩的「臥瓢廬」，裡面的百葉窗推拉之間可以開閉，既能通風又能透氣，比較適合當地的溼熱氣候。從窗口向外可以望見一幅廣東民宅所特有的灰塑，畫面中由高山、流水、小亭、古廟構成一副美妙的山水畫，而上面的題楣為「暢敘」二字，正點出了主人的待客之道。

「深柳堂」前東側橫臥著「浣紅跨綠」的虹橋，將山房分為東西兩庭，卻巧妙地把橋、廊、亭、欄融為一體。兩邊形為「美人靠」的橋欄使人不由得想要小憩。池中的水與河流水系是相通的，每到端午漲潮時節，水剛好漲到橋孔正中，拱起的半圓與水中的倒影恰好形成一個圓，被文人騷客稱為「虹橋印月」。被視為該園的代表性形象，1998 年發行的嶺南四大名園的郵票上餘蔭園就是以此景作為構圖的。若在風清月朗的夜晚，天空、池中、橋影三月相映成趣，與周邊景物互為映襯，構成一幅完美和諧的天然畫卷。

虹橋東面池中央有八角亭名曰「玲瓏水榭」，以兩座小橋與池岸相連。柱聯題為：「每思所過名山坐看奇石皴雲依然在目，漫說曾經滄海靜對明漪印月亦足瑩神」。想來主人當年在朝為官時遊歷過不少名山大川，但歸隱生活無案牘之勞，有恬靜之樂，所以讓他覺得非常愜意。水榭八面環窗，從不同方位可欣賞到「丹桂迎旭日」、「楊柳樓臺青」、「臘梅花盛開」、「石林咫尺形」、「虹橋清暉映」、「臥瓢聽琴聲」、「果罈蘭幽徑」、「孔雀盡開屏」之八角玲瓏。水榭東南沿園牆布置了假山，東北點綴著孔雀亭和來薰亭。

雅士們信奉東坡先生之「寧可食無肉，不可居無竹」。餘蔭山房的竹與眾不同之處在於種植在夾牆之間，這樣既可以約束翠竹到處亂長的脾氣，還能遮擋牆外灰塵和喧囂。

餘蔭山房的精巧布局及其建築裝飾藝術，為人們展現了一幅絕美的嶺南民居庭園圖卷。而其對聯，則使人產生了對田園生活的無盡嚮往。

古祠留芳、羊城代表 —— 陳家祠

　　陳家祠也稱陳氏書院，是中國重點文物保護單位，1996 年被評為「廣州十大旅遊美景」之首。陳家祠位於廣州市荔灣區中山七路陳家祠地鐵站旁，現為廣東民間工藝博物館所在地。書院於清光緒十六年（西元 1890 年）動工興建，歷經四年竣工落成，是當時廣東 72 縣陳姓合族宗祠。始建時用做廣東各縣陳氏子弟來省城應科舉時學習及住宿場所，也是祭祀祖宗的宗祠。

　　陳家祠坐北朝南，全院占地近 1.5 萬平方公尺，院東新辟有 1.7 萬多平方公尺的綠化廣場。主體建築寬 80 公尺、深 80 公尺，以「三進三路九堂兩廂杪」布設，穿插六院八廊，由 9 座廳堂、6 個院落、10 座廂房和長廊巷組成。其整體結構布局嚴謹、虛實相間，廳堂軒昂大氣，庭院寬敞幽雅，特別是在建築裝飾上集中展現了廣東民間建築裝飾藝術之精華。

　　全院的門、窗、屏、牆、欄、梁架、屋脊等處處均巧妙地採用了木雕、石雕、磚雕、灰塑、陶塑、銅鐵鑄等工藝裝飾，與雄偉的廳堂渾然一體。圖案題材廣泛，構圖簡練粗放，造型生動逼真，雕刻技藝精湛。大門入口的兩側下部均有石雕裝飾，寓意金榜題名、加官進爵等。主體建築正門兩邊的外牆上，6 幅大型磚雕〈梁山聚義〉、〈梧桐杏柳鳳凰群〉等，人物神態各異、花鳥栩栩如生，形象生動、層次分明，其雕工技藝為近代罕見，可說是驚世之作。尤具特色的還有第二進後側長廊上的柚木屏門雙面鏤雕，分別雕有歷代歷史故事和民間傳說「三顧茅廬」、「赤壁之戰」等 20 幅木雕，被讚譽為「木刻鋼刀雕就的中國歷史故事長廊」。

　　中路一、二進間的院子內的石欄杆鑲嵌的鐵鑄雙通花欄板「金玉滿

堂」、「三羊啟泰」等展示了中國近代鑄鐵工藝的成就。院內石雕、陶塑、灰塑也以其表現主題的嶺南特色鮮明、工藝製造精美、精品琳瑯滿目而稱雄嶺南。

1959 年，陳家祠被闢為廣東民間工藝博物館，以蒐集、保藏、研究和宣傳展覽廣東地區歷代各類民間工藝品為主。兼及中國各地民間工藝品。館內闢有多個展廳，常年展出館藏文物。展品有陶瓷、雕刻、粵繡等工藝精品。其他工藝品種類繁多：有廣州琺瑯、金銀工藝、套色蝕花玻璃；有佛山燈色、剪紙、木刻、門面等；有潮州麵塑、稿末塑、麥稈貼畫的剪紙；還有陽江、潮汕、佛山地區的漆器，以及少數民族地區工藝等。還設有近代家具、書畫、文房四寶、茶藝等展廳、專室。

陳家祠不愧為一座宏偉瑰麗的民間工藝建築寶庫。郭沫若曾賦詩讚美陳家祠的建築、裝飾藝術：「天工人可代，人工天不如。果然造世界，勝讀十年書。」

水清木華、庭園幽深 —— 梁園

梁園是佛山梁氏宅園的總稱，由當地詩書畫名家梁藹如、梁九章、梁九華及梁九圖叔侄四人，於清嘉慶、道光年間（西元 1796 ～ 1850 年）陸續建成。梁園主要由「十二石齋」、「群星草堂」、「汾江草廬」、「寒香館」等不同地點的多個群體組成，規模宏大，素以湖水縈迴、奇石巧布著稱嶺南，此外還珍藏著歷代的許多書家法貼。秀水、奇石、名貼堪稱梁園「三寶」。

梁園造園藝術別具一格，立意清雅脫俗，融園林藝術和中國文化傳統於一體，具有濃郁的地方色彩。園內亭廊橋榭、室閣軒廬，層次分

明，輕盈通透，與大面積綠水荷池，松堤柳岸相映成趣，各種奇花異卉、蒼松翠柏、嶺南佳果，倍添庭園毓秀。整個園林布局精妙，建築寬敞通透、聚散得宜、優雅別緻，四周迴廊穿引，有步移景異之效。總觀梁園，有三大特色：

（一）庭園幽深、古木別緻

群星草堂為梁九華所建。草堂分為前後廳，中間以棚廊相連。前廳、後廳均為屏風門，開敞通透。開門迎客，主人「有朋自遠方來，不亦樂乎」之意不言自明。群星草堂入口至秋爽軒船廳，穿井過廊，三個圓門貫列，增加景深，讓人產生「庭園深深深幾許」的感覺；秋爽軒前至群星草堂後廳側，狹窄的石庭中古木參天，如果在炎熱的夏日來到石庭，則涼氣襲人。

草堂的「半邊亭」，結構奇特，首層六角半邊，二層四方完整，屋頂平緩，飛簷斗拱，可謂「巧中含拙，拙中有巧」。「船廳」三面為大型滿洲窗，四周景物盡收眼底，真是斗室容環宇。更為突出的是「荷香小榭」，精美纖巧、四周通透、裡外交會，把天、地、人完全融為一體。

梁園的植物的配置很講究。梁九華的好友岑徵在詩句中道出：梁園「兩處園林都入畫，滿庭蘭玉盡能詩」。能詩能畫的自然是傳統文人士大夫暢詠而表達思想情感的植物品種了。園西有小湖，湖畔植水松，天井置以石臺，設花基，種植各種時花。窗外搭棚架，架下種植蘭花。

園中有荔枝、龍眼、菠蘿蜜、芭樂、水葡萄、楊桃、芭蕉等數十種嶺南佳果，透過樹形的選擇、剪裁，與建築物及湖池相互呼應，形成「漏日無隙」的綠蔭。高近 20 公尺的百餘年呂宋芒果蔥鬱依然，桂花、

九里香、米蘭、含笑、鷹爪、美人蕉等灌叢花卉，與高大樹木之間錯落有致、層次分明，使人在綠樹掩映之中，正是「藹藹堂前林，中夏貯清陰」。

（二）「積石比書多」

「十二石齋」是梁九圖最初興建的園林，剛開始名為「紫藤（花）館」。後來，梁九圖在遊覽衡山湘水，南歸之時，船過清遠，購得紋絡嶙峋、晶瑩剔透、潤滑如脂的大小黃臘石十二塊，羅列在館裡。其中，最大一座名叫「千多窿」，梁九圖視若性命，因而將原館名改為「十二山石齋」，簡稱「十二石齋」。梁九圖曾作詩〈自題十二石齋〉，云：「衡嶽歸來興未闌，壺中蓄石當煙鬟。登高腰腳輸人健，不看真山看假山。」

梁園採取以石代山的方法，取代傳統的「疊山」。這種方法以小代大，表現山川之奇，不求恢宏的氣勢而求石的神態韻味，是與整個造園質樸的風格是相統一的，還能更靈活自由地表達不同思想情感。

群星草堂的「石庭」講究一石成形、獨石成景，在嶺南私園中獨樹一幟。相傳梁園奇石達四百多塊，有「積石比書多」的美譽。園內巧布太湖、靈壁、英德等地奇石，大者高逾丈，闊逾仞，小者不過百斤。在庭園之中或立或臥、或俯或仰，極具情趣，其中的名石有「蘇武牧羊」、「童子拜觀音」、「美人照鏡」、「宮舞」、「追月」、「倚雲」等。景石大都修臺飾欄，間以竹木、繞以池沼。

梁園主人透過對獨石、孤石的整理，突顯個體特性，在壺中天地中表達了對人的個性和自由人格的追求。

（三）用「水」到達理想彼岸

「汾江草廬」群體疏朗開闊，有嶺南古園少見的寬闊水面。汾江草廬是「半畝池塘幾畝坡，一泓清澈即滄波。橋通曲徑依林轉，屋似漁舟得水多」。只見，汾江草廬綠水如鏡，兩岸花竹環繞，有韻橋、石舫、個軒、笠亭、種紙處、水菊塢、鎖翠灣諸勝，此處曲徑、亭臺錯落，「縛柴作門，列柳成岸，兩溪夾路，一水畫堤」。

池內片植荷花，丹葩幾色，碧蓋千莖。湖心巨石屹立，宛如鳳凰昂首睥睨。石旁有小軒謂之「石舫」。亭西有韻橋，似彩虹橫跨湖面。橋北有芭蕉數叢，旁設石案，若有閒情逸致在此談詩論畫，怡情養性，縱有寵辱千般皆可拋於九霄。

梁園的水都是因地就勢，宜小則小，宜大則大，用來「載屋」、「載舟」、「載橋」的，以到達理想的彼岸。

▌紫氣東來、理想人居 ── 梁園風水解

梁氏宅園建築眾多，規模宏大。其布局精妙，家宅、祠堂與園林渾然一體，具有豐富的文化藝術內涵，堪稱古代理想人居環境的典範。一直以來學術界偏重從造園藝術方面去研究，而在庭園對居住者的影響方面則有所忽略。事實上，梁園是一座以適應居住者的生活起居要求為主的庭園，園林部分是從屬於宅第建築的。所以其整體規劃、建築坐向、山水布局等都受古代風水堪輿學的影響。

從總體上看，梁園呈南北窄、東西長的長方形。頭門朝東，園內景觀自東向西逐步展開，但宅第、祠堂建築都是坐北朝南並排而建。

「紫氣東來」。大門朝東開，古人稱之為「紫氣東來」。所謂「紫氣」，即堪輿學所謂「南離九紫之氣」，因離卦之象為太陽，所以太陽也代表「九紫之氣」。古人認為，早上「紫氣」進門，是吉祥的跡象，象徵家景蒸蒸日上，充滿生氣。

進入梁園，經部曹第（頭門）、佛堂、客堂、宅第，就是群星草堂了。群星草堂的入口，有三個朝東的圓如滿月的「月亮門」，使人感覺典雅別緻。

群星草堂為何要開「月亮門」？這也是按堪輿學的規則設計的。因為三門成一線會造成空氣流動直來直去，形成「沖煞」，破壞「藏風聚氣」的格局，把門設計成圓形，可減緩空氣流動的速度，不會破壞園內幽靜的氣氛。

在中國古典園林的建築、山水、花草諸要素中，「山水」所占的地位最為突出，而堪輿學認為山和水分別象徵人的權力和財富，宜居之地離不開山和水。

營造山景不求恢宏氣勢。梁園所處的地理位置地勢平坦，園內只有靠北邊的一座小山，此處便為梁園的「玄武」靠山，梁園的山境，主要是用奇石來營造。群星草堂的「石庭」，以石代山，講求一石成形，獨石成景，不求恢宏的氣勢但求石的神態韻味。由於「山主貴」，不求山勢求石韻表明梁園的主人們不慕功名，追求個性自由和林泉之樂。事實上，梁藹如、梁九圖、梁九章、梁九華四人都生性雅淡，不喜做官，梁園的布局，符合他們的志趣。

梁園的山，重韻味不重氣勢，梁園的水，既重韻味也重氣勢。梁園之內曲水迴環，湖水、溪水、小橋流水隨處可見。園內幾乎所有建築（宅第祠堂除外）都依水而建。汾江草廬以湖景為中心，水面寬闊，氣勢不凡。

滿園皆是「有情水」。從方位看，梁園的水景位於南面、東南面和西面，符合「北山南水、水聚堂前」的規則。梁園水景的特色是「曲」和「靜」，凡水流「曲則有情」，「靜則宜人」，梁園的水都屬於「有情水」。「富貴貧賤在水神」，秀水不僅是梁園的一大特色，也是梁氏家族富甲一方的「環境基礎」。

梁園不僅秀水滿園，還有滿園秀木，各樣花草樹木和水、石、建築物組成了一幅幅如詩如畫的景象。古人認為，五行中水能生木，水清木華的環境，有利於培養文化藝術方面的人才。梁氏家族的子孫自小有機會接受良好的教育，又受到環境的薰陶，自清末以來，名詩人、名作家、名畫家、名醫輩出，至今不絕。

高閣獨聳、內外兼修 —— 可園

東莞可園始建於清朝道光三十年（西元 1850 年），外緣呈三角形，園內建築多以「可」字命名，如可樓、可軒、可堂、可洲等，在 3.3 畝的土地上，將住宅、客廳、別墅、庭院、花園、書齋等巧妙地結合在一起。可園布局高底錯落、曲折迴環，營造出疏處不虛、密而不閉、小中見大、靜中有趣、清新雅緻的風景。其建築為木石青磚結構，設計巧妙，雕刻、裝飾、擺設甚至地板亦各具風格。加上占水栽花，極富南方特色，是嶺南園林的珍品，已成為國家重點文物保護單位。

在廣東四大名園中，其他的都深受江南園林的影響，造園布局只注重內景，唯有東莞可園還重視外景。建築師莫伯治、夏昌世先生認為：「可園的布局最大特色還不在於對內庭空間的處理，而是它將建築的外景空間和建築物的透視空間，作為庭園景物空間的主題來對待。」

步入園門後向左轉，便見一大廳「草草草堂」。大廳並非草堂，也不是用草搭建，只因創建人張敬修行武出身，軍旅生活往往草草了事，故他認為人不必特別講究衣食住行，但要注重修養品行，辦事踏踏實實，於是在大廳的屋簷下鋪上一排稻草，起名草草草堂。其實草草草堂的修建一點都不含糊，據說廳中砌的牆樹連一根頭髮也插不進。

從草草草堂邊的門口穿廳而過，眼前出現一個非亭非屋的半邊亭 —— 擘紅小榭。擘意為掰，紅則借代荔枝，擘紅小榭是園內主人迎賓待客、品嘗荔枝的地方。「擘紅小榭」是環繞整座園林的「環碧廊」的開端。環長廊一週，全園景色可盡覽無遺。

過擘紅小榭，第一處景點是園中的餐廳桂花廳。再往前就是雙清室，這是園主人用來吟風弄月的地方，根據堂前湛明橋翠、曲池映月之景，而命名「雙清」。相傳「亞」字是吉祥之字。雙清室的妙處在於堂中的建築、地面、天花、窗扇皆用「亞」字為圖。

「雙清」之後的「問花小院」，為主人賞花之處。順環碧廊步出「問花小院」，來到一處廣闊空間，園中花叢果壇，滿目青翠，被稱為「壺中天」。「壺中天」並無任何建築，它是倚著四面的樓房而形成的一方獨立的空間，是園主人下棋喝茶的小天地。由此行出後庭，廣闊的可湖便立時展現眼前，使人身心舒展。

「可堂」是可園最莊嚴的建築，四條紅石柱並列堂前，顯得氣派不凡。堂外左右兩廊長花基，秀麗中蘊含著肅穆，與主人所秉持的「居不幽，志不廣」思想一致。右前方設一小臺曰「滋樹臺」，專為擺設盆景之用。堂外正中築一狀若雄獅的大石山，其間建一樓臺，人稱獅子上樓臺。每逢中秋佳節月圓之夜，人們登臺賞月，可盡覽園中秋色。再往前行，環碧廊便到盡頭。

　　主人認為：覽不遠，懷不暢。於是便修建了當時東莞的最高建築邀山閣。邀山閣既象徵主人的地位，也是主人觀覽遠近景緻的最佳處。「邀山閣」雕梁畫棟、造型秀麗，登臨此處，俯瞰全園，則園中景色如畫卷；縱目遠望，只見田園廣闊、海山空濛、風雲變幻，令人心情酣暢。

　　邀山閣下層是接待客人的可軒。可軒的妙處在於地板正中有一根銅管連通隔壁小房，房內有風櫃檯。若僕人用風櫃鼓風，涼風便由銅管傳到可軒的臺桌徐徐冒出。有了這股人造涼風，盛夏圍桌而坐的主賓都免去了酷熱的騷擾。

● 綠綺臺琴曾留處 —— 可園之文化軼事

　　可園創建人張敬修非常推崇唐代詩人張志和「青箬笠，綠蓑衣，斜風細雨不須歸」的隱士生活。可園建成後，張敬修在大門口掛上對聯「未荒黃菊徑，權作赤松鄉」，意思是要像陶淵明那樣退隱種菊，像張良那樣急流勇退（張良後來遁入道門，自稱赤松子）。張敬修對金石書畫、琴棋詩賦樣樣精通，又廣邀文人雅集，使可園成為清代廣東的文化策源地之一。

　　草草草堂曾經是嶺南畫派先師居巢、居廉客居作畫的地方，他們是園主人的幕賓，居廉在可園一住十年，並介紹學生陳樹人到可園習畫，陳樹人後與高劍父、高奇峰創立了嶺南畫派。重修草草草堂時，還在牆根發現二居當年作畫時遺留的色痕。除建築之外，可園最能載入史冊的恐怕是它對嶺南畫派的貢獻。

　　「邀山閣」下面是綠綺琴樓，是主人閒來撫琴之所，也是女眷居住之地，人稱小姐樓。相傳清咸豐年間，園主人得了一臺出自唐代的古琴，名

綠綺臺琴。綠綺臺琴很有來歷，距今已有 1,300 多年歷史，後來成為明武宗的御琴，賜給臣下劉某，明末南海人鄺湛若從劉家後人處高價購回，和宋理宗的御琴南風琴一道出入相攜。明亡後清兵南下，鄺湛若奮起抵抗，無奈廣州城破，他將寶琴、寶劍環置身邊死去，寶琴因人而更加名聲大噪。寶琴落入清兵之手後被拿到市場上去賣，隱居惠州的葉猶龍見了大驚，立刻用 100 兩銀子買回。後來綠綺臺琴落入琴師楊氏手中，楊家非常善待寶琴。後因太平天國戰亂，楊家後人將琴託付給東莞朋友陳氏保管，卻不料這位老兄竟將寶琴當進張敬修的當鋪裡。金石書畫琴棋詩賦樣樣精熟的張敬修老謀深算，自然不肯放過機會，開了很大的價錢給陳氏，陳家湊不夠贖金，綠綺臺琴便成了死當，名正言順地落入張敬修手中。

張敬修專門修了綠綺琴樓珍藏寶琴。到他的孫子張登龍，因無心上進，造成了張家的衰敗。後來，東莞著名篆刻師鄧爾雅到可園借看寶琴時，琴頭、尾已經有損，試彈音調也有走音。1914 年鄧爾雅以很便宜的價錢，買下綠綺臺琴，8 年後避軍閥混戰，鄧家遷到香港，之後在香港專門修築綠綺園珍藏寶琴，1944 年一場突然而至的大風吹毀園子，鄧爾雅一生的珍藏多被毀，綠綺臺琴卻幸運地流傳下來，至今仍由鄧家善藏。

現在的綠綺樓開設有琴書會友項目，重現 170 年前的大家閨秀琴棋詩書生活。人們進入綠綺樓中，彷彿有時光倒流之感，實為雅俗共賞之處。

古月荷風、永誌慈恩 —— 詹園

中山詹園，又名中山大宅門，坐落在中山市南區北台村 105 國道旁，是目前嶺南地區最大的私家庭園。詹園占地百畝，由園主黃遠新先生親自設計，並從蘇杭聘請數百名園林能工巧匠歷時五年而建成。詹園

主人的初衷是為父母建造一處淡雅精緻、頤養天年的靜心居所。因此最早的詹園，即現在的四合院和後花園，建於 1998 年，是詹老太的飲食起居之地。當時建好後，不少造訪的親朋好友都讚嘆這座風景獨好的宅院，因感念兒子的孝心，更為了發揚「老吾老以及人之老」的傳統孝文化，母親建議把詹園對外開放，作為家鄉的一處新風景。因母親的這番心意，從此，黃先生主動聯繫中山相關政府部門，說明自己旅遊投資的想法，黃先生所到之處，無人不被他的熱忱以及對母親的孝心所感動。他很順利地買下了詹園對岸（即北溪河東岸）的一片空地。如今，北溪河東岸建成了詹園的前庭，並以一座廊橋將兩岸連通，並以父名「源」命名為「善源橋」。又專闢一處設立「孝道館」，懸掛綵繪「二十四孝」圖於其內，以弘揚傳統「孝文化」。

黃先生打破造園傳統，採取先植樹後建房的原則，順天勢地勢樹勢造園內建築，使景與園渾然天成，彷彿百年老園的模樣。他在園子裡設計了從一角到六角的多款亭臺樓閣。主人還天南地北親自採購古樹、古物。現在，詹園的建築物多取材於民間古舊材料，一磚一瓦、一門一窗都凝聚著歷史的痕跡，詮釋著園林藝術與人文景觀融合的高尚審美理想。

詹園建築以蘇杭園林為基調，綜合中國古典園林之精髓，強調嶺南水鄉的布局脈絡，結構簡潔而凝重，風格古樸而灑脫。於天光雲影間映襯出青磚灰瓦、粉牆綠樹、斗拱飛簷、迴廊曲徑，形成輕盈通透、爽朗典雅的嶺南格調。並使湖洲山、北溪河等自然風光與詹園建築構成一體，形成天人合一的建築風格。進入詹園，處處有養眼之境、處處引人遐思，已成為可居、可遊、可賞的珍貴藝術景觀。

在詹園，常常可以看見扛著長槍短炮、拖著大小箱包的攝影團隊和一

對對新人們。很多新人熱衷於來詹園拍結婚照，除了因喜歡詹園的古樸典雅的美麗風光和建築外，詹園處處流露出的溫情也是他們最為心儀之處。婚紗照裡，「相依亭」是不可或缺的場景。相依亭由雙亭相連，相偎相依，遠遠地看去，彷彿一對夫妻手把手、肩並肩在人生的道路上相互挽扶，相互慰勉，相濡以沫。相依亭是園主感念於與妻子相扶相持，共同創造美好生活的辛勞與幸福而建。據說很多熱戀的情侶和新婚夫婦都慕名專程到這裡來走上幾圈，就是為了沾沾園主夫婦恩愛、富貴的喜氣。

「相依亭」亭前有兩根石柱靜靜地佇立著。據說，這是明代石雕，叫拴馬樁。柱頭上是一個小石雕像，一隻大猴子背著一隻小猴子，有著一個形象的美好寓意，「輩輩封侯」，也叫「馬上封侯」。遊人們大都會在柱頭上好好摸上幾把，希望沾沾吉氣，所以，現在猴背上已是光可鑑人了。

在黃遠新眼裡，園區的社會效益要遠大於其經濟效益，「園區宣傳孝文化和國學，就是希望讓年輕人、讓全社會都有一種意識，那就是『百善以孝為先』。」大力宣導孝文化，這不僅是他的治園思想，也是詹園最主要的文化特色。「不會刻意去追求園區能給我帶來多少財富，以後園區只要不欠債，做到收支平衡我就滿足了」。中山詹園，以其濃厚、古典的詩畫底蘊和濃烈的文化氣息，闡釋著建築藝術與人文情懷融合的審美理念，是集賞、娛、食、育為一體的休閒園林。

◗ 中西融會、華僑園林 —— 立園

立園，位於廣東開平市塘口鎮北義鄉，坐西向東，占地面積約為11,000多平方公尺。它由塘口鎮旅美華僑謝維立先生於1920年代興建，

歷時十年，民國二十五年（西元 1936 年）初步建成。立園既有中國園林的韻味，又吸收歐美建築的西洋情調，將兩者巧妙地糅合在一起，在華僑私人建造的園林中堪稱一流，也是中國目前發現較為完整的中西結合的名園。

立園的布局大體分為三部分：別墅區、大花園區、小花園區。三個區用人工河或圍牆分隔，又巧妙地用橋亭或通天迴廊連為一體，使人感到園中有園，景中有景，有巧奪天工之感。

立園正門位於別墅區靠南角，門邊南向是「立園運河」。大門正中上方「立園」二字蒼勁有力、字體渾圓，由書法家吳道熔於民國二十三年書寫。

從正門入園，沿運河迴廊西行約 100 公尺，便進入別墅區。這裡有別墅六幢，古式碉樓一幢，其中以「泮立」、「泮文」兩幢別墅最為華麗壯觀，其樓頂仿中國古代「重檐」式建築，蓋綠色琉璃瓦，巧妙地架空，成了實用的隔熱層。室內地面和樓梯皆用彩色義大利石磨成，至今雖歷經 80 多年，卻仍然光彩照人。牆壁裝飾著以中國典故為題材的彩色壁畫、浮雕和鎦金木雕，其構圖別出心裁，人物形象逼真，工藝精湛。牆一側都裝置西式壁爐；窗戶裝著防蚊窗紗，天花下懸吊古式燈飾；廳、房裡擺設著精緻的酸枝家具，顯得古樸幽雅貴重，古色古香。用水和衛生間設施均從國外購置。門口重門深鎖，使人倍感神祕。若登臨四樓，可一睹謝維立先生的「祖先神位」，不但設計獨特，而且神龕兩旁題寫著：「祖德豐隆護國家，宗功偉德興民族」，顯示了主人熱愛民族、熱愛國家的精神。

別墅區的西邊是大花園，為南北走向，主要以「立園」大牌坊和「本立道生」大牌坊為軸心進行布局。大花園地下，是用鋼筋水泥建築的

地下室，有暗道內外相通。大花園四周是曲徑迴廊，把整個花園建築連成一體，置身其間，令人倍感自然舒適。

立園牌坊，南隔運河，遙對「虎山」，牌坊左右巍然矗立兩條 20 公尺高、直徑 30 公分的鐵製圓形「打虎鞭」，向著虎山，似乎要鎮住「老虎」的淫威，順應當時人們對風水的祈求，也將牌坊襯托得更加肅穆。步入牌坊，可以看到兩旁各安放一隻雕刻精細的花崗岩石獅，右雄左雌，顯出雄踞鎮虎之氣勢。沿著水泥路兩邊金魚池可直達「修身立本」牌樓。牌樓東側有一建築群，前面有一座羅馬式建築，名曰「鳥巢」；稍後一座為米黃色通體花紋的水泥建築，形如鳥籠，底部建有金魚池，名為「花藤亭」，亭頂為皇冠造型。

大花園的西南角有一座塔式別墅，名為「毓培」。別墅小巧玲瓏，建築工藝堪稱一流。內有四層建築，仿效四種不同風格，顯出園主構思別出心裁。每層地面精心選用圖案，巧妙地用四個「紅心」連在一起，又用彩色的義大利石磨鑲在每個廳、房正中，表示園主對四位夫人心心相印的情懷。

「小花園」位於「大花園」和別墅區之南，中以運河相隔。別墅區與小花園以「虹橋」連接，橋上建「晚香亭」，遊人入亭登高觀賞園景，別有一番情趣。小花園構圖別緻，為「川」字形。園內以「兀」形運河分隔，東邊建「玩水」橋，橋上有「長春」亭；西邊建「觀瀾」橋，橋上建「共樂」亭。小花園中還有一「挹翠」亭，亭頂塗繪「八仙過海」灰塑壁畫，色彩鮮豔，人物活靈活現；頂部盤踞著一條金龍，下方懸垂的燈盞，就像它吐出來的明珠，維妙維肖，令人讚不絕口。「長春亭」邊的五層小白塔，造工也很精美，玲瓏剔透，小巧別緻。據稱是震懾南方的「丙丁祝融」火神，以摒除煙火侵擾，保護園林平安。

整個立園不但建築設計獨異，種植的花草樹木也頗有情趣。園內遍栽各種名花異草、風景樹、用材樹、果樹等。而今古木參天，綠樹成蔭，繁花滿園，花香鳥語，令人心清氣爽、流連忘返。

文物天價、平民憩園 —— 寶墨園

寶墨園位於廣州番禺區沙灣鎮紫坭村。寶墨園初建於清末民初，後於 1950 年代被毀，1995 年重建，由原來的 5 畝擴至 138 畝。現在的寶墨園，面積 160 多畝，規模宏大，造型高雅，集清官文化、嶺南建築工藝、嶺南園林藝術和珠江三角洲水鄉特色於一體，成為遠近聞名的庭園精品。

寶墨園內的建築及景觀主要有：治本堂、寶墨堂、龍圖館、紫洞舫、千象迴廊等。園中陶塑、瓷塑、磚雕、灰塑、石刻、木雕等藝術精品琳瑯滿目。荔島的聚寶閣金碧輝煌，雍容華麗，閣內供奉萬世師表孔子銅像。此閣與寶墨堂、龍圖館、趙泰來藏品館等珍藏的古今名畫、書法、陶瓷、銅器、玉器等，展現了源遠流長的中華文化，形成獨特的人文景觀。

其中趙泰來藏品館藏有英國籍華人、廣州市榮譽市民、寶墨園永遠名譽園長趙泰來捐贈的諸多珍寶。該館按珠江三角洲晚清時的祠堂規格而建，外面是雙卷耳山牆，水磨青磚白石腳，正面是「回」字大門，匾和聯的刻字是已故著名嶺南畫家黎雄才先生在 94 歲高齡時的手筆。館的正中用特製的巨大玻璃櫃，陳列了趙先生捐贈的明代鎏金觀音銅鑄立像和一對明代鎏金銅馬以及大型銅香爐。觀音像之前，置一獸耳三腳銅香爐。這些銅製工藝品均為稀世瑰寶。館藏品主要有趙泰來先生捐獻了 41

幅大型的西藏「唐卡」，以及上自商朝，下至明清的青銅器、銅觀音、銅馬、銅香爐等巨型重寶，還有從原始社會晚期到現代的各種玉器，還有唐宋以來的各種瓷器。這些寶物很多屬於國家頂級文物。有人認為這些文物少說也值人民幣 5 億元，但一般認為是不可用金錢猜想的。而且這些文物從英國運回中國的過程中充滿了傳奇色彩。

寶墨園的大型彩繪浮雕瓷壁畫〈清明上河圖〉被列入「金氏大世界之最」，可以說是鎮園之寶。〈清明上河圖〉壁畫按原作擴大百倍，另加序和跋及飾邊，全長 62.8 公尺，高 7.3 公尺，由 1,352 塊浮雕瓷板拼砌而成。它別具一格地採用了陶瓷雕塑和陶瓷彩繪相結合的手法，整幅浮雕瓷畫，氣勢磅礴，栩栩如生，雕藝精湛，被譽為嶺南一絕。製作這幅瓷雕難度相當大，由楓溪江南陶瓷有限公司彙集了 46 位技術人員集體創作，歷時 3 年多。每片瓷雕經過 1,380℃的高溫燒製，比平常的瓷雕製作高 30℃。而且每製作 3 片瓷雕片才選用 1 片，保證了瓷雕畫的精細程度。在畫壁瓦板上還有通雕花果、浮雕山水和題詩書法。下基是全套楊家將故事的浮雕石刻。背面還鑲有宋徽宗趙佶所書的〈千字文〉，宋代四大書法家蘇軾、米芾、黃庭堅、蔡襄的書法以及岳飛所書的孔明前後〈出師表〉的碑刻。

園中「千象迴廊」，取其「千丈」、「氣象萬千」之意。迴廊高約 4.6公尺，寬 2～2.5 米，以拱形青瓦作頂。斜網格狀上橫坡，供遊人休憩的仿木石凳連接廊兩側。廊是園林的脈絡，具有遮陰、防雨、眺景、導遊、參觀、選景等作用。全長 1,000 多公尺的「千象迴廊」，隨地形高低曲折起伏，按建築布局而建。不僅使遊人免受日晒雨淋之苦，更是移步換景，變化萬端，使遊人沉浸於嶺南建築與園林景緻美麗和諧的境界中。

從千象迴廊西望，清平湖美景盡人眼底。但見碧波青綠，紫帶橋橫，金碧輝煌，紫洞舫浮泛，垂柳依依，燕子翱翔。每當月上東山，月色映照平湖，更顯迴廊詩情畫意。

紫帶橋橫跨清平湖，為傳統的九孔石拱橋，造工精緻。橋欄兩旁有《東周列國志》、《隋唐演義》和《三國演義》等家喻戶曉的故事立體石雕，人物眾多，雕工精細，堪稱石刻精品。紫帶橋前的紫氣清暉大牌坊，是為紀念包拯而立的。這座牌坊在建築風格上仿古禮制的五疊四柱、駝峰斗拱式的白麻石建築。石坊雄偉壯觀，在南國園林中絕無僅有。

紫洞舫共兩層，「泊」於清平湖岸。其主結構為鋼筋水泥，內外裝飾全是名貴柚木，由於造工精細，裝飾巧妙，就像實木打造。全舫共有 10 個掛落，全為通花雕刻，其中有荔慶豐年、祥桃邀月、八仙賀壽、竹報平安、花開富貴、松鶴延年以及其他花鳥蟲魚。船頭上的大型木雕「百鳥朝鳳」更是栩栩如生，令人嘆服。舫內家具妝飾，全由花梨和酸枝木精工製成，宮廷式的幾椅，配以仿宋代器皿，著實顯眼。「九獅會金龍」大型屏風和〈清明上河圖〉精采片段的雕刻，造工精湛，更稱精品。舫內一樓，是可容 40 人品茶聽曲的場所，以演奏廣東音樂和粵曲為主。

全園水景，堪稱一絕。荔景灣、清平湖、寶墨湖與外河貫通，水清如鏡，長流不息，三十多座石橋，橫跨旖旎河湖之上。輕舟蕩棹，猶若夢境。清平湖上的紫洞舫有如一座水上藝術宮殿。湖面水光瀲灩；湖周綠柳似煙；水中錦鯉湧浪，岸上遊人如織。還有專供小孩玩水觀魚的紫竹溪，更是兒童的歡樂天地。

寶墨園四時青翠，百卉爭豔。景點有聚有散，步移景換，萬紫千紅的玫瑰園，沁人心脾的荷花池，清幽高雅的蘭圃，惠風和暢的紫竹林，

使人賞心悅目。更有荔島凝丹、玉堂春瑞、柳剪春風、千年羅漢、桂苑浮春、群芳競秀、古榕長蔭、茶王雙壁，令人百看不厭。紫竹園內則種有 20 多種名貴竹，其中有紫竹、粉竹、佛肚竹、觀音竹、金絲竹、銀絲竹、四方竹、大琴竹、小琴竹等。紫竹園裡有一座流杯亭，仿古人曲水流觴景觀而建。

▍清廉包相、萬世頌仰 —— 寶墨園包公文化

要知道寶墨園的來歷，須從寶墨園東側的包相府廟談起。包相府廟始建於清代嘉慶年間，是奉祀北宋龍圖閣大學士包拯的地方。相傳有一年西江發大水，有一段黑色木頭漂流到村邊，人們把它放回江裡，誰知下游水大，木頭又回流到村邊來。這種情況再三出現，人們覺得十分奇怪，便把黑木頭供奉起來。嘉慶四年間（西元 1799 年）朝廷誅除貪官和珅，社會上興起反貪倡廉之風，人們希望能有像包青天那樣的清官來治理官吏，便把木頭刻成包青天像，在此建起包相府，包相府位於現寶墨園東側。園內現存多處紀念包青天的建築。

（一）治本堂

治本堂原為包公廳，以包拯五言律詩〈提訓齋壁〉中「清心為治本」取名，意指為官清廉是治國的根本。廳內懸掛的中國畫〈荷花〉，象徵包拯清廉聖潔。堂內的對聯：「治績越千年有德於民留後世，本源同一脈其清如水仰先賢」歌頌包拯為政清廉的精神為後人所敬仰。治本堂後的「寶墨園」花崗石石匾，是舊寶墨園唯一的真跡。

（二）寶墨堂

寶墨堂正中懸掛的包拯畫像，出自四川著名國畫家韓雲朗之手。寶墨堂前的兩棵老榆樹，樹齡近百年，是充滿古樹風格的巨型盆景。由於它蒼勁挺拔，又是在包拯像前，好像捍衛正義的衛士，所以人稱樹將軍。

在寶墨堂梁脊頂上，有一組包拯擲硯陶雕群像，站在寶墨堂對面的鑒清橋上便可看得一清二楚。據說包拯在端州（現肇慶市）為官三年，清正廉明，教民種田、開井、醫病，深受人民愛戴。傳說當地一位製作端硯的工匠對包拯非常仰慕，很想贈一方端硯以示敬意，但包拯就是不收。後來包拯離任回開封府，這石匠便找機會請其家人包興將端硯暗藏於船上俟機送給包拯，但船行至端州地界的羚羊峽時，忽然烏天黑地，風雨大作，船不能行。包拯暗想：我在端川為官三年，難道做錯了事，天理不容？思來想去，終不得其解，便詢問家人。包興自知藏硯之事不妥，便坦自認錯。包拯命包興馬上呈上端硯。該端硯用黃布包著，他把黃布解開，見得該端硯果然品質極佳、造工精巧，便說：「端硯已不能歸還其本人了，但也要歸還端州的人民。」便把端硯連黃布一起擲入江中。頓時，雨過天晴，風平浪靜，後來擲硯的河面浮出一個擲硯洲，拋黃布的河面形成黃布沙洲，現擲硯洲上有包公廟。

（三）龍圖館

龍圖館極具嶺南古代建築風格。前後有廊，中間有天井。館外館內均有不少磚雕、木雕、泥塑、灰塑等，造工精巧，古樸典雅。大門外 18 棵羅漢松排列成行，象徵包公出巡時的儀仗隊。旁邊是一排紅花紫薇，

開花時節，嫣紅翠綠，相映成趣。龍圖館橫匾下，有對聯：「木石有靈再現包公清正事，匠師無憾巧傳百姓仰廉情」，「投硯鎮江流尚有遺待明古訓，蜚聲留宋典不曾枉法負平生」。既頌揚了包公的輝煌政績，又突出了龍圖館的文化內涵。

入門正中是一座巨型紫檀屏風。屏風高 3.5 公尺，寬 4.5 公尺，由 5 扇組成。中間是包公造像，一派剛正不阿之氣，令人望而敬畏。旁邊有包公遺詩：「清心為治本，直道是身謀」。屏風頂部是雲龍，屏邊為瑞獸麒麟，工藝極為精細，屏座為佛教的蓮花須彌座，刻有精細的蓮花瓣，底部是有西漢風格的草龍圖案。屏風背後刻有包公家訓、寶墨園鳥瞰圖及寶墨園建園碑記。整座屏風精巧絕倫，由沙灣青年雕刻師何世良與 15 個助手花了一年半時間雕刻而成，實屬不可多得的藝術珍品。

▌ 中國第一、歐美薈萃 —— 雲臺花園

廣州市的雲臺花園於 1995 年 9 月建成開放，是目前中國最大的園林式花園，被稱為「花城明珠」。她位於白雲山風景名勝區南面入口處，總面積 12 公頃，南臨廣園路，東接白雲索道，因背依白雲山的雲臺嶺及園中的中外四季名貴花卉而得名。花園具有濃郁的嶺南特色，採取中西結合的造園手法，將古今文化、代表性景物、中西建築和世界名花異卉系統地結合起來。雲臺花園在布局上以植物造景為主，將山、石、水、雕塑、人文景觀與植物融為一體，營造出一個以花木、綠化為主，四季百花吐豔、觀賞性極強的新式花園。

花園大門具有中西合璧特色。花園的整體布局是以正對著大門的寬大臺階為軸心展開的，臺階中間則是特製玻璃鋪砌而成的。玻璃底下，

安裝著各色綵燈，玻璃臺階上端有一汪小湖，湖底又有環形燈飾，取名灩湖。到了夜晚，被燈光染得五彩繽紛的湖水，沿著玻璃臺階緩緩流下，彷彿一條七彩河，流光溢彩，如夢如幻，這便是「飛瀑流彩」。

灩湖的水沿中軸線下瀉，使得灩湖成為中軸線的源頭。為了突出這一源頭，園林設計者和建造者在灩湖的岸邊，建一羅馬柱廊，既突出了軸心線上的景點，又與大門相呼應。更為巧妙的是，建造者借鑑了蘇州園林中花牆的效果，在羅馬柱廊的後面又安放了一組圖騰石柱，使得風景更具層次和變化。

在軸心線的兩側分別排列出不同的功能區，200 多種中外名貴四時花卉就被巧妙地種植在不同的功能區裡。東側種植了各種花卉，還依地勢起伏培植了大面積的草坪，遠遠望去，酷似一條綠色的瀑布。西側是誼園和茶室。誼園中心是其主雕「地久天長」 —— 巨大地球石雕，並以其為圓心，在一個巨大的圓周內，分佈著已與廣州結為友好城市的市花和友好城市所在國的國花。以花為媒，廣州與世界相識，以花傳情，廣州人用鮮花向人類表示了友誼與和平。

玻璃溫室占地 1,200 平方公尺，採用球形網架結構，是園內一處重要建築物。為便於安排、創造不同的園林空間。該溫室平面構圖呈蘭花瓣形，立面造型新穎獨特，溫室最高點距地面 24 公尺。溫室內依據平面佈置設有 3 個展示不同植物種類的小園，組成 3 個景觀各異的園林空間，分別是多漿類植物展區、棕櫚科植物展區以及蘭科植物展區，並根據溫室內臺地的高差，設置了假山瀑布、小溪流、木花架和景牆等以造成障景、隔景的作用。溫室外「花鐘」及「裝飾花壇」景點，頗具趣味，裝飾性較強。

龍洞琪林、園中有園 —— 華南國家植物園

華南植物園位於廣州市東北郊龍眼洞火爐山下，占地 300 多公頃，有山谷、丘陵、窪地、湖泊、溪流等多種地質形態。華南植物園創建於 1929 年，原名為國立中山大學農林植物研究所，1954 年歸屬中國科學院，改名為中國科學院華南植物研究所，2003 年更名為中國科學院華南植物園，2022 年升級為華南國家植物園，是中國三大植物園（北京、廬山、華南）之一，也是歷史最長、種類最多、面積最大的南副熱帶植物園。華南國家植物園引種了黑桫欏、箭毒木、神祕果等國內外熱帶、副熱帶植物，保存活體植物 11,000 餘種；園內還擁有館藏標本 100 萬餘份的標本館。華南國家植物園現與世界 70 多個國家和地區的 300 多個植物園建立了學術及種質交換關係。

華南國家植物園既是著名的植物種質資源收集、生物多樣性保育的科學研究基地，又是普及植物學與環境科學知識、生態旅遊的休閒園地，先後被評為「羊城新八景」之「龍洞琪林」和「廣州十佳旅遊景點」、「嶺南園林文化遊」景點。

建園過程中，遵循「師法自然」的中國園林美學思想，根據植物分類系統和生態學習性，華南國家植物園建立了棕櫚植物區、子遺植物區、熱帶植物溫室、藥用植物園、竹園、經濟植物區、園林樹木區、蕨類與陰生植物區、蘭園、蘇鐵園、裸子植物區、木本花卉區等近 40 個專類園區。園內林木蒼翠，奇花競放，花間藏徑，綠擁樓閣，加上碧波蕩漾的人工湖，錯落有致的亭臺橋榭，使之顯得特別秀麗，更有湖泊、溪流、曲徑、草地與遠山近水相輝映，展現出一幅幅優美的熱帶、副熱帶園林風光。而小青山飛鵝嶺新石器時代「廣州第一村」遺址、南宋抗元

名將文天祥之師朱澄的古墓等則為植物園增添了歷史文化色彩。目前主要景點有：

◆龍洞琪林

是華南植物園最具有代表性的景點之一，1986 年入選為新「羊城八景」，它由棕櫚園和子遺園兩個半島及人工湖組成，整個景觀自然和諧，最佳觀賞點是水榭。棕櫚園內棕櫚植物四季碧綠，椰風葵林一片熱帶風情；子遺園內落羽杉四季分明，春來嫩綠，入夏青蔥，秋時棕紅，冬來飄落，一片溫帶景象，宛如一幅變化多端的風景畫。

◆廣州第一村

在廣州人的發祥地 —— 距今 4,000 年的新石器時代晚期的飛鵝嶺遺址上復原建成。該遺址現位於華南植物園內一條寬約 80 ～ 100 公尺、縱深約 250 ～ 300 公尺，東北至西南走向的山間谷地中，總面積約 3 公頃。該景點由代表性廣場、遺址觀光暨遺址保護群、大型塑像與主題雕塑群、類比原始生態村落、模擬考古現場、歷史文化展館等構成，全面展示 4,000 多年前先人們的生活場境。遊客還可在陶藝製作區燒製古法陶器，在射箭場和農耕示範區親身體驗刀耕火種的原始生活。由塑膠樹和真樹相結合建成的「樹屋」，則可以讓遊人上樹「休息」，做一回「原始人」。

◆大型展覽溫室群

占地 10,000 平方公尺，是目前亞洲最大的綜合性溫室，集科學研究、科普、旅遊為一體，展示熱帶雨林植物、沙漠植物、高山植物和奇

花異草。溫室設計採納法國著名溫室設計公司的木棉造型方案，其靈感源自廣州市市花木棉花。溫室由四個造型各異的五邊形溫室相互連接，組成了木棉樹的花枝。溫室的設計和水系相互映照，水系的設計形成整個木棉花枝和葉子，沿著水系，四座大小不一的花瓣形溫室串聯起來，遊客可以從綿延的葉形橋步行到溫室參觀，也可以乘坐水上電動車來到溫室，進行水上參觀。這座專門為植物建造的新「房子」包括一個主體展覽溫室和三個輔助性溫室。

此外，植物園還建有蒲崗自然教育徑、科普館、講座室、餐廳、園林式旅館等科普旅遊服務設施，並開設科普導遊、科技夏令營、漆彈野戰、遊艇、釣魚等一系列生態旅遊專案。

狀元府第、嶺南名園 —— 清暉園

清暉園為中國南方古典園林藝術的傑作，屬省級文物保護單位，為廣東四大名園之一。其布局既吸取蘇州園林藝術精華，又頗具嶺南特色，以清幽自然、秀麗典雅見稱。

清暉園所在的現佛山市順德大良鎮，地勢低窪，河道縱橫。在大良鎮的中部，有山形如鳳凰，名為鳳山。明朝末年，順德建縣以來第一位狀元黃士俊為光宗耀祖，回家鄉興建祠堂和住宅，幾經考察後，選中了當時城南門外鳳山腳下一塊地，修建了黃家祠和天章閣、靈阿之閣。後為清朝進士龍應時購得，在此基礎上經龍氏一門數代精心營建，格局日臻完善，最終成就了清暉園。抗戰期間，龍氏家人避居海外，庭院日趨殘破。近代以來，中國政府進行了修復、擴建，面積由 7,000 多平方公尺增至 22,000 多平方公尺，以重現名園風采。

清暉園內布局因地制宜、配置得體，構築獨運匠心，景緻清雅、優美，各具情態。原龍家故宅與新建景點融為一體，利用碧水、綠樹、吉牆、漏窗、石山、小橋、曲廊等與亭臺樓閣交互融合，集古代建築、園林、木雕、灰塑、書畫等藝術於一園。原址主要景點有船廳、碧溪草堂、澄漪亭、惜陰書屋、竹苑、歸寄廬、筆生花館、鬥洞等。擴建景點有紅蕖書屋、鳳來峰、讀雲軒、沐英澗、留芬閣等。園內之雕鏤繪飾無一雷同，並且大都以嶺南佳木花鳥為題材，富有嶺南特色。古今名人楹聯、匾額比比皆是。數門窗玻璃多為清代進口刻蝕加工的套色製品，古樸精美。其中一套是目前僅存於世的清代舊羊城八景套色雕刻玻璃珍品，已被初步鑑定為國家一級保護文物。

全園建築以船廳一帶為中心，互相襯托。船廳、南樓、惜陰書屋、真硯齋等建築，古樸淡雅，彼此用曲廊銜接，以古樹穿插其間，疏密有度。船廳造型仿照昔日珠江河上的「紫洞艇」，十分別緻。由南樓（船廳後艙）登小梯，經迂迴的露天平臺可達船廳二樓（前艙）。憑欄眺望，蓮池水榭、山石花木皆奔來眼底，一派迷人景色。

船廳西面景緻以池塘為中心。碧水微瀾，映以水榭涼亭，蔓草修竹點綴一旁，一片優美恬靜的境地。池西北角有碧溪草堂，草堂屏門飾以木雕疏竹圓光罩，工藝精美，形態逼真；屏門兩旁飾板則由 96 個不同形象的木雕壽字組成。此外，檻窗下還嵌有道光年間的磚雕竹石圖，線條簡潔，蒼勁有力。

船廳東面的景物主要由假山和花卉果木組成。這裡除了嶺南園林常用的果樹，還有許多珍貴的花木，如玉堂春（又名木蘭），花大如碗，晶瑩若玉，芳香四溢。罕見的百年紫藤、龍眼、銀杏、沙柳、水松、米仔蘭、佛肚竹等，皆能在此覓得芳蹤。此外還栽種了蘇杭園林特有的紫

竹、枸骨、紫藤、五針松、金錢松、七瓜楓、羽毛楓等，並從山東等地
蒐集了龍順棗、龍爪槐等北方樹種，品種豐富，多采多姿。四季蔥蘢芬
芳與樓閣古色古香交相掩映，徜徉其間，移步換景，令人流連忘返。

　　清暉園能被列入廣東四大名園之一，自有其不凡之處。園林布局不
拘一格，追求靈活多變，充滿自然之趣；園內亭、榭、樓、館、廳、
軒、閣、廊、舫等建築形式齊全；摹擬珠江河上特有的「紫洞艇」具有
鮮明的嶺南水鄉特色；雕花地磚別具一格，皆為手工製造，沒有上釉，
因而吸水性強，易長綠苔；灰塑以浮雕式壁畫為主，技藝新穎、題材豐
富、琳瑯滿目、美不勝收；木雕工藝既簡練粗放，又精雕細琢，使園林
在堂皇莊重之中又不失拙真情趣；運用不少珍藏已久的清代石灣陶瓷，
非常珍貴；建築藝術、美術、文學和書法等各種藝術形式共冶一爐。

　　到了廣東，清暉園不可不遊。

山水並重、宜居福地 —— 清暉園園藝探微

　　清暉園內的山水環境，不像梁園和餘蔭山房那樣重水輕山、造山只
求其意不求其勢，而是山水並重，對山景的氣勢十分重視。

　　位於清暉園西部的鳳來峰，高達 12.8 公尺，用 2,000 多噸花崗石疊
砌而成，是廣東省內最高的以花崗石建造的假石山。石山取意「風雲際
會」，氣勢磅礡。位於清暉園東部的「九獅圖」英石山，聳立於留芬閣旁
的池塘上，似九頭獅子昂首呈威，氣勢雄偉。還有位於清暉園東南面的
「獅子山」，一大兩小三隻獅子挺胸昂首，不求形似但求神似，造型獨特。

　　清暉園的水景，曲折有情，具有鮮明的嶺南水鄉特色。清暉園有各
種各樣的水景，有大大小小的池塘，有環繞建築物的清流，有人工瀑

布，有噴泉，真可謂滿園皆是「有情水」。古人雲：「山管人丁水管財，山主貴，水主富」，清暉園的山水布局，表明園主人不僅追求林泉之樂，還想達到富貴雙全的目的。

理想的人居環境，離不開「平安」二字。古人對住宅的安寧十分重視，除了建造高大圍牆外，清暉園還請來「八仙法器」作為鎮宅闢邪之寶。進入清暉園的北門，迎面就看到一藍色陶瓷屏風，這是一幅清代石灣陶瓷「八仙法器圖」，該圖由 9 塊藍釉瓷拼合而成，分上中下三層，上層是呂洞賓的劍、漢鐘離的芭蕉扇和何仙姑的蓮花；中層是鐵拐李的葫蘆和曹國舅的陰陽板；下層是韓湘子的簫、張果老的漁鼓和藍采和的花籃。

幸福長壽是每個人的願望，清暉園內鳥語花香，花卉果木逾百種，一年四季，蔥蘢滿目，這樣的環境，自然有益於人的身體健康，所以園內也多長壽之人。清暉園最早的主人黃士俊活到 85 歲，其父更是百歲壽星。過去，清暉園號稱有三寶：大金魚、白木棉、百壽圖，而今只剩一寶，就是百壽圖。這幅百壽圖在碧溪草堂木雕圓門兩側的玻璃屏門下的池板上，各刻有 48 個形象各異的「壽」字，加起來共計 96 個，稱為百壽圖。古人追求福壽雙全，所以清暉園自然少不了「福」的圖案，如真硯齋的石柱與木橫梁間，各有一幅以蝙蝠為題材的鏤空木雕，寓意「引福歸堂」。

清暉園是名副其實的宜居福地，龍氏家族自從入住後就人才輩出，龍應時、龍廷槐、龍元任祖孫三人皆中進士，龍家也成為廣東有名的書香門第。但隨著歷史的變遷，地運也有興衰，龍家在經歷了五代人的輝煌後，清暉園逐漸走向衰敗。孟子說：「君子之澤，五世而斬」，清暉園的盛衰，似乎證明孟子所言不虛。

廣東唯一、世界等級 —— 丹霞山世界地質公園

丹霞山世界地質公園位於廣東省韶關市東北的仁化、曲江兩縣交界地帶，2001 年廣東丹霞山被批准為國家地質公園，2005 年 2 月 13 日又被聯合國教科文組織（UNESCO）評為首批世界地質公園。地質公園東西寬 17.5 公里；南北長 22.9 公里，總面積 290 平方公里，其中丹霞地貌集中分布範圍 180 平方公里。丹霞山由紅色陸相砂礫岩構成，以赤壁丹崖為特色，看去似赤城層層、雲霞片片，古人取「色如渥丹，燦若明霞」之意，故稱之為丹霞山，並被作為這類特殊地貌的命名地。

丹霞山位於南嶺山脈南側的一個山間盆地中，整體為紅層峰林式結構，有大小石峰、石牆、石柱、天生橋 680 多座，群峰如林、疏密相生、高下參差、錯落有致、形態各異；山間高峽幽谷、古木蔥鬱、淡雅清靜、風塵不染；錦江秀水縱貫南北，沿途丹山碧水，竹樹婆娑，滿江風物，一脈柔情。整個山區保存著較好的副熱帶常綠闊葉林，四季鬱鬱蔥蔥，蒼翠欲滴。除了美不勝收的自然風貌外，丹霞山尚有保存完好的生態環境及古樹名木和野生動物。此外，丹霞山現存佛教別傳禪寺以及 80 多處石窟寺遺址，歷代文人墨客在這裡留下了許多傳奇故事、詩詞和摩崖石刻，具有很大的歷史文化價值。

現丹霞山風景名勝區由四個景區構成：即北部的丹霞山景區，東南部的韶石山景區，西部的大石山景區和中部的錦江景區。北部的丹霞山景區包括長老峰景區、翔龍湖景區、陽元山景區和錦江長廊遊覽區等。

長老峰景區分上、中、下三個景觀區。下層景觀區有始建於北宋的錦石岩石窟寺、長天一線、龍磷片石、五色間錯大斑石等典型的赤壁丹崖景點；中層為別傳禪寺景觀層，有嶺南十大禪林之一的別傳禪寺和鴛鴦樹等景點；

登丹梯鐵索即至上層景觀區，長老峰、海螺峰、海珠峰三峰並峙，環顧四周，丹霞秀色，一覽無遺。其中觀日亭是晨觀日出，昏賞晚霞的好去處。

翔龍湖景區位於長老峰南側，因湖面輪廓酷似一條騰飛的青龍而得名，沿湖有龍角山、龍鬚洞、九龍峰、仙居岩道觀等景點 20 多處，山崖上有古今龍文化石刻。湖尾不遠處有一個酷似女性生殖器的天然石洞 —— 陰元石，高 10.3 公尺，寬 4.8 公尺，洞長約 4.3 公尺。陽元石與陰元石一起被稱為「丹霞雙絕」。

陽元山景區與長老峰景區隔河相望，因有陽元石而得名。陽元石是一個酷似男性生殖器的天然石柱，高 28 公尺，直徑 7 公尺。據專家考證，該石柱從旁邊的陽元山剝離已經有 30 萬年歷史。被譽為「天下第一奇石」、「天下第一絕景」。其他主要景點還有九九天梯、雙乳峰、睡美人、七座天生橋、三處古山寨及眾多擬人擬物、擬獸擬禽的山石造型等。通泰橋為景區內最大的天生石拱橋，跨度為 38 公尺，拱高 15 公尺。

錦江長廊景區全長 30 多公里，是丹霞山在水文章上開發潛力最大的部分，現已推出了機動遊艇、划船、游泳等項目。「丹山奇景錦水牽」，錦江兩岸赤壁倒懸，翠竹擁江，沿途景點珠連玉串，是一條山水相融的亮麗風景長廊。乘舟漫遊可欣賞群像過江、金龜朝聖、六指琴魔、姐妹峰等奇景及農村田園秀色，同時能把長老峰、陽元山、韶石山等風景區系統地銜接在一起。

韶石山景區東臨湞江，相傳舜帝南巡至此奏韶樂而得名，由朝石頂、金龜岩、白石寨、打鑼寨等韶石 36 峰組成，有古寨岩廟遺址 30 多處。景區早在唐宋時期便有開發，近代以來，隨著湞江水運的荒廢和陸路交通的發展，韶石山漸為世人遺忘。目前，景區正在發展成為人們探險獵奇、思幽訪古的好去處。

雄奇秀險、鬼斧神工 —— 丹霞山風景特色

大約在距今 700 萬年前，丹霞盆地發生了多次間歇性上升運動。滇江、錦江也保持曲流下切，而每次上升都間以一個相對安定的時期並形成相應的夷平面，使目前的丹霞山區保留了 600 公尺、500 公尺、400 公尺、300 公尺及 200 公尺等多級夷平面及多級河流階地。我們現在看到的丹霞山也就是在這個時期內隨著地殼的間歇性上升與河流的間歇性下切而逐漸形成的。在這一地質構造過程中，大自然以其鬼斧神工的力量，締造出了丹霞山令人驚嘆的萬千風景。

在世界已發現的 1,200 多處丹霞地貌中，丹霞山是發育最典型、類型最齊全、造型最豐富、景色最優美的丹霞地貌集中分布區。就風景特色而言，丹霞山兼具雄、奇、險、秀之特點。

（一）雄 —— 即雄偉之美

習慣上人們常認為高大者方可稱「雄」，但高大是相對的，主要在於氣勢。丹霞山最高峰才 618 公尺，就山高而論，不過是個小字輩，但它的山峰由懸崖峭壁構成，許多崖壁高達幾百公尺，撥起於平川或河岸之上，危崖勁露，光滑齊削，氣勢磅礴，雄渾而富有力度，充滿陽剛之美。就是小尺度的石峰，也似有擎天之力。中國《風景名勝》雜誌就稱丹霞山為「陽剛之山」。丹霞山是一個以自然風光為主的自然風景區，丹霞之美主要是一種毋須雕飾的自然美。

古今文人墨客更將丹霞比泰岱、比華嶽之雄，有「霞山擬岱宗，錦石梁父耳」，「仰覺日月低，俯睇宇宙小」，「巍峨獨標峙，登之心曠然」，「赤柱擎天太華雄」，「千仞城立天地間」等詩句讚其雄偉之美。

(二)奇 —— 即奇特之美

天下名山各有奇致，而唯丹霞遍山皆奇，古人有「山水有殊致，大塊鍾靈奇」，「頑山忽入高人手，幻出精藍似畫工」的讚詞。丹霞山的山奇、崖奇、石奇、洞奇、橋奇、溝谷也奇，奇得讓人不敢相信，又不能不信。縱目丹霞的山堡狀、錐狀、塔狀，形象各異，組合有序，如「萬古今城」，似千年石堡。尤其晨霧之中或雲海之上，彷彿海市蜃樓，又如仙山瓊閣。近觀赤壁丹崖之上水痕如潑墨，藻類繁生，色彩斑斕，一個角度一幅水墨畫。在藍天、白雲、碧水、綠樹和花草的襯映之下，和諧中產生對比，構成一幅幅多彩的畫面。丹霞的山石個個像形，似人似物，似獸似禽，讓你覺得它們是雕塑大師的藝術傑作，但卻無一不是出自於大自然的鬼斧神工。其中陽元石幾乎以假亂真，被稱為「天下第一奇石」；陰元洞亦被稱為「神州第一絕景」。

丹霞的岩洞又被稱為石室，可行可居，因其中多懸掛於崖壁之上，大都被古人開闢為山居、岩寺、山寨和岩墓地。尤其是錦石岩內的龍鱗石由幾千個蜂窩狀小洞連成條帶，其上附生的藻類隨冷暖乾溼而變色，宛若蛟龍附壁，它和陽元石、觀音石、望夫石被稱為「丹霞四絕」。穿過山的岩石叫穿洞或天生橋，丹霞山區裡穿洞和天生橋不計其數，僅陽元山景區就有 7 座，最大的通泰橋長 50 公尺，高 20 公尺，若彩虹飛跨。巷谷即稱一線天，在丹霞地貌中特別發育，像幽洞通天，這種穿洞連接的一線天更是奇中之奇。丹霞山的谷地竟然也有奇特的造型，翔龍湖的龍形湖面就是一個典型例子。

（三）險 —— 即險峻之美

「無限風光在險峰」，險峻能激發人們的向上、探討精神，故智勇者上之。丹霞山以赤壁丹崖為其地貌特徵，大多山坡直立或呈反坡，令人望而生畏，近而發怵，大部分懸崖無法攀登。如今可供遊人登上的懸崖道只有幾條，能登上的崖頂只有幾個。但山區內 380 多座山頭大部分都有古人留下的登山小道和崖頂山寨。

目前供遊人攀登的懸崖道均是在這些古代小道、棧道的基礎上修復的，雖然進行了拓寬並加了護欄、鐵索，但卻不失其強烈的刺激性。至於那些懸崖古道和崖頂山寨，更是吸引著年輕的探險者去感受無限的刺激。

古人有「棧道依松劃，危樓疊石連」，「絕壁當千仞，危崖一線開」，「飛鳥迴翔不敢度」等詩句，形容丹霞的險峻之美。更有人說它「不是華山，險過華山」。

（四）秀 —— 即秀麗之美

人說北雄南秀，是指北方山體高大裸露，蒼勁雄渾；南方山上樹木蔥鬱，陰柔嫵媚。丹霞山卻是既雄又秀，形成陽剛與陰柔的統一。整個山區保有著較好的副熱帶常綠林，四季鬱鬱蔥蔥，蒼翠欲滴，秀色可餐。而丹霞之秀，又主要秀在錦江，一江碧綠的玉液，出自於北面萬頃林海，在丹霞山群中迂迴南流，一路翠竹夾岸，樹木婆娑，近石倒映，遠山透迤，富有嶺南色調的山村田園掩映其間，古人有詩曰：「一水浮青碧，千峰競翠微。」其秀麗之美不下「江作青羅帶，山如碧玉簪」的桂林山水。

● 遠離塵囂、小鳥天堂 —— 新會小鳥天堂

小鳥天堂是僑鄉廣東新會著名的國際級生態旅遊景點，位於距城區 10 公里的天馬村。1933 年，文學大師巴金先生乘船遊覽後嘆為觀止，寫下優美散文〈鳥的天堂〉，「小鳥天堂」從此得名。大師這篇經典作品被鑴刻在風景區入口巴金廣場上供遊人品味，美文讚美景，美景更多嬌。

「一株榕樹便天堂」，一句詩概括了小鳥天堂的特點。這裡原是一個水中泥墩，一棵榕樹經約 400 年繁衍，逐漸成為覆蓋面積達 18 畝的「獨木林」，泥墩也成為綠島。「獨木林」裡長期棲息著十多種共數萬隻小鳥，據鳥類專家考證，小鳥天堂主要棲居有四種鷺鳥：灰鷺、白鷺、池鷺和牛背鷺。從外形上看，牠們除了體型不同外，其羽毛顏色也明顯不同，灰鷺（俗稱「夜遊」）主要呈深灰褐色；白鷺是雪白色（又稱雪鷺）；池鷺在夏季，頭、頸和胸部粟紅色，由肩到尾滿布藍黑色蓑羽，背部鼠灰色，其餘為白色，冬季則無冠羽及藍黑色蓑羽，頭、頸、胸有黑褐色和黃白色相關的縱紋；牛背鷺的羽毛顏色也因季節不同而變化，春、夏、秋季，頭、頸、上胸及背上飾羽橙色，冬季則通體雪白，僅在頭頂和後頸綴以黃色。以白鷺和灰鷺居多。白鷺朝出晚歸，灰鷺暮出晨歸，他們依時有序，翩翩起舞，嘎嘎而鳴，互不干擾，蔚為壯觀，形成「獨木成林古榕樹、百鳥出巢、百鳥歸巢」三大自然奇觀。

每天傍晚 7 時 15 分至 7 時 45 分（冬季提前 1 小時），一批批灰鷺從古榕島準時朝東南方向編隊飛出，由少至多，飛去周邊及黃矛海、崖門口一帶淺灘覓食。起飛前，先由一隻負責招集的傳令鳥從古榕樹枝頭的

西端俯飛到東端，有時還飛到隔江的新竹島，呼朋引伴，催促同類趕緊趁暮色外出覓食。不到 5 分鐘，便召集完畢。飛行能力較強、經驗豐富的領頭鳥率先帶領首批為數不多的「笨鳥」提前飛出，然後，一批批成鳥、始成鳥才陸續飛出，最後由精明幹練的「老雀」壓陣。嘎嘎而鳴、翩翩起舞情景每次持續約半小時。

歷來深受遊客讚譽的小鳥天堂，經 2002 年重新規劃擴建，對自然生態群落加以悉心保護和優化，形成了占地面積 40 萬平方公尺，以獨特的鳥類生態風景為主題，集生態旅遊、文化旅遊、健康旅遊、休閒旅遊於一體，充分展現旅遊新時尚的園林化、多功能大型風景區。

目前建成的可供觀鳥賞鳥的景點有：觀鳥長廊，觀鳥樓、鳥趣園、鳥博館等。觀鳥長廊長一公里左右，可以讓遊客從不同的角度觀賞野鷺美態；在觀鳥樓上遊客能飽覽鳥島全貌及天馬水鄉田園風光、鳥語花香的景色，欣賞文學大師巴金美文，領略詩人田漢描繪的意境；鳥趣園占地 3,000 平方公尺，在這裡遊客可以與一百多種、約 1,300 隻鳥親密接觸，還可以投餵鳥食；鳥博館占地面積 1,500 平方公尺，是集鳥類知識、圖片、標本、人鳥同樂表演、多媒體遠端觀鳥活動和繁殖於一體的大型鳥類科普知識展館。

遊客還可乘坐充滿嶺南水鄉特色的搖櫓船穿越榕蔭水道，繞島近距離觀看野鷺，並欣賞本地特色的水上民歌「鹹水歌」對唱 —— 這是小鳥天堂擴建後增添的項目。你也可與他人對唱、鬥歌，鹹水歌的最大特點是觸景生情，即興唱酬。過去，沙田區凡有村民聚居的基頭、圍尾、河岸、艇中，不時聽到人們對唱和鬥歌，以歌自娛，以歌定情，以歌會友。

首開國門、放眼全球 —— 深圳世界之窗

深圳世界之窗是由香港中旅集團和華僑城集團共同投資建設的大型文化旅遊景區，1994 年 6 月 18 日開園。它坐落於深圳灣畔，占地 48 萬平方公尺，景區按世界地域結構和遊覽活動內容分為世界廣場、亞洲區、大洋洲區、歐洲區、非洲區、美洲區、世界雕塑園、現代科技娛樂區和國際街九大區域，薈萃了世界幾千年人類文明的精華，有歷史遺跡、自然風光、世界奇觀、民居、雕塑等 130 多個景點，其中包含園林藝術、民俗風情、大型演出以及高科技參與性娛樂項目等。世界之窗以其豐富的文化內涵，恢宏的規劃設計，精美的景觀專案、精采的藝術演出、刺激的娛樂項目，為中外遊客再現了一個美妙精采的世界。

◆世界廣場

廣場前方，維納斯、大衛、唐神王、非洲母與子等十尊神話雕塑巋然屹立。法國羅浮宮玻璃金字塔、世界文化浮雕牆、世界地圖噴泉、全景式環球舞臺、中華門……文化精粹彰顯著世界廣場的尊貴與品味。

中國首創、亞洲第一、投資近億元的環球舞臺每天上演著具有國際水準的大型晚會。舞臺四周的六座城門象徵印度、中國、伊斯蘭、巴比倫、埃及和美洲六個文明發祥地。環繞廣場的高 10 公尺、長 186 公尺的浮雕牆，凝聚著千萬年來不朽的人類文明。而沿牆傲然聳立的 108 根世界各種柱式，則象徵著人類文明的支柱。

◆風情亞洲

在這裡，泰國泰王宮、韓國景福宮、日本姬路城天守閣、印度摩多哈拉聖井、印度孟買巴哈加支提窟、柬埔寨吳哥窟、印度泰姬瑪哈陵、緬甸仰光大金寺、科威特水塔、新加坡魚尾獅像等一件件亞洲文化精品觸手可及。諸如世襲王朝的興盛史話，王子佳人的愛情故事則如裊裊香煙，亦真亦幻。亞洲古老燦爛的文化像一陣陣掩不住的花香，沁人心脾。

◆浪漫歐洲

艾菲爾鐵塔、威尼斯水城、比薩斜塔、雅典衛城、巴黎聖母院、倫敦鐵橋、俄羅斯冬宮、荷蘭風車、羅馬競技場、羅馬假日廣場等人文、藝術、建築精品無不使人讚嘆。在這如詩般的文化「大觀園」裡，法蘭西人的開放浪漫，古羅馬人豪放粗獷，古希臘人的典雅執著……幻化成眼前這一座座個性十足的瑰麗建築。

◆火勢非洲

荒漠中，幾座高高的金字塔巍然矗立，怪異的人面獅身像靜靜地佇立在塔前，漠然注視著周圍的一切。終於，由遠而近的駝鈴聲擾動了這裡的寧靜，蠕動的駝峰頓時讓廣袤的非洲大陸變得生動起來。簡陋的草屋前，熊熊的火堆旁，膚色黝黑的土著居民穿著奇異的服裝，手持長矛，隨著激越的鼓聲跳起了歡快熱烈的舞蹈，雄渾的吆喝聲在蒼涼的大漠上久久迴響。

◆奇幻美洲

　　大自然的鬼斧神工和喜怒無常在這裡發揮到極致，狹長的科羅拉多大峽谷深不可測，兩岸淺紅色的陡峭岩壁更是令人望而生畏；美麗的夏威夷島上，突然間一股火焰直衝雲霄，不可阻擋的灼熱岩漿從山頂冒出，如排山倒海般摧毀著一切；在委內瑞拉，人們正驚叫著四處逃命，20世紀罕見的特大洪水淹沒了城市和村莊，把街上行駛的汽車掀到了半空中……驚恐萬狀的印第安土著只好樹起圖騰，祈禱上蒼的憐憫。而紐約曼哈頓，林立的高樓散發出現代文明的光輝；遊人們駕起現代科技之舟，在大峽谷漂流探險；由紅外線搖控的穿梭機，載著人們在亞馬遜原始叢林中體驗生死時速。總統山上的總統們笑了，自由女神也會心地笑了。人類的智慧讓未知的世界變成了美麗的家園。

◆清新澳洲

　　穿行在綠樹掩映、繁花似錦的世界之窗園區，一片金黃色的荒漠兀然走入你的視野。在蔚藍色的大海上，一瓣瓣巨大的貝殼冉冉開放，猶如一組潔白的雕塑，又像一組迎風揚帆的船隊，在藍天白雲下顯得特別迷人，這便是舉世聞名、造型獨特的澳州雪梨歌劇院。此時，美妙的音樂緩緩響起，一股高達100公尺的噴泉沖出海面，幻化成各種造型美麗的水霧，數千隻珍稀白鷺展翅翔鳴空中，又競相戲水。整個大洋洲沉浸在一副詩情畫意中。

　　在世界之窗，遊客還可以品嘗到天下美食：法國田螺、義大利麵、美國牛排、印尼炒飯、日式炒烏龍、馬來西亞咖哩飯，還有港式雲吞麵、海南雞飯等，而三明治、炸雞翅、炸薯條等味道獨特的風味小吃更讓遊客大飽口福。

名人廣東

　　南粵大地，物華天寶，人傑地靈，英雄輩出。在中華文化發展的每一個階段上，都有嶺南人樹起的豐碑，如惠能開創的中國禪宗、陳獻章開啟的明代心學、康有為和梁啟超引領的近代維新思潮、孫中山開拓的走向民主共和的歷史道路、詹天佑開闢了中國鐵路之先河、容國團首創中國第一個世界冠軍等等。從這裡收集的一些不太為人所知的趣聞中，我們可以看到，這些名人們或以機智、或以勇敢、或以忠誠、或以堅毅、或以幽默、或以浪漫、或以明志、或以傳奇，向我們展現了他們各自的魅力與風采。

孫中山，布衣亦可傲王侯

　　孫中山是中華民國國父，名文，字德明，號日新，後改逸仙；在日本從事革命活動時曾化名中山樵。孫中山生於西元 1866 年 11 月 12 日，廣東香山（今中山市）翠亨村人。7 歲時入私塾接受傳統教育。曾自稱為洪秀全第二，並認為洪氏為「反清英雄第一人」。1879 年，14 歲的孫中山受長兄孫眉接濟，隨母赴夏威夷接受西方教育。1883 年由於孫中山有信奉基督教的意向，被兄長送回家鄉。同年冬天到香港，與陸皓東一同於公理會受洗入基督教，並就讀於拔萃書屋（今日之拔萃男書院）。次年進入中央書院（今日之皇仁書院）。1887 年進入香港西醫書院（香港大學的前身），1892 年 7 月以首屆兩名畢業生中第一名的成績畢業，並獲當時之香港總督威廉・羅便臣（William Robinson）親自頒獎。之後他在澳門、廣州等地行醫。

　　孫中山最初未言革命，嘗於 1894 年《上李鴻章萬言書》中，提出多項改革建議，惟李鴻章斷拒。失望之餘，孫中山 11 月 24 日赴檀香山茂宜島募款組織興中會，提出了「驅逐韃虜，恢復中國，創立合眾政府」的口號，計劃以排滿思想為其革命事業鋪路。1903 年夏在日本青山創辦革命軍事學校起，改革命誓詞為「驅除韃虜，恢復中華，創立民國，平均地權」。1905 年 8 月，在日本人內田良平的牽線下，結合孫中山的興中會、黃興與宋教仁等人的華興會、蔡元培與吳敬恆等人的愛國學社、張繼的青年會等組織，中國同盟會在日本東京成立，孫中山被推為同盟會總理，1912 年 12 月 28 日被推選為中華民國臨時大總統。

　　孫中山年輕時就雄才大略，當他出國留學歸來，途經湖北武昌，想去見一見湖廣總督張之洞。孫中山走到總督府門前，遞上了名片，特意

在名片上寫了這樣一行字「學者孫中山求見之洞兄」。張之洞一看，也不傳話請孫中山進府，命人拿來紙筆，寫了上聯對句：「持三字貼，見一品官，儒生妄敢稱兄弟」，讓門官交給孫中山。孫中山針鋒相對地對了下聯：「行千里路，讀萬卷書，布衣亦可傲王侯」，張之洞暗暗吃驚。該聯上聯流露出輕蔑之意，下聯卻有壓倒對方之勢。張之洞看了下聯後，趕快令人開門迎接孫中山了。

▌冼夫人，巾幗英雄第一人

冼夫人（西元 522 ～ 601 年），百越族俚人，高涼山兜丁村（今電白縣電城鎮）人，生於南北朝梁武帝普通三年，卒於隋文帝仁壽元年年末，享壽 80 歲。

冼氏世代為南越俚人首領，轄地千里，統領部落十數萬家。冼夫人乳名冼百合，少年聰慧，自幼追隨父兄逞強鬥勇，經歷過多次部族之間的械鬥，頗有男兒氣概，後又得異人傳授武藝韜略，不但能挽弓射箭，更深諳行軍布陣之法。冼夫人善於謀略，在父母家時已能撫循部眾，深受本族人民的信賴。其兄冼挺任南梁州刺史時，常倚持豪強，侵略鄰郡，夫人多方規諫，解仇息兵，人民安居樂業。海南儋耳一帶的俚人一千多洞也來歸附。

梁大同初年（西元 535 年），冼百合與高涼太守馮寶結婚。婚後，夫人在本族中推行封建制，廢除奴隸制。日常協同丈夫處理各種案情，約束本宗，使從民禮。首領有犯法者，即使是宗親，也嚴肅處置，毫不姑縱。因而朝廷的政策法令能在高涼地區推行，減少了部族爭鬥，地方安寧。

梁武帝太清二年（西元 548 年）八月，河南王侯景叛梁，攻陷臺城（今江蘇南京雞鳴山南乾河柑北），廣州都督蕭勃徵兵援臺。大寶元年（西元 550 年），高州刺史李遷仕出兵據大皋口（今江西吉安市南），並派使者召會馮寶。馮寶剛準備出發，夫人勸他不要去，說「刺史無緣無故召你去，一定是想逼你一起造反。」馮寶說：「妳怎麼知道？」夫人說：「刺史被派去援臺，但他卻稱病不去，私下又鑄造武器，集合人馬。今召你去，無非是把你扣作人質，以調動你的兵馬。你暫且不要去，遲幾天看形勢如何再說。」過了數日，李遷仕果然反叛，派大將杜乎虜領兵北上，與梁都督陳霸先的部隊交戰。夫人知道消息後，即對馮寶說：「杜平虜是一員勇將，可是一時回不來，今李遷仕在高州，已無多大實力了。但如果你去，還是免不了一場惡鬥。不如卑辭厚禮，說你一時離不開，由我代表你去參見，他一定很喜歡，不會有什麼防備。我即帶領一千多人，挑著禮物，步行而去，及至城中，便發動攻擊，一定能打敗他。」馮寶非常同意。洗夫人依計而行，輕而易舉地攻下高州城，遷仕敗逃寧都。夫人乘勝率部與陳霸先會師擊殺杜平虜。回來後告訴馮寶：「陳都督不是平常之人，很得人心，一定能夠平息叛亂，你要與他往來，大力供應物資才是。」馮寶遂與陳霸先交好。大寶二年（西元 551 年），陳霸先擒殺李遷仕於寧都，後又與王僧辯合力擊潰侯景，平定了侯景之亂。

太平二年（西元 557 年），陳霸先稱帝，改年號為永定元年，是為陳朝。陳永定二年（西元 558 年）十二月，高涼太守馮寶死，嶺南大亂。夫人團結百越，數州才獲安定。然後派九歲兒子馮僕率領各酋長到丹陽朝見陳武帝，表示對陳朝政權的支持。陳霸先封馮僕為陽春郡太守。太建元年（西元 569 年）九月，廣州刺史歐陽紇不服陳霸先將其調離廣州的決定，起兵造反。十月，陳朝派車騎將軍章昭達討紇。第二年，歐陽

紇派人召陽春太守馮僕到南海（今廣州），誘他共同起兵反陳。僕遣使歸告其母，夫人怒道：「我為國忠貞已歷兩代，不能憐惜你，而有負於國家。」於是派兵守境，並帥領百越酋長迎接章昭達。歐陽紇受到內外夾擊，全軍崩潰，紇也被擒誅。陳朝褒獎夫人的功績，節冊封夫人為中郎將、石龍郡太夫人。

陳於西元 589 年正月被隋所滅。當時，嶺南地區幾個郡都未有所屬，大家共推夫人為首領，號為聖母，保境安民，地方遂得安寧。仁壽元年（西元 601 年）末，夫人去世。隋朝為表彰夫人一生，謚為誠敬夫人。

洪秀全，不做窮酸做天王

洪秀全（西元 1814～1864 年）原名仁坤，小名火秀，廣東花縣人。其父洪鏡揚，是鄰近諸村的保正，家裡「薄有田產」，社會地位和經濟條件在當地是好的。洪仁坤有兩個哥哥，他是三兄弟中唯一讀書求功名的，在家裡有受寵而優越的地位。他 7 歲入本地私塾讀書，14 虛歲考為童生。此後連續 4 次，一共經歷 17 年，未能進學，也就是沒考上生員（秀才）。在他一再落榜到公開造反期間，不止一次「坐館」當私塾師。

西元 1842 年，他第四次應考，一起沒考上秀才的老童生（一說又是表弟）馮雲山出於對考試的極端不滿，又從星相術角度看出洪仁坤「多異相」、「有王者風」，極力鼓動他為首造反。馮的勸說，符合他此前大病中的想法和夢幻。後來據他自己說，他在病中曾經「魂遊高天」，「上帝教朕橋水（也就是計謀）」。他說他到了天上，才知道自己是上帝的第二個兒子。人家用轎子抬他，兩旁有無數嬌娥美女迎接。上帝給了他

一個美女，做他的「正月宮娘娘」，還教他走路「兩腳要八字排開」等等。這可能是他病中的夢境，也可能是他事後編的瞎話。總之是到了道光二十三年，他第四次考秀才落榜，年紀已經三十多歲，知道再考也沒用，於是就斷了科舉仕進的念頭。

這一年，在馮雲山的勸說鼓勵下，洪仁坤決心造反。這時候有個叫梁阿發的人編了一本傳教的書《勸世良言》，是用來勸人信仰基督教的；他把這書拿過來改了改，以此為宗旨，成立了一個「拜上帝會」，自稱是天父的第二個兒子，基督是他的天兄。說上帝封他為「太平天王大道君全」，命他「時或稱洪秀，時或稱洪全，時或稱洪秀全」。從此，洪仁坤、洪火秀改名為洪秀全。這改名是很費一番心思的，秀全拆開，是「禾（吾）乃人王」。簡括地說，進不了學 —— 考不上秀才，是造反的決定性原因，造反是為了做人王。做了人王，不但可以實現「等我自己來開科取天下士」，還能夠「手握乾坤殺伐權」，殺盡所痛恨、憎惡的人。

● 黃遵憲：啟蒙先驅感召後人

影響中國近代思想界的達爾文演化論和盧梭社會契約論，最早是由黃遵憲介紹到中國來的，中國士大夫最早是從黃遵憲撰寫的《日本國志》了解到人權、民主、平等的概念。《日本國志》中的維新變法思想，使當時的康、梁乃至光緒帝都受到很大啟發，其「分官權於民」的思想明顯地啟發了一代偉人孫中山形成民權主義的思想。

西元 1877 年黃遵憲開始了在日本的外交活動。日本是亞洲東部的一個島國，自 17 世紀開始，遭到荷蘭殖民者的侵略，引起社會的變化，民族矛盾加深，其情形與當時中國相似。1868 年，日本發生了明治維新，

透過一系列的改革，日本走上了發展資本主義的道路，逐漸強大起來。中國人迫切想要了解日本，想知道明治維新後的日本到底發生了什麼變化，究竟它是怎樣學習西方變法自強的。黃遵憲的心情也正是這樣。

黃遵憲在日本期間，開始接觸從西方傳播到日本的資產階級民主自由學說。他剛到日本時，聽到關於民主自由的說法是很驚訝的，當他讀了法國啟蒙運動先驅盧梭、孟德斯鳩的著作後，思想有了明顯的轉變。根據在日本的親身體驗，使他意識到民主政治比封建專制政治要好，而且認為民主政治代替封建專制政治是必然的趨勢。有一次他對何如漳說：「中國必變從西法。」

黃遵憲在日本不僅廣泛接觸各方面的代表人物，觀察和了解日本政治、經濟、社會、文化、教育等方面的情況，同時還努力學習日文。他以頑強的毅力，克服種種困難，精心收集了 200 多種參考文獻。直到西元 1887 年的夏天，這部名為《日本國志》的書終於完成。黃遵憲希望借鑑日本的經驗，透過維新變法使中國繁榮富強起來。這部書的問世，大大加深了中國人對日本的認知，成為當時中國人了解和研究日本的必讀參考書。

西元 1889 年黃遵憲隨同薛福成赴歐洲，他們從香港啟程，經過了越南、新加坡、錫蘭（今斯里蘭卡）入紅海，經蘇伊士運河進入地中海，再經過法國馬賽、巴黎，最後到達英國倫敦。一路上，黃遵憲被異國風土人情所吸引，更為亞洲弱小國家遭淪喪而感嘆。過錫蘭時，黃遵憲一行上岸遊覽了有名的開米南廟，廟裡有一尊如來佛像，長二丈有餘。面對著巨大的佛像，黃遵憲感慨地說：「『雖具堅牢相，軟過兜羅綿（一種很軟的棉花）。』如來佛太軟弱了，為什麼沉沉地睡去，一睡就是三千年？」黃遵憲悲憤地問道：「佛呵，面對列強入侵，你『如何斂手退，一任敵橫縱，竟使清淨土，概變腥羶戎？』希望你像《佛經》上說的那樣舒

開五指，放出五頭雄獅，讓百獸之王去趕走敵人！」在英國期間，黃遵憲接觸了英國政界上層人物，仔細考察了英國君主立憲的政治制度。他非常推崇這種制度，後來維新變法期間，黃遵憲在湖南，協助陳寶箴實行這種以英國為模式的地方自治制度。

袁崇煥威震遼東

袁崇煥（西元 1584 ～ 1630 年），字自如，又字元素，祖籍廣東東莞，明朝著名軍事將領。他戎馬一生，為守衛明朝東北邊疆、抵禦清軍進攻，立下了赫赫戰功。

袁崇煥自幼好讀兵書，學習用兵救國之術。天啟二年（西元 1622年），袁崇煥被薦為兵部職方主事，負責鎮守山海關。袁崇煥剛到任，便深夜單騎出關了解地形，回來後便稱：「予我軍馬錢穀，我一人足守此。」袁崇煥在遼東築寧遠城，使明的邊防從寧遠向前推進了二百里，並採取以遼養遼政策，鼓勵當地百姓重建家園。

不久袁崇煥升為右參政。天啟六年（西元 1626 年）正月，後金國主努爾哈赤率八旗健卒十三萬前來圍攻寧遠。袁崇煥刺血為書，誓師全軍，表示誓與寧遠城共存亡。在他的感染下，士氣高漲。袁崇煥令城外守軍全部撤進寧遠城，堅壁清野，又親自殺牛宰馬慰勞將士。他還將全部庫存的白銀置於城上，傳令，有能打退敵兵，不避艱險者，當即賞銀一錠。如臨陣退縮，立斬於軍前。為了增強火力，袁崇煥令人將城中存有的仿西洋「紅夷大砲」架上城頭，一切準備就緒，嚴陣以待。二十四日，後金軍兵臨寧遠城下，開始攻城。只見八旗兵丁四處散開，滿山蔽野而來。袁崇煥一聲令下，城樓上火炮齊鳴，弓箭齊發，後金軍死傷慘重，只好退軍。

次日，後金軍重振士氣，再次來攻，他們把裹著生牛皮的戰車推到城牆根，準備鑿城穿穴，袁崇煥立即親率士兵挑石堵洞，又令城上大砲加強火力猛攻敵陣。後金軍總帥努爾哈赤在營前指揮作戰，忽被飛來的炮石擊中，受傷墜馬，血流不止。後金軍見主帥受傷，匆匆收兵退去。在歸途中，努爾哈赤病情加重，死於軍中。寧遠一戰，是努爾哈赤自 25 歲征戰以來唯一的敗績。

寧遠之戰後，袁崇煥被升為遼東巡撫。為了休整軍隊，他一面派人假意與後金和談，一面加緊整飭軍隊，修築錦州、中左、大凌諸要塞，以防後金的突然襲擊。天啟七年五月，皇太極果然率軍來攻錦州，將錦州團團圍住。錦州守軍一面堅持抵抗，一面飛報袁崇煥請援。袁崇煥識破皇太極圍錦州的目的是欲誘自己出戰，以便借襲寧遠。他認為，「寧遠不固，則山海必震，此天下安危所繫」。於是堅守寧遠不動，而派精騎四千繞到清軍後面猛攻，致使清軍兩面受敵，同時又奏請朝廷調兵支援。皇太極攻錦州不成，便集中兵力進攻寧遠。此時寧遠守軍已準備就緒，清軍久攻不下，損傷慘重，最後只好退兵。皇太極終於還是像他父親一樣，敗在袁崇煥的手下，無功而歸。

可悲的是，威振遼東、敵人想攻也攻不破的袁崇煥最後是被明朝「自家人」殺了。當然，明朝也就離亡國不遠了。

鄧世昌愛犬救主

鄧世昌（西元 1849～1894 年）原名永昌，字正卿。廣東番禺人。西元 1867 年入馬尾船政後學堂駕駛班第一期學習，1874 年以優異成績畢業，並被船政大臣沈葆璋獎以五品軍功任命為「琛航」運船幫帶。次年任

「海東雲」砲艦管帶，時值臺灣「牡丹社事件」，他奉命巡守澎湖、基隆，獲升千總。後調任「振威」砲艦管帶，代理「揚武」快船管駕，獲薦保守備，加都司銜。1887 年春，鄧世昌率隊赴英國接收清政府向英、德訂造的「致遠」、「靖遠」、「經遠」、「來遠」四艘巡洋艦，是年底回國。歸途中，鄧世昌沿途安排艦隊操演練習。因接艦有功，升副將，獲加總兵銜，任「致遠」艦管帶。1888 年，鄧世昌以總兵記名簡放，並加提督銜。是年 10 月，北洋海軍正式組建成軍，鄧世昌升至中軍中營副將，1891 年，李鴻章檢閱北洋海軍，鄧世昌因訓練有功，獲「葛爾薩巴圖魯」勇名。

西元 1894 年 9 月 17 日，在黃海之上，大東溝海面，北洋艦隊與日本的聯合艦隊發生了遭遇戰，史稱「甲午海戰」。在大東溝海戰中，鄧世昌指揮「致遠」艦奮勇作戰，後在日艦圍攻下，「致遠」多處受傷全艦燃起大火，船身傾斜。鄧世昌鼓勵全艦官兵道：「吾輩從軍衛國，早置生死於度外，今日之事，有死而已！」「倭艦專恃吉野，苟沉此艦，足以奪其氣而成事。」毅然駕艦全速撞向日本主力艦「吉野」號右舷，決意與敵同歸於盡。日艦官兵見狀大驚失色，集中炮火向「致遠」射擊，不幸一發砲彈擊中「致遠」艦的魚雷發射管，管內魚雷發生爆炸導致「致遠」艦沉沒。鄧世昌墜落海中後，其隨從以救生圈相救，被他拒絕，並說：「我立志殺敵報國，今死於海，義也，何求生為！」

據傳當時隨身愛犬銜住他的衣服，不讓主人沉入海中。鄧世昌看到全艦官兵 250 人同時墜海（後只 7 人生還）壯烈犧牲，誓不一人獨存，便把狗按入水中。自己也沉入海中。狗見主人溺水，不忍心讓主人漂流海上，便拖著主人奮力向岸邊游去。牠終於把主人拖上了岸。鄧世昌甦醒過來後發現自己躺在海灘上，愛犬依然守在身邊，回想起發生的一切，他「義不獨生」，重又投入海中，愛犬見主人復投大海，也投入大海。

彭玉麟督師五層樓

五層樓又名鎮海樓，雄踞於廣州的越秀山上。五層樓氣度恢宏，莊嚴穩重，始建於明洪武初年，是明代廣州城垣北面的制高點，登樓遠望，全城景物，盡收眼底。清光緒十年，（西元 1884 年），兵部尚書彭玉麟奉命到廣東督師抗法，指揮部就設在五層樓上。

彭玉麟參加曾國藩所部湘軍，與太平天國作戰，創辦了湘軍水師，被授以水師提督。光緒九年（西元 1883 年），朝延提拔他為兵部尚書。此時，正逢法越交戰，法國人的胃口不止於侵吞越南，而是垂涎中國，揚言要派遣大隊兵船到廣東發釁。朝延命彭玉麟迅速前往廣東部署防衛事宜。與此同時，密令雲貴、廣西派出精兵協同劉永福作戰。

彭玉麟趕到廣東，以廣州五層樓為海陸兩軍指揮部，部署幾路防禦：抽調一路兵力，加強海南島守衛；派出一路大軍，駐紮在與越南交界的廣西欽州一帶，防止內奸與外敵勾結；還有一路駐虎門外沙角、大角安營，安設炮臺，成立水師營，與上、下橫檔及威遠炮臺守軍，成犄角之勢。沿海地帶，各地組建鄉團、漁團，分兵守土，互為聲援。

正當彭玉麟精心布置反侵略的天羅地網時，李鴻章一味主張未可「輕言戰事」，朝延中與法軍和議之聲甚囂塵上。彭玉麟上疏列舉了不可議和的 5 條理由和可戰的 5 條理由，積極主張同覬覦中國的侵略者進行較量，尤其是對民眾的力量予以高度的評價。可是，腐敗麻木的清延對他充滿激情的呼籲置若罔聞，這位馳騁疆場多年的老將軍憂心重重。他在五層樓上憑欄遠望，喟然長嘆。站在一旁的幕僚李棣華深深領會將軍的感慨，揮筆寫就了一副楹聯：

萬千劫危樓尚存，問誰摘斗摩星，目空今古？
五百年故侯安在，只我倚欄看劍，淚灑英雄。

彭玉麟的雄才大略得不到充分施展，只能從力所能及做起。他邀主
張抗戰的兩廣總督張之洞巡視各海口，察覺地勢險要、兵力單薄的地
方，就增募兵力結營駐紮，以便與各炮臺互相機動策應。由於軍事部署
周密有致，逼使法國人在中法戰爭中不敢就近進攻廣東，而繞水路北上
進犯福建。

詹天佑：開闢中國鐵路之先河

詹天佑（西元 1861 年 4 月 26 日～ 1919 年 4 月 24 日），字眷誠，廣
東南海人，祖籍安徽婺源，是中國首位鐵路工程師，負責修建了京張鐵
路等工程，有「中國鐵路之父」、「中國近代工程之父」之稱。

1905 年，清政府決定興建中國第一條鐵路京張鐵路（北京至張家
口）。英俄都想插手，由於中國人民的強烈反對，他們的企圖沒能得逞。
英俄使臣以威脅的口吻說：「如果京張鐵路由中國工程師自己建造，那麼
與英俄兩國無關。」他們原以為這麼一來，中國就無法建造這條鐵路了。
在這關鍵時刻，詹天佑毫不猶豫地接下了這個艱巨的任務，全權負責京
張鐵路的修築。消息傳來，一些英國報刊挖苦說：「中國能夠修築這條鐵
路的工程師還在娘胎裡沒出世呢！中國人想不靠外國人自己修鐵路，就
算不是夢想，至少也得五十年。」他們甚至攻擊詹天佑擔任總辦兼總工
程師是「狂妄自大」、「不自量力」。詹天佑頂著壓力，堅持不任用一個
外國工程師，並表示：「中國地大物博，而於一路之工必須借重外人，我

以為恥！」「中國已經醒過來了，中國人要用自己的工程師和自己的錢來建築鐵路。」

1905 年 8 月，京張鐵路正式開工，緊張的勘探、選線工作開始了。詹天佑親自帶學生和工人，背著標竿，經緯儀，日夜奔波在崎嶇的山嶺上。一天傍晚，猛烈的西北風捲著沙石在八達嶺一帶呼嘯怒吼，刮得人睜不開眼睛，測量隊急著結束工作，填個測得的數字，就從岩壁上爬下來。詹天佑接過本子，一邊翻看填寫的數字，一邊疑惑地問：「資料準確嗎？」「差不多。」測量隊員回答說。詹天佑嚴肅地說：「技術的第一個要求是精密，不能有一點模糊和輕率，『大概』、『差不多』這類說法不能出自工程人員之口。」接著，他背起儀器，冒著風沙，重新吃力地攀到岩壁上，認真地又重新勘測了一遍，修正了一個誤差。當他下來時，嘴唇也凍青了。

不久，勘探和施工進入最困難的階段。在八達嶺、青龍橋一帶，山巒重疊，陡壁懸岩，要開四條隧道，其中最長的達一千多公尺。詹天佑經過精確測量計算，決定採取分段施工法：從山的南北兩端同時對鑿，並在山的中段開一口大井，在井中再向南北兩端對鑿。這樣既保證了施工品質，又加快了工程進度。鑿洞時，大量的石塊全靠人工一鍬鍬地挖，湧出的泉水要一擔擔地挑出來，身為總工程師的詹天佑毫無架子，與工人同挖石，同挑水，一身汙泥一臉汗。他還鼓舞大家說：「京張鐵路是我們用自己的人、自己的錢修建的第一條鐵路，全世界的眼睛都在望著我們，必須成功！」「無論成功或失敗，絕不是我們自己的成功和失敗，而是我們國家的成功和失敗！」

為了克服陡坡行車的困難，保證火車安全爬上八達嶺，詹天佑獨具匠心，創造性地運用「折返線」原理，在山多坡陡的青龍橋地段設計了

一段人字形線路，從而減少了隧道的開挖，降低了坡度。列車開到這裡，配合兩臺大馬力機車，一拉一推，確保列車安全上坡。

詹天佑對全線工程曾提出「花錢少，品質好，完工快」三項要求。京張鐵路經過工人們幾處奮鬥，終於在 1909 年 9 月全線通車。原計劃六年完成，結果只用了四年就提前完工，工程費用只及外國人估價的五分之一。一些歐美工程師乘車參觀後嘖嘖稱道，讚譽詹天佑了不起。但詹天佑卻謙虛地說：「這是京張鐵路一萬多員工的力量，不是我個人的功勞，光榮是應該屬於大家的。」

陳白沙：道傳孔孟三十載

陳白沙（西元 1428 ～ 1500 年）是明代著名的思想家、教育家、書法家、詩人，是元代以後程序化的朱子學說向明代的學術主流 —— 陽明學說過渡的關鍵性人物，他開啟了心學重光的閘門。陳白沙原名獻章，字公甫，號石齋，別號碧玉老人、玉臺居士、江門漁父、南海樵夫、黃雲老人等。本是新會城北圭峰山下都會村人，少年時隨祖父遷居白沙鄉（今屬江門市蓬江區）的小盧山下，故後人尊稱為「白沙先生」。

他年少警敏，讀書一覽成誦，而且勤奮好學，19 歲應廣東鄉試，考得第九名舉人，21 歲參加禮部會試，考中副榜進士，入國子監（中國古代設立的國家最高學府）讀書。27 歲那年，他長途跋涉拜訪棄官不做、寧願在家講學的著名學者吳與弼先生，吳與弼治學很嚴，他要求學生在學習態度上必須專心一致，靜時修養，動時省察，務使內心湛然虛明。陳白沙見了很受啟發，得益不少。第二年，他就拜辭吳老先生回歸江門白沙村，在小盧山麓之南，建築成一間頗具規模的書舍，題名「春陽

臺」。從此，陳白沙隱居春陽臺苦讀經典著作，探討先人哲理。經過十年苦學，靜坐冥思，捨繁取約，掌握心與理吻合的關鍵，學問與修養，獲得很大的進步。

西元 1465 年（明成化元年）的春天，陳白沙決定在春陽臺設館教學。這消息一傳開，近者鄉村，遠者鄰邑，學生慕名而來，其門如市，白沙村頓時熱鬧起來。陳白沙在教學上誨人不倦，除講授經史文學等課程外，力創新旨，唯務實際，課餘時間，常與學生在曠野間練習騎馬射箭。

陳白沙的教學方法與眾不同：一、先靜坐，後讀書；二、多自學，少灌輸；三、勤思考，取精義；四、重疑問，求真知；五、詩引教，哲入詩。

絕大多數學生都勤懇用功，但亦有個別沾染了酒色、浪蕩和懶惰的，白沙先生就編了〈戒色歌〉、〈戒戲歌〉、〈戒懶文〉等幾首詩歌給學生誦讀，作為座右銘。

〈戒色歌〉曰：

> 世間花酒總為先，花酒原來枉費錢。
> 酒醉倡狂還要醒，花迷撩亂不知天。
> 魚因吞餌投江岸，蝶為尋花到野川。
> 寄語江門諸弟子，莫貪花酒誤青年。

〈戒戲歌〉曰：

> 鑼鼓喧天上翠樓，男人扮作女人頭。
> 少年容易成衰老，快活何難變困愁。
> 金榜題名空富貴，洞房花燭假風流。
> 須知光陰如過隙，莫作等閒去浪遊。

〈戒懶文〉曰：

> 大舜為善雞鳴起，周公一飯凡三止。
>
> 仲尼不寢終夜思，聖賢事業勤而已。
>
> 昔聞鑿壁有匡衡，又聞車胤能囊螢。
>
> 韓愈焚膏孫映雪，未聞懶者留其名。

康有為的黃昏之戀

康有為在晚年與幾位中外妙齡女郎，譜寫了一曲曲浪漫的黃昏戀，其中一位就是海外華僑何旃理。

1907 年，康有為到達了美國西部，當地華僑熱誠地請康有為演講，消息一下傳到了聰穎美麗的何旃理的耳裡。何旃理從小在一位博學儒生的嚴格教育下，不僅通曉四國文字，而且熟悉中國文化，能歌善舞，更兼有一顆赤子之心。何旃理久聞康有為叱吒風雲的傳奇色彩，立即去聆聽啟蒙大師的救國宏論。

康有為在華僑領袖的擁戴下，氣宇軒昂地走上講臺，聲若洪鐘地講述變法維新、君主立憲、創辦實業等拯救祖國的主張和藍圖。康有為話鋒轉向他朝思暮想的大同世界，劈頭就講男女平等：「同胞們，人都是天生的，有其身必有其利……男女雖然性別有異，但其他一切都是一樣的。我們必須解禁變法，實行男女平等！我以為解放女子，實在是今日中國一帖良藥啊！」

何旃理被康有為的儒雅氣度、救國衷腸、深刻思想所折服，激動得

熱淚盈眶。待康有為演講結束，她趨步上前，恭敬地行大禮：「南海先生，您講得太好了！我還想……聽一遍……維新變法的道理呢！」「好吧！」康有為凝視著面前的美麗女子，從哥白尼的日心說講到達爾文的生物演化論，從文藝復興講到法國啟蒙運動，從孔子改考制講到戊戌維新。這些宏論如同一塊巨石，投入了何旃理情竇初開的春心。

之後數日，康有為神思恍惚，不知不覺去華僑那兒了解了何旃理的底細，在他周遊美國各地的時候心中不時浮現這位年僅 17 歲少女的倩影。心想：自己要在各國華僑中成立保皇會，宣傳君主立憲，辦實業，多麼需要一名懂外文、知書達理的紅顏知己啊！於是，康有為投石問路，發函給何旃理，此舉正中已墜入情網的何旃理下懷。他們透過書信交往，共結同心，短短的日子裡居然寫了上百封情書。

不久康有為要離開美國，臨別之際，何旃理表示願意以身相許。康有為一陣亢奮，但想雙方年齡相差懸殊，結合恐怕有阻力，便叫何旃理回家徵求父母的意見，自己則推遲行程。果然，何旃理的家人萬萬沒料到旃理會愛上一個 50 多歲的「欽犯」，個個激烈反對。何旃理據理力爭：「你們知道什麼？他是一個偉大的愛國者，他的變法救國思想是多麼振奮人心哪！」她說罷淚流滿臉，頭一仰，嚷道：「他現在需要我，你們不要反對了，我非他不嫁！」

兩人婚後漫遊世界，何旃理開展夫人外交，使康有為如虎添翼。康有為老來交桃花運，特別疼愛這位三太太。他們的命運之舟剛駛入寧靜的港灣，何旃理卻紅顏薄命，1914 年患猩紅熱症，不幸病逝，年僅 24 歲。

馮如：為中國龍插上了翅膀

馮如（西元 1883 ～ 1912 年），廣東恩平縣人。中國第一位飛機設計師。1907 年在奧克蘭設立飛機製造廠，1909 年正式成立廣東飛行器公司，任總工程師。1909 年 10 月至 12 月，馮如駕駛飛機在奧克蘭進行飛行表演大獲成功，並受到孫中山先生和旅美華僑的讚許，同時獲得美國國際航空學會頒發的甲等飛行員證書。1911 年 2 月，謝絕美國多方的聘任，帶著助手及兩架飛機回國。辛亥革命後，馮如被廣東革命軍政府委任為飛行隊長。1912 年 8 月 25 日，馮如在廣州燕塘飛行表演中不幸失事犧牲，被追授為陸軍少將，遺體安葬在黃花崗，並立碑紀念。

因年幼家貧，馮如 12 歲隨親戚赴美國舊金山當童工。十年的發憤學習和工作實踐，使馮如成為一名精通機械和電器技術的專家，他先後研製了抽水機、打樁機、發電機、有線電話和無線電報機等先進機電設備，在當地頗負盛名。當時曾有華僑富商集團邀請他主持一項發展中國電力工業計畫，但他認為興辦飛機製造工業更為迫切，因此婉言謝絕，並於 1908 年集資在奧克蘭市東九街 359 號創辦了以製造飛機為目標的廣東製造機器廠。經過 4 次改進，1909 年 9 月，即世界第一架飛機問世不到 6 年後，馮如完成了中國人自己設計、自己製造的第一架飛機，他把這架飛機稱為「馮如 1 號」。9 月 21 日傍晚，「馮如 1 號」正式試飛了約 800 公尺。美國《舊金山考察家報》（ *The Examiner* ）在頭版顯著位置刊登了馮如的大照片，稱他為「東方的萊特」，並驚呼「在航空領域，中國人把白人拋在後面了！」

儘管「馮如 1 號」此後在試飛中受損，未獲完全成功，但大大鼓舞

了華僑投資航空事業的信心，繼續籌集資金把「廣東製造機器廠」擴充為「廣東製造機器公司」。正當馮如繼續研製飛機的時候，又經歷了幾次試飛失利，廠房又突然失火焚毀，公司耗去的資金已超過公司資本的90%，馮如面臨極大的經濟困難。在認真總結歷次失敗教訓，並吸收當時先進經驗後，馮如終於在 1911 年 1 月又研製成功了一架新型飛機，稱為「馮如 2 號」，並於 1 月 18 日試飛成功。這一天早上，馮如駕駛著「馮如 2 號」飛機在艾勞赫斯特廣場公開試飛。飛機在地面滑行了約 30 公尺後凌空而上，升至約 12 公尺高，環繞廣場飛行了一圈後，先後飛向舊金山海灣及奧克蘭郊區，最後徐徐降落在起飛的廣場上。整個飛行歷時 4 分鐘。這是一次完全成功的飛行，美國另一家報社竟用整版通欄大標題刊出「他為中國龍插上了翅膀」，並以巨龍、馮如飛機和馮如像作為套題照片，詳細介紹了馮如其人其事。此後兩個月期間，馮如駕駛飛機在海灣多次環繞飛行，其最高時速為 104 公里，飛行高度達 200 餘公尺，性能達到了當時世界的先進水準。前往觀看飛行的中外人士不可勝數，歐美各媒體稱讚道：「君之名譽時已飛騰於世界矣。」馮如為中國贏得了世界性的聲譽。

神童梁啟超

童年的梁啟超聰明過人，才思敏捷，祖父梁延十分喜歡他。梁啟超五歲時開始讀《四書》、《五經》，「八歲學為文，九歲能綴千言」，12 歲考中首榜第一名秀才，被鄉人稱為「神童」。當地群眾流傳不少「神童」梁啟超的故事。

（一）「有人在平地，看我上雲梯」

一天，梁啟超爬上竹梯玩耍。祖父怕他有危險，望著梁啟超急叫：「快下來，快下來！會摔死的……」梁啟超看見祖父急成那樣子，竟又往上再攀一級，還脫口唸出兩句：「有人在平地，看我上雲梯。」祖父不由開心大笑，感到乖孫非比尋常。

（二）「堂前懸鏡，大人明察秋毫」

梁啟超 10 歲那年，跟父親入城，夜裡住在秀才李兆鏡家。李家正廳對面有個杏花園，梁啟超第二天早上起來便走到杏花園玩耍，但見朵朵帶露杏花爭妍鬥豔，十分可愛，便摘了幾朵。突然聽到腳步聲由遠而近，原來是父親與李秀才來了。梁啟超急忙將杏花藏於袖裡，但仍被父親看見了。父親不好意思在朋友面前責怪兒子，便以對對聯的形式來處罰他。父親吟上聯：「袖裡籠花，小子暗藏春色。」梁啟超仰頭凝思，瞥見對面廳簷掛著的「擋煞」大鏡，即唸出下聯：「堂前懸鏡，大人明察秋毫。」李兆鏡拍掌叫絕，於是道：「讓老夫也來考一考賢姪，『推車出小陌』，怎樣？」梁啟超立刻對上：「策馬入長安。」「好，好！」李兆鏡連聲讚好。在歡悅的氣氛中，父親饒了梁啟超的過錯。

（三）「飲茶龍上水，寫字狗耙田」

一天，梁啟超家裡來了一位客人，當時正在廳裡與父親談著什麼。梁啟超從外面玩得滿頭大汗走進來，從茶几上提起茶壺斟了一大碗涼水正想喝，卻被客人叫住了。「啟超，你過來。」客人說，「我知道你認識很多字，我來考考你。」客人見茶几上鋪著一張大紙，提筆便狂草了一個

「龍」字:「你讀給我聽。」梁啟超看了一眼,搖搖頭。客人哈哈大笑,梁啟超沒理他,一口氣喝了擺在茶几上的那碗涼開水。客人看了又哈哈大笑,道:「飲茶龍上水。」梁啟超用右衫袖抹一下嘴角,說:「寫字狗耙田。」梁啟超的譏諷讓父親尷尬,正要懲罰他,客人說:「令公子對答公整,才思敏捷,實在令人驚異。」

(四)「我欲問蒼天,蒼天長默默」

梁啟超的故鄉新會茶坑村有座小山,叫坭子山,山上有座塔,叫坭子塔,又叫凌雲塔。梁啟超的老家就在坭子塔山下,童年的梁啟超時常和小朋友爬上凌雲塔望風景。一天,梁啟超寫了一首詩給祖父看。詩是這樣的:「朝登凌雲塔,引領望四極,暮登凌雲塔,天地漸昏黑。日月有晦明,四時寒暑易。為何多變幻?此理無人識。我欲問蒼天,蒼天長默默。我欲問孔子,孔子難解釋。搔首獨徘徊,此時終難得。」這就是梁啟超 11 歲時寫的〈登塔〉詩。

▌陳芳,百萬富翁傳奇故事

陳芳(西元 1825 ~ 1906 年)字國芳,別號阿芳,又名國芬,生於珠海梅溪。陳芳自幼受過較好的教育,曾參加科舉考試。陳芳 14 歲時,父親去世,家道逐漸中落,開始學習經商。

西元 1849 年隨伯父販運陶瓷、錦緞與乾貨至檀香山。在入境登記時,陳芳習慣地說了自己的姓名:「陳芳,陳阿芳」,登記官不假思索就寫了「Chun Afong」。西人名在前,姓在後,這樣,「阿芳」(A fong)成了陳芳的稱呼。

陳芳帶來的貨物銷售一空，連身上的衣服都被扒下來買走。陳芳愛上了這塊土地，透過辛勤的努力，在很短的時間裡累積了部分資金和經驗，並短時間內學會英語。

西元 1851 年和同鄉合夥創辦「芳植記」，採用「開架售貨」、「自由選購」，並提供送貨上門服務，在當時的檀香山獨此一家。1855 年開始經營蔗糖產業，採用當時最先進的榨糖機械，開闢連鎖銷售網路，引進西人的機器技術，成為檀香山的「蔗糖王子」。1870 年，「芳植記」列名為夏威夷八大企業之一。1880 年前後，陳芳又收購了某著名農場一半的股權，這個時期，陳芳的資產已超過一百萬美元，在當地華僑中列名第一，被譽為「商界王子」。人們發現，陳芳經常從農場推著裝滿金子的小車，向銀行方向走去，車上的金子沒有任何遮蓋，充分表現了他的富有。

西元 1855 年，陳芳拜倒在夏威夷公主茱莉亞（Julia Fayerweather Afong）裙下後，向她的監護人提出婚姻的請求。這位監護人說，我希望我的養女能夠幸福，你就先給她一個最實際的幸福，為她造一座房子吧。陳芳於是在檀香山市北面風景最優美的地方，花了一年多的時間建起了一座當時夏威夷最豪華的別墅 —— 努阿努別墅。因為他的未來新娘是英、美、夏混血，而陳芳本人則是中國人，於是這座別墅的建築風格就融會這 4 種風情 —— 兩層樓，西式家具，百頁窗，卻採用了中國式的圍牆與立柱。

陳芳是第一位將中國花木移植於夏威夷的華僑。陳芳成功地引進了荔枝、榕樹、木蘭花、玫瑰花和雞冠花。這些花木在島上繁衍，被稱做「中國情調」，為來島觀光的各方遊客津津樂道。

西元 1891 年夏天，陳芳和兒子一起去澳門，卻被澳門南灣三號一家

飯店的保全攔在門口，理由是「華人與狗不得入內」。憤怒的陳芳要求面見飯店經理，並把澳門本地商會、媒體一一叫去，當眾宣布以5,000美元的價格買下這座飯店，並命令把這家原名「洋威」的酒店改名為「四海芳園」，對所有人開放。當時這件事成為轟動澳門的頭條新聞。後來的「四海芳園」一時成為澳門市民最喜歡光顧的地方。今天這座飯店已經不復存在，在它的原址上挺立的是澳門特別行政區政府。

▌ 楊仙逸：對孫中山的絕對忠誠

楊仙逸（西元1891～1923年），原籍廣東香山（今中山市），1891年出生於美國夏威夷。楊仙逸的父親楊著昆是孫中山的摯友，又都是香山（今中山）同鄉，孫中山在夏威夷從事革命活動時，經常出入於楊家，所以從少年時代起，楊仙逸便深受孫中山的革命思想影響，更是將孫中山的字「逸仙」改為「仙逸」作為自己的名字。

1910年，孫中山再次赴夏威夷發表演說，提出把興中會改組為同盟會，楊仙逸決心追隨孫中山，毅然加入同盟會，他感到要革命救國，就必須建立一支現代化的武裝部隊，於是考入加州大學機械系，學習機械及兵器製造技術。辛亥革命後，袁世凱竊取了革命勝利果實，孫中山被迫轉移海外，開展討袁鬥爭，為此他號召華僑子弟學習航空，以便建立飛機隊。楊仙逸再次響應孫中山，考入紐約寇提斯航空學校（Curtiss Flying School）學習飛機的駕駛和製造。1916年，他畢業時取得國際飛行家聯合組織美國飛行俱樂部頒發的第62號駕駛員執照。畢業後不久，楊仙逸便回到中國輔助孫中山，為了實現孫中山建立革命武裝力量的計畫，不久再度赴美國，與眾多華僑商界領袖共同創辦圖強飛機有限公

司，培訓飛行及航空技術人員。

1919 年，為了增強援閩粵軍的力量，孫中山召楊仙逸回國，4 月，楊仙逸到福建漳州，協助援閩粵軍總司令陳炯明組建飛機隊。1920 年，孫中山命令援閩粵軍回師廣東，驅逐盤踞在廣東的軍閥岑春煊、莫榮新，楊仙逸率領的飛機隊支援地面部隊作戰，向廣州推進，幫助援閩粵軍將軍閥驅逐出廣東。由於功勛卓著，陳炯明欲委任楊仙逸為粵軍飛機隊總指揮，他推辭不就，重新回到孫中山身邊。

1921 年 5 月，孫中山在廣州就任非常大總統，任命楊仙逸為總統府侍從武官，委以籌劃發展航空事業全權。楊仙逸在華僑及中國人員中挑選了一批青年，親自帶往美國學習飛行或航空工程，不少人學成回國後成為中國早期飛機隊指揮員或技術人員。在此期間，他還大力向華僑募捐購買飛機。

1923 年，孫中山重返廣州就任陸海軍大元帥後，任命正在美國培訓飛行人員和募捐飛機的楊仙逸為航空局長，讓他重新組建飛機隊。楊仙逸一回到廣州便立即開始籌措建立飛機工廠之事，經過兩個多月的努力，7 月終於製造了中國第一架軍用飛機。1923 年楊仙逸在惠州指導改裝水雷為炸彈，不幸失事犧牲，孫中山明令追授其為陸軍中將，被譽為「中國空軍之父」。

肖友梅：總統府的祕書

肖友梅（西元 1884 ～ 1940 年），音樂教育家、作曲家。字雪朋，號思鶴。原籍廣東香山（今中山市），童年隨父親寓居澳門。早年在日本、德國學習音樂，前後達 18 年。在日本時，曾參加同盟會，掩護過孫

中山先生的革命活動。1920 年回國後，先在北京主持北京女子高等師範學校音樂科和北京大學附設音樂傳習所，同時成立了中國第一支管絃樂隊，自任指揮。1927 年到上海創辦國立音樂院（後改稱上海國立音樂專科學校），畢生從事高等音樂教育，為中國現代音樂的發展作出了較大的貢獻。

其作品主要寫於 1920 年代，有一百餘首歌曲和其他體裁的作品。1922 年出版的歌曲集《今樂初集》和次年出版的《新歌初集》，是中國最早的兩本作曲家個人的創作專集，其中藝術歌曲〈問〉曾在學生和知識分子中廣泛流傳。此外，〈南飛之雁語〉、〈女子體育〉、〈落葉〉、〈踏歌〉等篇都在當時留下一定影響。他還創作了一些有影響的愛國歌曲，如〈五四紀念愛國歌〉、〈國恥〉、〈國民革命歌〉等。肖友梅在教育家蔡元培的支持下創辦了中國第一個音樂專科學校 —— 上海國立音樂院（今上海音樂學院），蔡元培任校長，肖友梅任教務主任。從此之後，中國有了獨立的專業音樂教育機構。

大家都知道他是傑出的音樂教育家、作曲家，許多人卻不知道他曾經從政，當過孫中山先生總統府的祕書。肖友梅 1901 年到日本留學，當時他正是一位熱血青年，信仰孫中山先生的民主思想。1906 年，他加入了孫先生成立的同盟會。由於他為人正直、善良和孫中山先生又是同鄉，關係十分融洽。為了掩護孫先生從事革命活動，他把自己的寓所提供出來，供革命黨人作為祕密會議的地點。孫先生舉行會議時，他常常帶著廖仲愷（前任廣東省長）的孩子在屋外玩耍，實際上是在給開會的人放哨，一有動靜就可立即通知他們。在長年的往來中，孫先生覺得肖友梅是一位十分信得過的人，對他很器重。1912 年 1 月 1 日，孫中山先生在南京宣誓就任中華民國臨時大總統時，任命肖友梅為總統府祕書，

從此他們之間的關係更為密切。孫中山先生還贈給肖友梅一張個人照片，親筆題寫「友梅先生惠存」六個字。肖友梅非常珍惜這張照片，一直擺在自己的書房中。雖然已經從政，雖然與孫先生有著深厚的友誼，但他心中念念不忘的是音樂。當他聽說有歐洲學習音樂的機會，就毅然辭掉了總統府的職務，奔赴德國學音樂。

此後，他的一生都奉獻給了音樂文化事業，一直到生命的最後一刻。

後記

　　抱著好奇，我們走進廣東，發現路上行人的面孔已今非昔比，道聽塗說的口音也越發複雜。這個有著「兩千年移民社會」之稱的廣東，從來沒有像今天這樣讓人感到「百味交加」，充滿活力。

　　人們常說，熟悉的地方沒有風景，但看看周圍，細細品味廣東，發現還是滿有風景的。於是我們幾個「新移民」不揣淺陋，編撰了這本書。

　　胡幸福，主編，擬定寫作內容和提綱、統稿、撰寫前言、第三篇〈鄉俗廣東〉。

　　夏建國，撰寫第一篇〈歷史廣東〉。

　　曾燕聞，撰寫第二篇〈文物廣東〉。

　　李佳莎，撰寫第四篇〈風情廣東〉、第五篇〈娛樂廣東〉。

　　謝德明，撰寫第六篇〈住宿廣東〉、第七篇〈宗教廣東〉。

　　魏曉明，撰寫第八篇〈美食廣東〉、第九篇〈購物廣東〉。

　　楊銘德，撰寫第十篇〈園林廣東〉。

　　肖佑興，撰寫第十一篇〈名人廣東〉。

　　本書編撰中吸取了學界不少研究成果，因篇幅所限不能一一列出，這裡一併感謝！

珠江潮音，廣東細語 —— 港都風情的流連與眷戀：

西關名點 × 外來詞彙 × 辛亥革命 × 中西信仰 × 商賈移民，各地居民趨之若鶩，探索粵東海灣的富庶

主　　　編：胡幸福
發 行 人：黃振庭
出 版 者：崧燁文化事業有限公司
發 行 者：崧燁文化事業有限公司
E - m a i l：sonbookservice@gmail.com
粉 絲 頁：https://www.facebook.com/sonbookss/
網　　　址：https://sonbook.net/
地　　　址：台北市中正區重慶南路一段61號8樓
8F., No.61, Sec. 1, Chongqing S. Rd., Zhongzheng Dist., Taipei City 100, Taiwan

電　　　話：(02)2370-3310
傳　　　真：(02)2388-1990
印　　　刷：京峯數位服務有限公司
律師顧問：廣華律師事務所 張珮琦律師

-版權聲明-

定　　　價：450 元
發行日期：2024 年 06 月第一版
◎本書以 POD 印製
Design Assets from Freepik.com

國家圖書館出版品預行編目資料

珠江潮音，廣東細語——港都風情的流連與眷戀：西關名點 × 外來詞彙 × 辛亥革命 × 中西信仰 × 商賈移民，各地居民趨之若鶩，探索粵東海灣的富庶 / 胡幸福 主編 . -- 第一版 . -- 臺北市：崧燁文化事業有限公司 , 2024.06
面；　公分
POD 版
ISBN 978-626-394-313-1(平裝)
1.CST: 社 會 生 活 2.CST: 文 化 史 3.CST: 廣東省
673.34　113006609

電子書購買

爽讀 APP

臉書